신주 사마천 사기 14

예서

악서

이 책은 롯데장학재단의 지원을 받아 번역, 출간되었습니다.

신주 사마천 사기 14 / 예서·악서

초판 1쇄 인쇄 2021년 4월 15일
초판 1쇄 발행 2021년 4월 30일

지은이 (본문) 사마천
(삼가주석) 배인·사마정·장수절
번역 및 신주 한가람역사문화연구소 사기연구실

펴낸이 이덕일
펴낸곳 한가람역사문화연구소

등록번호 제2019-000147호
주소 서울특별시 종로구 김상옥로17 대호빌딩 신관 305호
전화 02) 711-1379
팩스 02) 704-1390
이메일 hgr4012@naver.com

ISBN 979-11-90777-21-6 94910

값은 뒤표지에 있습니다.

세계 최초
삼가주석
완역

신주
사마천
사기

⑭

예서
악서

지은이
본문_ 사마천
삼가주석_ 배인·사마정·장수절

번역 및 신주
한가람역사문화연구소 사기연구실

한가람역사문화연구소

차례

사기 제23권 史記卷二十三
예서 禮書

新註史記

사기 제24권 史記卷二十四 악서 樂書

원 사료는 중화서국中華書局 발행의 《사기》와 영인본 《백납본사기百衲本史記》를 기본으로 삼고, 인터넷 사료로는 대만 중앙연구원 역사어언연구소歷史語言研究所에서 제공하는 한적전자문헌자료고漢籍電子文獻資料庫의 《사기》를 참조했다.

일러두기

❶ 네모 상자 안의 글은 사기 본문 및 삼가주석 서문의 글이다.
❷ 한글 번역문 바로 아래 한문 원문을 실어 쉽게 대조할 수 있게 했다.
❸ 삼가주석 아래 신주를 실어 우리 연구진의 새로운 해석을 달았다.
❹ 사기 분문뿐만 아니라 삼가주석도 필요할 경우 신주를 달았다.
❺ 직역을 원칙으로 삼고 의역은 최대한 피했다.
❻ 한문 원문의 (　)는 빠져야 할 글자를, 〔　〕는 추가해야 할 글자를 나타낸다.

《사기》〈서〉에 관하여

〈서書〉는 다른 말로 〈팔서八書〉라고도 한다. 〈예서禮書〉, 〈악서樂書〉, 〈율서律書〉, 〈역서曆書〉, 〈천관서天官書〉, 〈봉선서封禪書〉, 〈하거서河渠書〉, 〈평준서平準書〉의 여덟 편으로 구성되어 있기 때문이다. 각 편의 제목에서 알 수 있듯이 〈서〉는 문화, 정치제도, 역법, 천문, 수리, 경제 등 각 방면에 대한 전문서들로서 역사와 사회를 바라보는 사마천의 전문적 시각과 경륜이 담겨 있다. 〈서〉는 오제부터 한나라 무제 때까지 정치, 경제, 사회, 문화 등의 각 분야를 전문적으로 기록한 것으로 그 시대를 살았던 사람들의 생각과 생활양식, 사회제도, 문화수준, 세계관 등을 알 수 있게 해준다.

사마천은 《사기》의 마지막 130권 〈태사공 자서〉에서 "예禮와 악樂을 덜어내고 보태었으며 율력律曆을 바꾸고 병권兵權, 산천山川, 귀신鬼神, 천인天人의 관계에서 피폐한 국가를 떠맡고 변화를 통하게 해서 〈팔서八書〉를 지었다."라고 말했다. 이 구절에 대해서 사마정은 《사기색은》에서 이런 주석을 달았다.

"상고해 보니 병권兵權은 곧 〈율서律書〉이다. 사마천이 죽은 뒤에 없어졌다. 저소손이 〈율서律書〉로써 보충했는데 지금의 〈율서〉는 또한 대략 군사를 말한 것이다. 산천山川은 곧 〈하거서河渠書〉이다. 귀신鬼神은 〈봉선서封禪書〉이다. 그러므로 '산천귀신山川鬼神'이라고 일렀다."

《사기》 〈표表〉와 달리 〈서書〉는 그 이전에 여러 전범典範들이 존재했다는 견해들이 적지 않았다. 〈서〉의 첫머리인 〈예서〉에서 사마정은, "서書란 오경육적五經六籍의 총명總名이다. 이것이 팔서八書인데, 국가의 대체를 기록했다. 반씨는 이것을 지志라고 말했는데, 지志는 기록하는 것이다.(《사기색은》)"라고 주석했다. 오경五經과 육적六籍은 대부분 유학 경전들인데, 사마천의 〈서〉가 오경육적의 총명이라는 것이다. 사마천이 유학 경전에 많은 영향을 받은 것은 사실이지만 〈팔서〉가 오경육적과 같지는 않다.

그러나 사마천이 〈팔서〉를 작성할 때 바탕이 되는 저본底本이 있었다는 견해는 계속 있어 왔다. 청나라의 역사학자였던 왕명성王鳴盛(1722~1797)이 《십칠사각十七史榷》 〈팔서소본八書所本〉에서 "《사기》 〈팔서〉는 《예기禮記》, 《대대례大戴禮》, 《순자荀子》와 가의賈誼의 《신서新書》 등에서 채록해 〈서〉를 완성했다.[史記八書 采禮記大戴禮荀子賈誼新書等 書而成]"라고 쓴 것이 이를 말해준다.

또한 사마천의 저술에 후대인들이 가필했다는 설도 제기되었다. 청대淸代의 학자 방포方苞(1668~1749)는 《독사기팔서讀史記八書》에서 "이 〈서〉의 대부분은 사마천이 지은 것이고, 소부분은 저소손이 보속한 것이다.[以此書大部分為史公所作 少部分為褚少孫補續]"라고 말했다. 저소손은 《사기》를 가필한 것 때문에 칭찬과 비난을 동시에 들었는데, 청나라의 왕원계王元啟(1714~1786)는 《사기삼서정위史記三書正譌》에서 "이 〈서〉의 소부분은 사마천이 지은 것이고, 대부분은 후인들이 망령되이 가필한 것이다.[以此書小部分為史公所作 大部分為後人妄加]"라고 말했다. 〈서〉의 일부는 후대 학자들이 사마천의 이름에 위탁해 지어 넣었거나 가필되었다는 것이다.

《사기지의史記志疑》로 《사기》 연구사의 한 획을 그은 청대의 양옥승梁玉繩(1744~1819)도 〈예서〉는 《순자荀子》의 10권 〈의병義兵〉과 13권 〈예론禮

論〉의 내용을 참조해 작성했고, 〈악서〉는 《예기》의 〈악기樂記〉를 참조해 후대에 가필한 것으로 보았다.

〈천관서天官書〉도 마찬가지로 여러 견해가 있는데, 왕명성王鳴盛은 이렇게 말했다.

"천관서 1편에 이르러서는 '소첨少詹 전대흔錢大昕(1728~1804)이 마땅히 《감석성경甘石星經》에서 취해서 지었다고 여겼다.[至天官書一篇 錢少詹大昕 以爲當是取甘石星經爲之]'라고 했는데, 내가 이 책을 살펴보니 《한서漢書》의 〈예문지藝文志〉에 실리지 않았고, 명대明代 앞의 속각본俗刻本에 그것이 있으니 당송唐宋 때 사람이 위탁한 것으로 의심된다.[愚考此書 漢藝文志已不載 而前明俗刻有之 疑唐宋人僞託也]"

청나라 전대흔은 《사기》 〈천관서〉는 고대 천문학 서적인 《감석성경》을 보고 썼다고 분석했지만 왕명성은 당송 때 사람이 위탁한 것으로 생각한다는 뜻이다. 어느 쪽이든 《사기》 〈천관서〉는 저본이 있었거나 후대의 저작으로 본다는 뜻이다. 양옥승도 〈천관서〉는 많은 부분이 가필되었다고 보고 있다.

물론 이에 대한 반박도 있다. 근세의 사학자 최적崔適(1852~1924)은 《사기탐원史記探源》에서 왕명성이 〈천관서〉가 《한서》 〈예문지〉에 실리지 않았다고 한 것에 대해 "이 〈천관서〉를 후인이 《한서》 〈천문지天文志〉에 모두 기록하고 있다.[以此書為後人全錄自漢書天文志]"라고 하면서 왕명성王鳴盛의 주장에 오류가 있다고 지적했다.

〈서〉에 대한 견해가 이처럼 갈리는 것은 《사기史記》의 정본正本이 현존하지 않기 때문이다. 《사기》는 이미 전한前漢 후기에 가면 어느 것이 정본

인지 알 수 없을 정도로 여러 필사본이 유통되었다. 또한 〈경제기〉, 〈예서〉, 〈악서〉, 〈율서〉, 〈일자열전日者列傳〉 등 10여 편은 이미 잃어버린 상태였는데 사마천보다 후대인 전한 중기의 학자 저소손褚少孫이 다른 자료들을 참조해서 보충했기 때문에 그 정당성을 두고 오랫동안 논란이 일었다. 또한 후대에 필사되는 과정에서 가필한 흔적이 여러 판본에서 보이는 것도 사실이다.

〈팔서〉 중의 마지막 세 편인 〈봉선서〉, 〈하거서〉, 〈평준서〉는 사마천의 손때와 시각이 분명히 드러나는 부분이다. 〈봉선서〉는 무제가 하늘과 땅에 행했던 제사 등을 주로 수록했는데 사마천의 부친 사마담이 무제의 태산 봉선을 수행하지 못한 것을 천추의 한으로 삼았기 때문에 사마천은 봉선서에 대해서 크게 신경을 쓸 수밖에 없었다. 또한 〈봉선서〉의 주석에는 중원을 통일한 진秦 왕실이 동이족임을 말해주는 주석도 있다. 사마정은 〈봉선서〉에 대한 《색은》 주석에서 "진나라 임금은 서쪽에서 소호少昊에게 제사지내는데 희생은 흰색을 숭상한다.[秦君西祀少昊時牲尚白]"라고 써서 동이족 소호를 제사 지내면서 흰색을 숭상하는 진 왕실이 동이족이라는 사실도 시사하고 있다.

사마천은 〈하거서〉에서 무제 때 황하의 호자瓠子가 터져 크게 고생한 사실을 적었는데, 그 끝에 "나는 천자를 따라 나무 섶을 지고 선방에서 막았는데, 천자께서 호자에서 지은 시가 비통해서 이에 〈하거서〉를 지었다."라고 말하고 있다. 사마천도 직접 무제를 따라 황하가 범람한 곳에 가서 황하가 농지를 휩쓰는 현실을 목도했다. 이때 무제는 "호자의 물이 터지니 장차 이를 어찌 하리. 큰 물이 불어 마을 모두 하수가 되었구나."라고 읊었는데, 이를 직접 들은 사마천은 〈하거서〉를 지을 때 더욱 고심할 수밖에 없었다.

황하의 범람과 함께 백성들의 삶도 휩쓸려가는 현상을 목도하고 〈하거서〉를 지은 사마천은 경제 정책에 관한 보고서라고 할 수 있는 〈평준서〉를 지어 국부國富와 백성들의 경제 생활에 대한 견해를 서술했다. 〈평준서〉에는 한무제 때 시행했던 평준균수平准均輸 정책과 억상책인 고민령告緡令 등에 대해서 설명했다. 또한 국가의 강성과 쇠약이 모두 경제에 있다고 보아서 '태사공은 말한다'에서 "강성한 국가는 작은 여러 나라를 겸병해 제후를 신하로 삼고 허약한 국가는 조상의 제사가 끊기거나 세상에서 없어졌다."라고 말했다.

《한서漢書》를 편찬한 후한後漢의 반고班固는 〈서〉 대신에 〈지志〉를 편찬했는데, 예를 들면 《사기》 〈평준서〉 대신 반고는 《한서》 〈식화지食貨志〉를 편찬했다. 이후 여러 정사들이 대부분 《한서》의 체제를 따랐다. 《한서》의 〈지〉가 어떤 부분에서는 《사기》 〈서〉보다 더 정교한 것은 사실이지만 전범이 있는 상황에서 개선하는 것은 창작하는 것보다 훨씬 쉬운 일이다. 게다가 후한 때에 이르면 유학이 지배적 사상이 되면서 사마천이 《사기》에서 보여주었던 여러 서술들이 유가 전통의 틀에 갇히면서 형식에 치우치는 흐름이 나타난다는 점에서도 〈서〉의 가치는 격하될 수 없을 것이다.

사기 제23권 史記卷二十三

예서 禮書

사기 제23권 예서 제1

史記卷二十三 禮書第一

색은 서書란 오경과 육적을 총합한 이름이다. 여기서 팔서는 국가의 대체를 기록한 것이다. 반씨(반고)는 이것을 일러 지志라고 하였다. 지志는 기록이다.

書者 五經六籍總名也 此之八書 記國家大體 班氏謂之志 志 記也

정의 천지가 자리하매, 일월이 비추고 사철이 차례로 돌며 음양이 화합하고 풍우가 조절되었다. 이에 만사가 더욱 풍성해져 만물을 주관하고 통제하니 군신과 조정에 존비귀천의 차례가 생겼는데, 이를 모두 예禮라 이르고 오경과 육적을 모두 서書라 일렀다. 그러므로《예기》〈곡례〉에 "도덕과 인의는 예가 아니면 이루지 못하고, 교훈과 바른 풍속은 예가 아니면 갖추지 못하며, 분쟁과 시비의 변론은 예가 아니면 해결하지 못한다.……"라고 했다.

天地位 日月明 四時序 陰陽和 風雨節 群品滋茂 萬物宰制 君臣朝廷尊卑貴賤有序 咸謂之禮 五經六籍 咸謂之書 故曲禮云 道德仁義非禮不成 教訓正俗非禮不備 分爭辯訟非禮不決云云

신주 〈예서〉는 예에 관해 기술한 책이다. 사마천이 생존했던 시기에 한나라는 유가儒家를 크게 높였고, 유가들은 예악으로 나라를 다스린다는

'예악치국禮樂治國'을 강조했기 때문에 사마천이 〈팔서〉 중에서 〈예서〉를 머리로 삼은 것은 당연했다고 볼 수 있다. 사마천은 〈태사공자서太史公自序〉에서 〈예서〉에 관하여 이렇게 말했다.

"하, 은, 주 3대의 예가 더하고 덜한 바는 각기 힘쓴 것이 다르기 때문이다. 그러나 간추려보니 성정에 가깝고 왕도가 통했다. 그래서 예는 사람의 바탕에 따라 그를 위해 알맞게 치장하고 대략 고금의 변화에 화합한다. 이로써 서書의 첫 장에 예서를 기술한다.[維三代之禮 所損益各殊務 然要以近性情 通王道 故禮因人質爲之節文 略協古今之變 作禮書第一]"

장수절은《사기정의》에서 "군신과 조정이 존비귀천의 차례가 생겼는데, 이를 모두 예禮라 일렀고 오경육적을 모두 서書라 일렀다. 그러므로《곡례》에서는 '도덕과 인의는 예가 아니면 이루지 못하고, 교훈과 바른 풍속은 예가 아니면 갖추지 못하며, 분쟁과 시비의 변론은 예가 아니면 해결하지 못한다'고 일렀다."라고 할 정도로 우주 만물과 인간 세상의 질서가 모두 예를 통해서 이루어진다고 말하고 있다. 예를 국가와 사회의 질서를 유지하는 데 가장 중요한 요체로 여긴 것이다. 그래서 공자孔子는 "예가 아니면 보지 말고, 예가 아니면 듣지 말고, 예가 아니면 말하지 말고, 예가 아니면 움직이지 말라.[非禮勿視 非禮勿聽 非禮勿言 非禮勿動]"라고 강조한 것이다. 사마천은 "군자는 예를 궁정을 지키는 것처럼 한다."라며, 주周에서 한漢에 이르기까지 예의 발전과 변화에 대해서 서술하면서 예의 기원, 예의 쓰임, 예의 근본 등을 포괄해서 서술하고 있다.

제一장

예가 생겨난 배경

태사공이 말한다.

"양양하도다,① 아름다운 덕이여! 만물을 주재하고 군중을 다스리는 일이 어찌 인간의 힘으로만 할 수 있는 것인가.② 나는 대행大行③의 예관④이 되어서 삼대⑤에 걸쳐 예제禮制의 가감을 살펴보고서야 곧 인정으로 말미암아 예의가 제정되고 인성에 의거해서 의식이 만들어졌으며, 그 유래가 오래되었음을 알았다.

太史公曰 洋洋①美德乎 宰制萬物 役使群衆 豈人力也哉② 余至大行③禮官④ 觀三代⑤損益 乃知緣人情而制禮 依人性而作儀 其所由來尙矣

① 洋洋양양

색은 '양羊'으로 발음한다. 양양은 아름다움이 가득 찬 모양이다. 추탄생은 '상翔'으로 발음한다고 했다.

音羊 洋洋 美盛貌 鄒誕生音翔

② 宰制萬物~豈人力也哉재제만물~기인력야재

정의 천지는 만물을 주재하고 모든 중생들을 다스리며 네 계절을 순환

해서 변화시켜 모든 공을 이루고 있는데, 어찌 인간의 힘을 구실 삼아 영위하겠는가. 이는 대중들에게 많은 덕을 담아 아름답고 선하게 다스려야 함을 말한 것이다. 그래서 공자는 "사시가 운행하니 온갖 생명이 나온다."라고 했다.
言天地宰制萬物 役使群品 順四時而動 咸有成功 豈藉人力營爲哉 是美善盛大衆多之德也 故孔子曰 四時行焉 百物生焉

③ 大行대행

색은 대행은 진나라 때 관직으로 예의를 주관했는데 한나라 경제 때 고쳐서 대홍려, 홍려라 하고 구빈의 의례를 관장하게 했다.
大行 秦官 主禮儀 漢景帝改曰大鴻臚 鴻臚 掌九賓之儀也

④ 禮官예관

신주 사마천은 태사령이던 아버지 사마담司馬談이 죽은 후 이 관직을 이어받았다. 태사령은 천문관측과 책력의 개편, 국가 대사와 조정 의례의 기록 등을 맡는 직책이었다.

⑤ 三代삼대

신주 하, 은, 주 삼대를 가리킨다. 유가에서는 하, 은, 주 삼대를 이상사회로 여겼다. 삼대를, 정치적으로 다스리지 않아도 저절로 다스려지고 천하에서 가장 현명하고 능력 있는 자에게 선양하는 시대로 보았으며, 경제적으로도 정전제를 시행해서 모든 가호家戶가 같은 면적의 토지를 갖고 경제생활을 영위하게 함으로써 예와 악이 절로 싹트는 사회로 보았기 때문이다. 진시황은 천하통일 후 이러한 시대로 돌아가야 한다는 유가의 주장에 고대를 빙자해 현실정치를 비방한다는 이유를 들어 분서갱유焚書坑儒를 단행하였다.

인도人道는 일이나 사건 따위로 복잡다단하게 얽혀 규율로 관여하지 않은 것이 없어서 인의로써 권유하고 형벌로써 속박한다. 그래서 덕이 두터운 사람이 지위가 높아지고 봉록이 많은 사람이 은총을 입어 영화로우니, 천하 모두를 하나로 모으고 만민을 격식에 맞게 다스릴 수 있는 것이다.
사람의 몸은 수레를 타면① 편안해진다. 그것을 위해 수레를 황금으로 장식하고 멍에에 금박으로 새겨서 문양을 빛나게 한다.② 눈은 다섯 가지 색色을 보기 좋아한다. 그것을 위해 꽃무늬와 문장紋章을 수놓고서 그 자태를 드러나게 한다. 귀는 악기소리를 듣기 좋아한다. 그것을 위해 팔음八音을 조화해서 마음을 씻어낸다. 입은 다섯 가지 맛을 좋아한다. 그것을 위해 희생과 금수로 맛을 갖추어 훌륭한 맛에 이르게 한다.③ 감정은 진귀한 물건이나 선한 것을 좋아한다. 그것을 위해 규圭와 벽璧을 쪼고 갈아서 (그것을 몸에 지님으로써) 그 마음의 정서를 통하게 한다.
人道經緯 萬端規矩 無所不貫 誘進以仁義 束縛以刑罰 故德厚者位尊 祿重者寵榮 所以總一海內 而整齊萬民也 人體安駕乘① 爲之金輿錯衡以繁其飾② 目好五色 爲之黼黻文章以表其能 耳樂鐘磬 爲之調諧八音以蕩其心 口甘五味 爲之庶羞酸鹹以致其美③ 情好珍善 爲之琢磨圭璧以通其意

① 乘승

정의 乘은 발음이 '승[時證反]'이다.

時證反

② 爲之金輿錯衡以繁其飾위지금여착형이번기식

집해 《주례》에는 왕의 다섯 가지 수레 중 금로가 있다. 정현이 말했다. "금으로 수레채 끝을 장식한 것이다."

周禮王之五路有金路 鄭玄曰 以金飾諸末

색은 수레의 멍에에 금으로 둘러서 문양을 장식한 것이다. 《시경》에서 "감속막대를 묶고 무늬 있는 멍에를 둘렀네."라고 했는데, 《모시전》에 "착형錯衡은 무늬 있는 멍에이다."라고 한다.

錯鏤衡扼爲文飾也 詩曰 約軧錯衡 毛傳云 錯衡 文衡也

정의 爲는 발음이 '위[于僞反]'이다. 착錯은 鏓으로도 쓰는데 '총[七公反]'으로 발음한다.

爲 于僞反 錯作鏓 七公反

신주 다섯 가지 수레는 옥로玉路, 금로金路, 상로象路, 혁로革路, 목로木路 등 천자가 타는 수레를 말한다.

③ 爲之庶羞酸鹹以致其美위지서수산함이치기미

집해 《주례》에서 말한다. "음식으로 120가지를 내어 사용한다." 정현이 말했다. "수羞는 희생(돼지, 소, 양 등 희생물로 삼은 동물)과 금수를 내서 맛을 갖춘 음식이다. 이를 서수庶羞라고 한다." 정중이 말했다. "수는 진進(음식을 올리다)이다."

周禮曰 羞用百有二十品 鄭玄曰羞出于牲及禽獸 以備其滋味 謂之庶羞 鄭衆曰

羞者 進也

그래서 대로에 부들로 자리를 엮고,① 가죽으로 만든 고깔에 베로 만든 옷을 입으며,② 거문고의 붉은 현에 밑으로 구멍을 통하고,③ 대갱大羹과 현주玄酒를 써서④ 지나치게 사치한 것을 막아 피폐해지는 것⑤을 금지했다. 이로써 군신들은 조정에서 높고 낮으며 귀하고 천한 순서가 정해지고, 아래로 백성의 수레와 의복, 집, 음식, 혼례, 상례, 제례의 명분에 이르기까지 일마다 마땅함과 적절함이 있으며, 물건마다 절도에 맞는 문채가 있게 되었다. 공자가 말했다. "체禘 제사에 울창주를 부어 강신한 후로 나는 그 제사를 더 이상 보고 싶지 않다."⑥

故大路越席① 皮弁布裳② 朱弦洞越③ 大羹玄酒④ 所以防其淫侈 救其彫敝⑤ 是以君臣朝廷尊卑貴賤之序 下及黎庶車輿衣服宮室飮食嫁娶喪祭之分 事有宜適 物有節文 仲尼曰 禘自旣灌而往者 吾不欲觀之矣⑥

① 大路越席 대로활석

집해 복건이 말했다. "대로는 하늘에 제사 지낼 때 사용하는 수레이다. 활석은 괄초를 엮어서 만든 자리이다." 왕숙이 말했다. "장식하지 않은 것이다."

服虔曰 大路 祀天車也 越席 結括草以爲席也 王肅曰 不緣也

정의 살펴보니 괄초는 부들이다. 越은 발음이 '활[戶括反]'이다.

按 括草 蒲草 越 戶括反

② 皮弁布裳피변포상

집해 《주례》에서 말한다. "왕이 조회를 볼 때 곧 피변의 복을 한다." 정현이 말했다. "피변의 복은 15새의 흰색 베옷과 흰 베를 주름잡아 치마를 만든다."

周禮曰 王視朝則皮弁之服 鄭玄曰 皮弁之服 十五升白布衣 積素爲裳也

정의 사슴의 가죽으로 관을 만든다. 살펴보니 흰 베를 주름잡아서 치마를 만든 것이라고 한다.

以鹿子皮爲弁也 按 襞積素布而爲裳也

③ 朱弦洞越주현통활

집해 정현이 말했다. "주현은 붉은색 실을 누인 악기 줄이다. 활越은 거문고 밑의 구멍이다."

鄭玄曰 朱弦 練朱絲弦也 越 瑟底孔

④ 大羹玄酒대갱현주

집해 정현이 말했다. "대갱은 육즙으로, 소금이나 나물을 섞지 않은 것이다. 현주는 물이다."

鄭玄曰 大羹 肉涪 不調以鹽菜也 玄酒 水也

신주 대갱이란 다섯 가지 맛을 첨가하지 않은 국을 뜻한다.

⑤ 彫敝조폐

색은 조彫는 잘 다듬어 꾸민 것이다. '조식'은 사치하는 폐단을 말한다.

彫謂彫飾也 言彫飾是奢侈之弊也

⑥ 吾不欲觀之矣 오불욕관지의

집해 공안국이 말했다. "체 제사의 예는 소昭와 목穆을 차례로 한다. 그래서 묘廟의 신주神主 및 군묘群廟의 신주를 헐어서 태조에게 모두 합식한다. 관灌이란 향기로운 술을 태조에게 헌주해서 신을 내려오게 하고 헌주 이후 높고 낮은 서열과 소목의 순서를 정한 것이다. 그러나 노나라에서 거꾸로 제사하여 희공의 위패를 위로 올려서 소와 목을 어지럽게 한 까닭에 보려고 하지 않았다."

孔安國曰 禘祫之禮 爲序昭穆也 故毁廟之主及群廟之主皆合食于太祖 灌者 酌鬱鬯 灌于太祖 以降神也 旣灌之後 列尊卑 序昭穆 而魯逆祀 躋僖公 亂昭穆 故不欲觀之

신주 소昭와 목穆은 종묘나 사당에 신주를 모시는 차례인데, 소昭는 밝다는 의미로 북쪽에서 남쪽을 향한 위치를 가리키고, 목穆은 어둡다는 의미로 남쪽에서 북쪽을 향한 위치를 가리킨다. 천자의 경우 태조의 신주를 중앙에 모시고, 좌소우목左昭右穆의 원칙에 따라서 2, 4, 6세는 왼편에 모시는데 이를 '소'라고 하고, 3, 5, 7세는 오른편에 모시는데 이를 '목'이라고 한다. 천자는 태조와 삼소, 삼목으로 칠묘를 삼고, 제후는 이소와 이목으로 오묘를 삼으며, 대부는 일소와 일목으로 삼묘를 삼는다. 소목제도는 상고시대부터 유래한 것을 주나라 주공周公이 예와 악을 정비하면서 정해졌다고 전해진다.

주나라가 쇠한 이후, 예와 악이 무너지니 위아래가 서로 멀어져서 관중管仲의 집안에서는 한꺼번에 세 명의 부인을 두기도 했다.[①] 그리하여 법을 따르고 바른 것을 지키는 사람이 세상 사람들에게 업신여김을 당하고, 분수에 넘치고 주제넘는 일을 하는 자들이 높은 지위에 올라 영화롭게 된다고 말했다.

周衰 禮廢樂壞 大小相踰 管仲之家 兼備三歸[①] 循法守正者見侮於世 奢溢僭差者謂之顯榮

① 三歸삼귀

집해 포씨가 말했다. "삼귀는 세 성의 여자를 들이는 것이다. 부인이 시집가는 것을 일러 귀歸라고 한다."

包氏曰 三歸 娶三姓女也 婦人謂嫁曰歸

신주 《논어》 〈팔일〉에서 누군가가 "관중은 검소했습니까?[管仲儉乎]"라고 묻자 공자는 "관씨는 삼귀를 두었으며, 가신의 일을 겸직시키지 않았으니 어찌 검소하다고 할 수 있겠는가.[管氏有三歸 官事不攝 焉得儉]"라고 답했다. 삼귀에 대해 남송의 주희는 《논어집주》에서 《설원》에 근거하여 삼귀대三歸臺라는 대臺의 이름이라고 해석했다.

자하는 공자의 문하생 가운데 고명한 제자인데,[①] 오히려 말하기를 "나가서 번화하고 화려한 것을 보면 그것이 좋고, 들어와서 선생님의 도를 들으면 그것도 좋다. 이 두 가지가 마음속에서 갈등을 일으켜 아직도 결판을 내지 못하고 있다."라고 했다. 하물며 보통 사람들은 점점 교화를 잃어 가고 있는데, 세상의 풍속에 감복을 받을 수 있으랴. 공자가 말했다.

"반드시 대의명분을 바르게 해야 한다."

하지만 위衛나라에 거처하는 바가 뜻에 맞지 않았고,[②] 공자가 죽은 후 가르침을 받은 무리들이 잠기고 묻혀 등용되지 않아 어떤 이는 제齊나라나 초楚나라로 가고 어떤 이는 황하 강가나 바닷가로 들어가 버렸으니[③] 어찌 통탄하지 않겠는가.

自子夏 門人之高弟也[①] 猶云 出見紛華盛麗而說 入聞夫子之道而樂 二者心戰 未能自決 而況中庸以下 漸漬於失敎 被服於成俗乎 孔子曰 必也正名 於衛所居不合[②] 仲尼沒後 受業之徒沈湮而不擧 或適齊楚 或入河海[③] 豈不痛哉

① 自子夏 門人之高弟也자자하 문인지고제야

색은 자하는 공자의 문인 중 고명한 제자로, 재주가 뛰어나고 지위가 높았다. 그러므로 《논어》에 공문사과孔門四科가 있는데 "문학에 자유子游와 자하이다."라고 하였다.

言子夏是孔子門人之中高弟者 謂才優而品第高也 故論語四科有 文學子游子夏是

② 於衛所居不合어위소거불합

집해 《논어》에서 말한다. "자로가 '위나라 임금이 선생님께 정치를 맡긴다면, 무엇부터 하시겠습니까?'라고 하자 공자는 '반드시 명분을 바로잡는 일을 하겠다.'라고 했다." 마융이 말했다. "정正은 온갖 일의 명분이다."

論語曰 子路曰 衛君待子而爲政 子將奚先 子曰 必也正名乎 馬融曰 正百事之名

③ 入河海입하해

정의 《논어》에서 말한다. "태사 지摯는 제나라로 갔고 아반 간干은 초나라로 갔고, 북을 치던 방숙方叔은 황하로 들어갔고, 소사 양陽과 경쇠 치던 양襄은 바다 섬으로 들어갔다. 노나라 애공 때 예가 무너지고 음악이 붕괴되니 사람들이 모두 떠나갔다."

論語云大師摯適齊 亞飯干適楚 鼓方叔入于河 少師陽 擊磬襄入于海 魯哀公時禮壞樂崩 人皆去也

진秦대에 이르러 천하를 소유하고 모두 여섯 나라의 예의를 받아들여서 그 잘된 것을 채택했다. 비록 성인聖人이 만든 예의 제도와 뜻이 합치되지는 않았으나 그 임금을 높이고 신하를 아래로 하며, 조정이 위엄의 질서가 있는 것은 옛날부터 내려온 것에 의거했다.① 고조에 이르러 널리 천하를 소유하면서 숙손통叔孫通이 자못 제도를 더하고 뺀 것이 있었으나 대체로 모두 진나라의 옛 제도를 답습했다.② 그래서 천자의 칭호③부터 아래로 모든 관리 및 궁실과 관직명까지 다르게 고친 것이 적었다. 효문제가 즉위하고 담당 관리들이 의례를 의논하여 정하려고 했으나, 효문제는 도가의 학문을 좋아해서, 예를 번다하게 하고 모양을 꾸미는 것이 다스리는 데 유익함이 없다고 여기고 "몸소 교화하는 것이 어떠하냐?"라고 할 뿐이었다.[④] 그래서 (담당 관리는 의례를 제정하는 일을) 포기하고 물러나왔다.

至秦有天下 悉內六國禮儀 采擇其善 雖不合聖制 其尊君抑臣 朝廷濟濟 依古以來[①] 至于高祖 光有四海 叔孫通頗有所增益減損 大抵[②]皆襲秦 故自天子稱號[③] 下至佐僚及宮室官名 少所變改 孝文卽位 有司議欲定儀禮 孝文好道家之學 以爲繁禮飾貌 無益於治 躬化謂何耳[④] 故罷去之

① 其尊君抑臣 朝廷濟濟 依古以來기존군억신 조정제제 의고이래

정의 진나라가 6국의 예의를 채택하여 임금을 높이고 신하를 아래로 했는데, 조정에서 위엄의 질서가 있는 것은 예부터 내려온 전범에 의거해서 행했기 때문이다.

秦采擇六國禮儀 尊君抑臣 朝廷濟濟 依古以來典法行之

② 抵저

집해 응소는 "抵는 '이르다'이다."라고 하고 신찬은 "抵는 돌아오는 것이다."라고 했다.

應劭曰 抵 至也 瓚曰 抵 歸也

색은 살펴보니 대저는 대략과 같다. 신찬은 抵의 새김을 귀歸라고 했는데, 곧 이것은 대략이나 대귀大歸이고 그 뜻이 통한다.

按 大抵猶大略也 臣瓚以抵訓爲歸 則是大略大歸 其義通也

③ 稱칭

정의 稱은 발음이 '층[尺證反]'이다.

稱 尺證反

④ 躬化謂何耳궁화위하이

정의 〈효문본기〉에서 말한다. "상께서 몸에 거친 명주옷을 입고 행차하시는데 삼가 부인이 옷을 땅에 끌리지 않게 하고 휘장에 무늬와 수를 놓지 못하게 했으며, 패릉을 지을 때도 모두 와기瓦器를 쓰게 했다. 이것은 몸소 절약하고 검소하게 하여 백성을 교화한 것이니 어찌 의심스럽다고 이르겠는가. 모름지기 예절을 번다하게 하거나 모양을 꾸미지 않았다."

孝文本紀云上身衣弋綈 所幸愼夫人令衣不曳地 幃帳不得文繡 治霸陵皆以瓦器 是躬化節儉 謂何嫌耳 不須繁禮飾貌也

> 효경제 때는 어사대부 조조晁錯가 세상의 일과 형명刑名에 밝아 자주 효경제에게 간했다
> "제후와 번보[①] 들이 신하가 되는 일례一例는 예나 지금이나 의례라는 제도에 있었습니다. 그러나 지금의 (제후국 중) 큰 나라는 (황실의 명에) 거역하는 정사를 마음대로 행하면서, 조정에 고하지도

않으니 후세에 법을 전하지 못할까 두렵습니다."
이에 효경제가 그 계책을 받아들였다. 그러나 여섯 나라가 반역한[②] 가장 큰 명분이 조조 때문이라고 하자 천자는 조조를 베어 난을 해결했는데,[③] 이 사건은 〈원앙조조열전〉에 기록되어 있다. 이후 관리들은 다른 사람과의 관계를 잘 맺고 녹봉에 만족할 뿐, 감히 다시는 의논하는 사람이 없었다.

孝景時 御史大夫鼂錯明於世務刑名 數干諫孝景曰 諸侯藩輔[①] 臣子一例 古今之制也 今大國專治異政 不稟京師 恐不可傳後 孝景用其計 而六國畔逆[②] 以錯首名 天子誅錯以解難[③] 事在袁盎語中 是後官者養交安祿而已 莫敢復議

① 藩輔번보

신주 나라를 보위하는 중신을 비유하는 말이다. 왕부의 《잠부론》에서 "진평과 한신은 초나라의 포로였다. 그러나 한나라 고조는 그들을 번보로 삼아서 실제로 천하를 평정하고 한나라의 황실을 안정시켰다."라고 했다.

② 六國畔逆육국반역

정의 오, 초, 조, 치천, 제남, 교서 6국이다. 제나라 효왕은 주저하다가 성을 지켰는데, 삼국의 병사들이 제나라를 포위하자 제나라 사신 노중대부가 천자께 고변했다. 그러므로 7국이라고 말하지 않았다.

吳 楚 趙 菑川 濟南 膠西 爲六國也 齊孝王狐疑城守 三國兵圍齊 齊使路中大夫

告天子 故不言七國也

신주 조조晁錯는 경제가 태자로 있을 때부터 보좌하던 관원이었다. 한나라 고조가 전국을 22개 제후국으로 삼아 자손들과 공신들에게 분봉했다. 경제 때 제후국들의 세력이 커져 사실상 독립왕국이 되자 조조는 경제에게 제후국을 축소해야 한다고 건의했다. 경제가 제후국의 규모를 축소하자 서기전 154년 오왕 유비劉濞를 필두로 초, 조, 교서, 교동, 치천, 제남 7국이 연합해서 봉기하는 '7국의 난'이 일어났다. 경제는 주아부周亞夫에게 군사를 주어 이를 정벌하게 하는 한편 7국의 난을 조조 때문이라고 주장하는 대신들의 〈상주서〉에 따라서 조조를 처형했다. 이후 "조조처럼 조정을 위해 자신의 의견을 숨김없이 말할 사람이 없다."라는 말이 나오자 경제는 후회했는데, 주아부가 7국의 반란을 진압하면서 경제는 중앙집권제를 더욱 강화했다. 제나라의 유장려는 난에 가담한 걸 후회해서 경제에게 돌아왔기 때문에 제를 제외하고 6국의 반란으로도 보았다. 《사기》 〈경제본기〉 및 〈원앙조조열전〉에 나온다.

③ 解難해난

정의 앞의 解는 발음이 '개[紀買反]'이고 뒤의 難은 발음이 '난[乃憚反]'이다.

上紀買反 下乃憚反

금상(무제)이 즉위하고 나서 유학자들을 초치해 함께 의례를 정하게 했는데, 10여 년이 지났어도 이루지 못했다. 어떤 사람이 말했다.

"옛날에는 태평해서 만민이 화합하고 기뻐하니 상서로운 하늘의 감응이 두루[①] 이르러 풍속을 모아 예제를 정해 만들었습니다."

상이 이 말을 듣고 어사에게 칙명을 내렸다.

"대개 천명을 받아 왕이 된 자에게는 각각 흥하는 이유가 있는데 길은 다르지만 그 귀결이 같으니, 백성의 뜻에 따라 짓고 풍속에 따라 제정했기 때문이다. 논자들은 모두 태고의 예제만을 일컫지만 백성들은 무엇을 바라겠는가? 한나라 또한 (천명을 받은) 일가一家의 일인데, 전례와 제도가 전해지지 않는다면 자손에게 무엇을 말하겠는가? 교화가 융성해지면 (전장과 법도가) 크고 넓어지지만, 다스림이 얕아지면 (전장과 법도가) 편협해지니 힘쓰지 않을 수가 있겠는가."

今上卽位 招致儒術之士 令共定儀 十餘年不就 或言古者太平 萬民和喜 瑞應辨[①]至 乃采風俗 定制作 上聞之 制詔御史曰 蓋受命而王 各有所由興 殊路而同歸 謂因民而作 追俗爲制也 議者咸稱太古 百姓何望 漢亦一家之事 典法不傳 謂子孫何 化隆者閎博 治淺者褊狹 可不勉與!

① 辨변

정의 辨은 '편遍'으로 발음한다.

辨音遍

그래서 태초 원년에 정삭正朔(한 해의 시작)을 바꾸고① 복색을 바꾸었으며, 태산에서 하늘에 제를 올리고, 종묘와 백관의 의례를 정하고 전상典常으로 삼아 후세에 드리우게 되었다고 이르는 것이다.
乃以太初之元改正朔① 易服色, 封太山 定宗廟百官之儀 以爲典常 垂之於後云

① 以太初之元改正朔이태초지원개정삭

집해 응소가 말했다. "처음으로 하나라에서 정삭을 썼다. 정월을 한 해의 시작으로 삼았는데, 해를 바꾸어서 태초로 삼은 것이다."
應劭曰 初用夏正 以正月爲歲首 改年爲太初

신주 태초는 한나라 무제 유철劉徹(재위 서기전 141~서기전 87)의 일곱 번째 연호이다. 무제는 서기전 104년에 쓰던 연호 원봉元封을 태초로 바꾸고 서기전 101년까지 4년 동안 사용했다. 그 전까지는 진나라의 공식 역법이자 음력 10월을 한 해의 시작으로 삼은《전욱력顓頊曆》을 사용했으나 이해 음력 1월을 한 해의 시작으로 삼는《하력夏曆》으로 바꾸었는데, 이것이《태초력太初曆》이다. 이때 서기전 105년을 건인建寅 원리에 따라 갑인년으로 했다. 후한시대인 서기 85년에 사분력을 쓰면서, 전한 문제 19년인 서기전 161년을 경진년으로 하며 오늘에 이르렀다.

제二장

예는 삶을 충만하게 하는 것

예는 사람으로 말미암아 생겨나는데, 사람의 삶에는 욕구가 있다. 욕구는 있으나 얻지 못하면 분忿함이 없을 수가 없으며, 분해서 도량을 잃으면 다투게 되고[①] 다투게 되면 (세상이) 혼란해진다. 선왕들은 그 혼란함을 싫어했기 때문에 예의를 제정해서 사람의 욕망을 충족하고 사람의 요구를 넉넉하게 했다. 그리하여 욕심이 물심物心에 다함이 없게 하고 물심이 욕심에 굴복하지[②] 않게 해서 양자가 서로 의지하고 성장하니, 이것이 예禮가 생겨난 이유이다.

禮由人起 人生有欲 欲而不得則不能無忿 忿而無度量則爭[①] 爭則亂 先王惡其亂 故制禮義以養人之欲 給人之求 使欲不窮於物 物不屈[②]於欲 二者相待而長 是禮之所起也

① 爭쟁

정의 '쟁諍'으로 발음한다.

音諍

② 屈굴

정의 屈은 발음이 '굴[群物反]'이다.

屈 群物反

그러므로 예는 삶의 욕구를 충족한다. 벼나 기장 등 오곡의 맛은 입의 욕구를 만족시키고, 호초胡椒나 난초 등의 향초[1]는 코의 욕구를 만족시키며, 종이나 북이나 관현악기는 귀의 욕구를 만족시키고, 돌이나 나무에 새긴 조각과 문채는 눈의 욕구를 만족시키며, 탁 트인 방과 침상, 책상과 의자는 몸의 욕구를 만족시키는 까닭이 된다.[2] 그래서 예는 삶의 욕구를 충족하는 것이다.

故禮者養也 稻粱五味 所以養口也 椒蘭芬茝[1] 所以養鼻也 鐘鼓管弦 所以養耳也 刻鏤文章 所以養目也 疏房床第几席[2] 所以養體也 故禮者養也

① 茝채

색은 채는 '지止'로 발음한다. 또 '채[昌改反]'로도 발음한다.

音止 又昌改反

② 疏房床第几席소방상제궤석

집해 복건이 말했다. "책상을 제第라고 이른다."

服虔曰 簀謂之第

색은 소疏는 창을 이른다.

疏謂窓也

정의 소疏는 창을 이른다. 第 발음은 '치[側里反]'이다.

疏謂窓也 第 側里反

군자가 이미 욕구를 충족하고 나면 또 분별하기를 좋아한다. 이른바 분별이란 귀천의 등급이 있고, 노소의 구별이 있고, 빈부의 경중에 따라 모두 일컫는 것이 있음을 말한다. 그래서 천자의 대로에 풀로 자리를 만들어서 몸의 욕구를 충족하고,① 특별히 향기로운 향초를 두어② 코의 욕구를 충족하며, 앞에 아름다운 무늬를 새긴 횡목橫木을 두어③ 눈을 충족하고, 화란和鸞소리에④ 천천히 걸어가며 〈무武〉와 〈상象〉의 절주節奏에 맞추고, 빨리 달리며 〈소韶〉와 〈호濩〉의 절주에 맞추어⑤ 귀의 욕구를 충족하며, 용을 수놓은 기旂와 아홉 개의 유斿는⑥ 신의의 욕구를 충족하고, 침시寢兕⑦와 지호持虎,⑧ 교현鮫韅⑨과 미룡彌龍⑩을 꾸밈은 위엄의 욕구를 충족하는 까닭이 된다. 그래서 대로에서 끄는 말은 반드시 길을 들여 순하게 하고 그런 후에 탔으므로 편안함을 충족할 수 있었다.

君子既得其養 又好其辨也 所謂辨者 貴賤有等 長少有差 貧富輕重皆有稱也 故天子大路越席 所以養體也① 側載臭茝② 所以養鼻也 前有錯衡③ 所以養目也 和鸞之聲④ 步中武象 騶中韶濩⑤ 所以養耳也 龍旂九斿⑥ 所以養信也 寢兕⑦持虎⑧ 鮫韅⑨彌龍⑩ 所以養威也 故大路之馬 必信至教順 然後乘之 所以養安也

① 天子大路越席 所以養體也천자대로활석 소이양체야

정의 부들로 만든 자리로, 본래 깨끗하고 또한 부드럽다. 깨끗해서 신에게 제사지낼 때 쓰고, 부드러워서 몸의 욕구를 충족하는 데 쓴다.

謂蒲草爲席 旣絜且柔 絜可以祀神 柔可以養體也

신주 양체라 함은 몸을 보양한다는 뜻이다. 즉 몸의 욕구를 만족하게 해 주는 것이다.

② 側載臭茝측재취채

색은 유씨가 말했다. "측은 '특特(곁)'이다. 취는 '향기'이다. 채茝는 '향초'이다. 천자가 행차할 때 곁에 향초를 두어 저절로 피어오르게 하면 그 나머지는 곧 냄새나지 않는다는 말이다." 취가 향香이라고 하는 것은 《산해경》에서 "취는 미무蘪蕪(승검초의 뿌리를 말하며 향기가 남)와 같다."라고 했고, 《주역》에서 "그 냄새가 난초와 같다."라고 했다. 그래서 취는 풀의 향기가 된다. 지금 측側은 '곁'이 되고 재載는 '두다'의 뜻이다. 늘 천자의 곁인 좌우에 방향芳香을 두었다는 말이다.

劉氏云 側 特也 臭 香也 茝 香草也 言天子行 特得以香草自隨也 其餘則否 臭爲香者 山海經云 臭如蘪蕪 易曰 其臭如蘭 是臭爲草之香也 今以側爲邊側 載者置也 言天子之側常置芳香於左右

③ 錯衡착형

집해 《시경》에서 "수레 뒤채를 묶고 멍에에 무늬를 넣었네."라고 했는데, 《모시전》에서 "착형은 멍에에 무늬를 넣은 것이다."라고 한다.

詩云 約軝錯衡 毛傳云 錯衡 文衡也

④ 和鸞之聲화란지성

집해 정현이 말했다. "화和와 난鸞은 모두 방울인데 수레가 갈 때 절도를 맞추기 위한 것이다." 《한시내전》에서 말한다. "난은 멍에에 달려 있고, 화는 수레 앞턱 가로나무에 달려 있어 수레에 오르면 말이 움직이고 말이 움직이면 난이 울리고 난이 울리면 화가 응한다." 복건이 말했다. "난은 재갈에 달려 있고 화는 멍에에 달려 있다." 《속한서》 〈여복지〉에서 말한다. "난새가 멍에에 앉아 있다."

鄭玄曰 和鸞皆鈴也 所以爲車行節也 韓詩內傳曰鸞在衡 和在軾前 升車則馬動 馬動則鸞鳴 鸞鳴則和應 服虔曰 鸞在鑣 和在衡 續漢書輿服志曰鸞雀(立)〔在〕衡也

정의 황간이 말했다. "난은 금으로 만들었는데 중간에 방울을 달고 멍에 위에서 천천히 가고 빨리 가는 절도로 삼아, 위엄과 격식 있는 행동을 느리거나 빠르게 하여 올바르게 하려는 까닭이다."

皇侃云 鸞 以金爲鸞 懸鈴其中 於衡上 以爲遲疾之節 所以正威儀行舒疾也

⑤ 步中武象 驟中韶濩보중무상 취중소호

집해 정현이 말했다. "〈무〉는 주나라 무왕의 음악이고 〈상〉은 〈무무武舞〉(아악을 연주할 때 악생들이 무를 상징하는 옷을 입고 여러 줄로 벌여 서서 추는 춤)이다. 〈소〉는 순임금 음악이고 〈호〉는 탕임금 음악이다."

鄭玄曰 武 武王樂也 象 武舞也 韶 舜樂也 濩 湯樂也

정의 보는 느릿한 것이다. 수레를 천천히 몰고 가면 화란의 음이 〈무〉와 〈상〉의 악에 맞고 수레를 달리게 하면 〈소〉와 〈호〉의 악에 맞는다.

步猶緩 緩車則和鸞之音中於武象 驟車中於韶濩也

신주 《예기》 〈악기〉에서 말한다. "황제의 악을 함지咸池, 전욱의 악을 육경六莖, 제곡의 악을 오영五英, 요임금의 악을 대장大章, 순임금의 악을 소소簫韶, 우임금의 악을 대하大夏, 탕임금의 악을 대호大濩라고 한다. 주나라의 악을 대무상大武象, 주공의 악을 작酌이라고 하고 이를 합하여 '대무大武'라고 한다."

⑥ 龍旂九斿용기구유

집해 《주례》에서 말한다. "날아오르는 용과 내려오는 용을 교차되게 그려 넣은 깃발이다."

周禮曰 交龍爲旂

정의 斿는 '유旒'로 발음한다.

斿音旒

신주 구유九斿는, 이십팔수의 서방 칠수 중 필수畢宿에 딸린 9개의 별인데, 이 별을 깃발에 그려 넣어 천자가 천하의 군기로 사용했다. 필수는 주로 변방의 군대와 관련된 별자리로 변방 요새의 별인 천관天關을 지키는 임무를 담당했다.

⑦ 寢兕침시

색은 살펴보니 시우의 가죽으로 자리를 만든 것이다.

按 以兕牛皮爲席

정의 兕는 '사似'로 발음한다. 《이아》에서 兕는 사우似牛라고 한다.

兕音似 爾雅云兕似牛

⑧ 持虎지호

색은 지호는, 기댈 수 있는 수레의 귀와 수레 앞 쪽의 손잡이 가로막대를 맹수의 가죽으로 장식했기 때문에 지호라고 한다. 유씨는 "깃대와 방패 등에 그려 넣었다."라고 했는데, 지금 본 바를 설명한 것이다.

持虎者 以猛獸皮文飾倚較及伏軾 故云持虎 劉氏云 畫之於旍 竿及楯仗等 以今所見爲說也

⑨ 鮫韅교현

집해 서광이 말했다. "상어가죽은 옷과 그릇을 장식하는 데 쓰였다. 鮫는 '교交'로 발음한다. 韅은 말 겨드랑이에서 배 밑으로 매는 가죽이다. '현[呼見反]'으로 발음한다."

徐廣曰 鮫魚皮可以飾服器 音交 韅者 當馬腋之革 音呼見反

색은 상어가죽으로 뱃대끈을 장식한 것이다. '현'은 말의 뱃대끈이다.

以鮫魚皮飾韅 韅 馬腹帶也

⑩ 彌龍미룡

집해 서광이 말했다. "수레엔 금박을 하고 옥으로 용을 조각하여 의교倚較(기댈 수 있는 수레의 귀)를 만들고 복식伏軾(수레 앞쪽의 손잡이 가로막대)에 호랑이를, 함액銜軛(멍에)에 용머리의 무늬로 장식한 것이다."

徐廣曰 乘輿車金薄璆龍爲輿倚較 文虎伏軾 龍首銜軛

색은 彌 또한 '미弭'로 발음한다. 금으로 멍에를 장식하여 용을 만든 것을 이른다. 이는 모두 왕의 옷과 어가를 장식해서 높임으로써 위엄 있고 씩씩함을 보여주었다. 그래서 "위엄을 충족한 것이다."라고 일렀다. 이 문양은 모두 《대대례기》에서 나왔는데, 대개 순경이 설명한 것이다. 유씨는 "박薄은 식飾(꾸미다)과 같다. 아름다운 옥으로 용 모양을 만들었다. 璆는 '규虯'로 발음한다."라고 했다.

彌亦音弭 謂金飾衡枙爲龍 此皆王者服御崇飾 所以示威武 故云所以養威也 此文皆出大戴禮 蓋是荀卿所說 劉氏云 薄猶飾也 璆然 龍貌 璆音虯

대저 선비가 죽음에 처해서 절의를 지키는 것이 (오히려) 삶을 기르는 것임을 누가 알겠는가.① 대저 비용을 절감하는 것이 재물을 기르는 것임을 누가 알겠는가.② 대저 공경하고 사양하는 것이 편안함을 기르는 것임을 누가 알겠는가.③ 대저 예의와 문장과 도리를 깨닫는 것이 인정을 기르는 것임을 누가 알겠는가.④

孰知夫(士)出死要節之所以養生也① 孰知夫輕費用之所以養財也② 孰知夫恭敬辭讓之所以養安也③ 孰知夫禮義文理之所以養情也④

① 孰知夫(士)出死要節之所以養生也숙지부사 출사요절지소이양생야

색은 사람 중에 뜻있는 선비가 죽음에 처해서도 정성을 다해 명분과 절의를 굳건히 세웠다는 것을 누가 알겠는가. 이는 삶을 충족하는 데에 자신의 몸을 편안하게 하는 것이 근본임을 말한 것이다. 그러므로 아래에서 이르기를 "사람이 또 살기 위한 것만 보려 한다면 이와 같은 자는 반드시 죽는다."라고 한 것은 위의 뜻을 풀어서 말한 것이다. 사람이 또 생명을 아끼는 것만 보려 한다면 위태한 것을 보고도 목숨을 바치지 않을 것이니 이와 같은 자는 반드시 죽는다. 만약 이와 같다면 마음으로 집착하는 것만 보게 되어 이와 같은 자는 반드시 자신에게 형륙刑戮이 미친다는 것을 말한 것이다. 그러므로 반드시 죽는다고 했다. 아래의 글이 모두 이를 본받았다.

言人誰知夫志士推誠守死 要立名節 仍是養生安身之本 故下云人苟生之爲見若者必死 是解上意 言人苟以貪生之爲見 不能見危致命 若者必死 若猶如也言執心爲見 如此者必刑戮及身 故云必死 下文皆放此也

정의 夫는 '부扶'로 발음하고 要는 '요腰'로 발음한다. 숙지孰知는 심지審知와 같다. 출사出死는 처사處死와 같다. 지사가 죽음에 처해서도 정성을 다해 명분과 절의를 굳게 세우는 것을 누가 알겠는가. 조말曹沫과 모초茅焦가 천명으로 삶을 충족하는 까닭과 같다.

夫音扶 要音腰 孰知猶審知也 出死猶處死也 審知志士推誠處死 要立名節 若曹沫茅焦 所以養生命也

신주 조말은 춘추시대 노나라 사람이다. 노나라 장공莊公이 제나라 환공桓公에게 수遂 땅을 바치며 화친하려고 할 때 칼을 들고 회담장으로 뛰어 올라가 환공을 위협해 무산시켰다. 제나라 환공이 죽이려 했으나 관중이 말려서 살아났다. 모초는 진나라 시황의 신하로서 진나라 시황이 태후를 옹雍으로 내쫓고 이를 비판하는 신하 27인을 죽였는데도 굴하지 않고 진나라 시황에게 직언해 태후를 다시 모시고 오게 만들어 모자 관계를 회복했다. 이것이 모두 천명으로 목숨을 이었다는 것이다.

② 孰知夫輕費用之所以養財也숙지부경비용지소이양재야

정의 費는 '비[芳味反]'로 발음한다. 경輕은 박薄과 같다. 비용을 적게 하고 줄인다면 쌓이고 모아져서 재화를 충족하게 되는 까닭을 누가 알겠느냐고 말한 것이다.

費音芳味反 輕猶薄 言審知懟薄費用則能畜聚 所以養財貨也

③ 孰知夫恭敬辭讓之所以養安也숙지부공경사양지소이양안야

정의 공경하고 사양하는 것이 몸의 편안함을 충족하는 까닭이 됨을 누가 알겠느냐고 말한 것이다.

言審知恭敬辭讓所以養體安身

④ 孰知夫禮義文理之所以養情也숙지부예의문리지소이양정야

정의 예의와 문장과 도리가 인정과 품성을 충족하는 까닭이 됨을 누가 알겠느냐고 말한 것이다. 이 네 과제는 유가儒家가 가진 예의이니 그래서 두 가지를 얻었다고 한 것이다.

言審知禮義文章道理所以養其情性 此四科 是儒者有禮義 故兩得之也

사람이 또 사는 것만 보려 한다면 이 같은 자는 반드시 죽고,① 또 이익만 보려고 한다면 이 같은 자는 반드시 손해를 보고,② 게으르면서 편안한 것만 생각한다면 이 같은 자는 반드시 위태로워지고,③ 감정에만 내맡기고 편안한 것만 생각한다면 이 같은 자는 반드시 멸망할 것이다.④ 그래서 성인은 예의를 가지고 하나같이 한즉 두 가지를 모두 얻었으나, 인정과 품성만 가지고 하나같이 한다면 두 가지를 모두 잃게 될 것이다. 그러므로 유가는 무릇 사람으로 하여금 두 가지를 모두 얻게 하고, 묵가墨家는 무릇 사람으로 하여금 두 가지를 모두 잃게 했으니⑤ 이것이 유가와 묵가의 차이이다.⑥

人苟生之爲見 若者必死① 苟利之爲見 若者必害② 怠惰之爲安 若者必危③ 情勝之爲安 若者必滅④ 故聖人一之於禮義 則兩得之矣 一之於情性 則兩失之矣 故儒者將使人兩得之者也 墨者將使人兩失之者也⑤ 是儒墨之分⑥

① 人苟生之爲見 若者必死인구생지위견 약자필사

정의 구苟는 '또'이다. 약若은 '이 같은'이다. 평범하게 살기를 좋아하는 사람이 또 지조와 절개를 가진 선비가 예의로써 죽음에 처하는 것을 보고도 자기의 삶만 충족하려고 힘쓴다면, 이와 같은 자는 반드시 죽는다는 것을 말한 것이다.

苟 且 若 如此也 言平凡好生之人 且見操節之士 以禮義處死 養得其生有效 如此者必死也

② 苟利之爲見 若者必害구리지위견 약자필해

정의 평범하면서 이권을 좋아하는 사람이 또 의를 이롭게 하는 선비가 비용을 가볍게 여기는 것을 보고도 자기의 재물만 충족하게 얻으려고 힘쓴다면 이와 같은 자는 반드시 자신을 해치게 된다는 것을 말한 것이다.

言平凡好利之人 且見利義之士 以輕省費用 養得其財有效 如此者必害身也

③ 怠惰之爲安 若者必危태타지위안 약자필위

정의 惰는 '돠[徒臥反]'로 발음한다. 평범하면서 게으른 사람이 또 예의 있는 선비가 공경하고 겸양한 것을 보고서 안락함만 얻으려고 힘쓴다면 이와 같은 자는 반드시 위태로워 망하게 된다는 것을 말한 것이다.

惰 徒臥反 言平凡怠惰之人 且見有禮之士 以恭敬禮讓, 養得安樂有效 如此者必危亡也

④ 情勝之爲安 若者必滅정승지위안 약자필멸

색은 앞의 문을 반복해서 해석하기를 "예의와 문리는 인정을 충족하는 까닭이 된다."라고 했다.

覆解上 禮義文理之所以養情也

정의 勝은 '승[叔證反]'으로 발음한다. 평범하면서 이기기를 좋아하는 사람이 또 의를 이롭게 하는 선비의 예의와 문리를 보고서 자기의 감정과 품성만 충족하려고 힘쓴다면, 이와 같은 자는 반드시 멸망한다는 것을 말한 것이다. 이 네 과제는 묵가墨家가 예의가 없기 때문에 두 가지 다 잃었다는 것이다.

勝音叔證反 言平凡好勝之人 且見利義之士 禮義文理 養得其情性有效 如此者必滅亡也 此四科 是墨者無禮義 故兩失之也

⑤ 墨者將使人兩失之者也 묵자장사인양실지자야

색은 묵가에서는 예의를 높이지 않고 멋대로 검약하고 인색하게만 해 인仁과 은恩이 없었다. 그러므로 사람으로 하여금 두 가지를 잃게 했다. 《주역》에서 "기쁜 마음으로 사람을 부린다면 사람은 죽음도 잊는다."라고 한 것이 이것이다.

墨者不尙禮義而任儉嗇 無仁恩 故使人兩失之 易曰 悅以使人 人忘其死 是也

⑥ 是儒墨之分 시유묵지분

정의 分은 '분[扶問反]'으로 발음한다. 분은 '등等(차등)'과 같다. 유가의 무리같이 이들이 다스리고 분별함을 궁극으로 삼고, 강하고 견고한 것을 근본으로 하며 위엄 있게 행하는 것을 방도로 하고, 공을 세워 이름을 떨치는 것을 총합으로 여긴다면 천하가 이들에게 돌아올 것이다.

分 扶問反 分猶等也 若儒等者是治辨之極 彊固之本 威行之道 功名之總 則天下歸之矣

예는 국가를 다스리고 사리를 분별하는 궁극이고 나라가 강성해져 견고하게 되는 근본이며,① 위엄을 행하는 방법이고② 공을 세워 이름을 떨치는 총합이다.③ 왕공이 이를 따른다면④ 천하를 통일하고 제후를 신하로 삼는 까닭이 되지만 이를 따르지 않는다면 사직을 버리는 까닭이 된다. 그러므로 단단한 갑옷과 날카로운 무기로도 승리를 거두는 데 충분하지 못하고⑤ 높은 성과 깊은 못으로도 견고하게 하는 데 충분하지 못하며, 엄한 영令과 번다한 형벌로도 위엄을 세우는 데 충분하지 못하니, 그 도를 따른다면 행해지고 그 도를 따르지 않는다면 무너지게 된다.

治辨之極也 彊固之本也① 威行之道也② 功名之總也③ 王公由之④ 所以一天下 臣諸侯也 弗由之 所以捐社稷也 故堅革利兵不足以爲勝⑤ 高城深池不足以爲固 嚴令繁刑不足以爲威 由其道則行 不由其道則廢

① 治辨之極也 彊固之本也치변지극야 강고지본야

색은 이로부터 이하로는 모두 유가에서 분별한 공로이다.

自此已下 皆是儒分之功也

정의 고固는 견고함이다. 나라에서 예의로써 하면 사방에서 흠모하고 우러르며 공벌함이 없다는 것을 말하였다. 그러므로 강력하고 견고함의 근본이 된다.

固 堅固也 言國以禮義 四方欽仰 無有攻伐 故爲彊而且堅固之本也

② 威行之道也위행지도야

정의 예의로써 천하를 이끌면 천하가 복종하고 돌아온다. 그러므로 위엄이 행해지는 방도가 된다.

以禮義導天下 天下伏而歸之 故爲威行之道也

③ 功名之總也공명지총야

정의 예의로써 천하를 거느리면 천하가 모두 따른다. 그러므로 공명의 총합이 된다. 총總은 합이며 모은 것이다.

以禮義率天下 天下咸遵之 故爲功名之總 總 合也 聚也

④ 王公由之왕공유지

정의 예의로 말미암는 것을 말한다.

言由禮義也

⑤ 不足以爲勝부족이위승

색은 앞의 '공명지총'을 반복한 것이다.

覆上 功名之總也

초나라 사람들이 상어의 가죽과 외뿔소의 가죽으로 만든 갑옷은 쇠나 돌처럼 견고하고, 완宛 땅의 강철[①]로 만든 창끝은 벌침이나 전갈의 침처럼[②] 가볍고 날카로우며[③] 군졸들이 민첩하기가 질풍과도 같았다.[④] 그러나 군대가 수섭垂涉에서 패해, 당매唐昧가 죽고[⑤]

장각莊蹻이 군사를 일으켜 초나라는 넷으로 분열되었으니[⑥] 헤아려 보더라도 이 어찌 견고한 갑옷과 날카로운 무기가 없어서 그랬겠는가.[⑦] 그것은 통솔한 자가 그 도로써 다스리지 않았기 때문이다.

楚人鮫革犀兕 所以爲甲 堅如金石 宛之鉅鐵[①]施 鑽如蜂蠆[②] 輕利剽遬[③] 卒如熛風[④] 然而兵殆於垂涉 唐昧死焉[⑤] 莊蹻起 楚分而爲四[⑥] 參是豈無堅革利兵哉[⑦] 其所以統之者非其道故也

① 宛之鉅鐵완지거철

집해 서광이 말했다. "대강은 단단함이다."

徐廣曰 大剛曰鉅

정의 완성은 지금 등주 남양현성이 이곳이다. 宛의 발음은 '원[於元反]'이다. 거鉅는 강철이다.

宛城 今鄧州南陽縣城是也 音於元反 鉅 剛鐵也

② 鑽如蜂蠆찬여봉채

색은 찬은 창의 날과 화살촉을 말한다.

鑽謂矛刃及矢鏃也

신주 봉채는 벌과 전갈을 뜻한다.

③ 剽遬표속

정의 앞의 剽는 '표[匹妙反]', 뒤의 遬은 '속速'으로 발음한다. 표속剽遬은 빠르다는 뜻이다.

上匹妙反 下音速 剽遬 疾也

④ 卒如熛風졸여표풍

정의 卒은 발음이 '촐[村忽反]'이다. 熛는 '표[必遙反]'로 발음한다. 표풍은 바람이 빠르다는 뜻이다.

卒 村忽反 熛 必遙反 熛風 疾也

신주 熛는 '표'로 발음하며 바람이 빠르다는 뜻이다.

⑤ 兵殆於垂涉 唐眛死焉병태어수섭 당매사언

집해 허신이 말했다. "수섭은 지명이다."

許愼曰 垂涉地名也

신주 당매唐眛는 초나라 장수 이름이다.

⑥ 莊蹻起 楚分而爲四장갹기 초분이위사

색은 蹻의 발음은 '갹[其略反]'이다. 장갹莊蹻은 초나라 장수 이름이다. 그가 병란을 일으킨 뒤에 초나라가 끝내 넷으로 분열된 것을 말한다.《한서》〈지리지〉를 살펴보니 전왕滇王은 장갹의 후예이다.

蹻音其略反 楚將之名 言其起兵亂後楚遂分爲四 按漢志 滇王 莊蹻之後也

정의 '기起' 자를 가지고 절구로 삼았다. 어떤 이는 초나라 장왕의 후예라고 했다. 살펴보니《괄지지》에서 "사주師州와 여주黎州는 경성 서남쪽 5,670리에 있다. 전국시대 초나라 위왕 때 장갹왕의 전滇은 곧 전국滇國의 땅이 되었다."라고 하는데, 초나라 소왕昭王이 도읍을 약鄀으로 옮겼고 초나라 양왕이 도읍을 진陳으로 옮겼으며 초나라 고열왕이 도읍을 수춘壽

春으로 옮겼으니, 모두 진秦나라의 핍박을 받아 넷으로 나뉘었다. 소왕이 비록 있었으나 장갸의 이전 시대인 까닭에 순경이 겸해서 말한 것이다.

以起字爲絶句 或曰楚莊王苗裔也 按 括地志云師州 黎州在京西南五千六百七十里 戰國楚威王時 莊蹻王滇 則爲滇國之地 楚昭王徙都鄀 (莊蹻王滇)楚襄王徙都陳 楚考烈王徙都壽春 咸被秦逼 乃四分也 然昭王雖在莊蹻之前 故荀卿兼言之也

신주 《한비자》 〈유노론〉에서 "초나라 장왕 때 장갸이 경내에서 도둑이 되었다."라고 했고, 사마정은 《사기색은》에서 "초나라 장왕의 아우로 도둑이다.[楚莊王弟 爲盜者]"라고 했다. 그러나 《고증考證》에서는 "초나라 위왕 때라고 하였으니, 장갸은 도둑이 아니다." 또 "《사기》의 글에 분명하게 '장군將軍'이라 했고 '초나라 장왕의 묘예苗裔'라고 했다."라고 일러 장갸이 도둑이라는 설을 부정하고 있다.

⑦ 參是豈無堅革利兵哉 참시기무견혁리병재

색은 참參은 험驗(비교하다)이다. 험은 곧 "초나라에 어찌 예리한 무기가 없었겠는가."라는 말이다.

參者 驗也 言驗是楚豈無利兵哉

정의 參은 '참[七含反]'으로 발음한다. 장갸과 초나라에 어찌 단단한 갑옷이나 예리한 무기가 없었겠는가. 그들이 예의로 말미암지 않았기 때문에 백성이 나누어진 것을 말한 것이다.

參 七含反 言蹻楚國豈無堅甲利兵哉 爲其不由禮義 故衆分也

또한 여수汝水와 영수潁水의 험고함을 요새로 삼고,① 강수江水와 한수漢水를 해자로 삼고,② 등림鄧林으로 방어하고③ 방성方城을 근거지로 삼았다.④ 그러나 진나라의 군대가 언鄢과 영郢 땅에 이르자 마른 나뭇잎이 바람에 떨듯 함락되었으니,⑤ 이것이 어찌 요새가 견고하고 험난하지 않아서이겠는가. 그것은 통솔한 자가 그 도로써 다스리지 않았기 때문이다.

汝潁以爲險① 江漢以爲池② 阻之以鄧林③ 緣之以方城④ 然而秦師至鄢郢 擧若振槁⑤ 是豈無固塞險阻哉 其所以統之者非其道故也

① 汝潁以爲險여영이위험

정의 《괄지지》에서 말한다. "여수汝水는 발원이 여주 노산현 서쪽 복우산에서 나오는데 맹산猛山이라고도 불린다. 여수는 예주 언성현에 이르면 분수濆水로 불린다. 《이아》에서는 '하수에는 옹수灉水가 있고 여수에는 분수濆水가 있다.'라고 하니, 분수는 또한 여수의 다른 이름이다. 영수潁水는 발원이 낙주洛州 숭고현 동남쪽 35리 양건산陽乾山에서 나오는데 세상에서는 영산潁山이라고 한다. 《한서》 〈지리지〉에서 '고릉산高陵山에서 여수가 나와 동남쪽으로 신채현에 이르러 회수로 들어간다. 양건산에서는 영수가 나오는데 동쪽으로 하채下蔡에 이르러 회수로 들어간다.'라고 한다."

括地志云 汝水源出汝州魯山縣西伏牛山 亦名猛山 汝水至豫州郾城縣名濆水 爾雅云河有灉 汝有濆 亦汝之別名 潁水源出洛州嵩高縣東南三十五里陽乾山 俗名潁山 地理志高陵山 汝出 東南至新蔡縣入淮 陽乾山潁水出 東至下蔡入淮也

② 江漢以爲池강한이위지

정의 강은 곧 민강이고 촉으로부터 들어오며, 초나라는 형주 남쪽에 있다. 한강은 한중漢中으로부터 동남쪽으로 장강으로 들어간다. 네 물줄기가 초나라의 험고함이 되었다.

江卽岷江 從蜀入 楚在荊州南 漢江從漢中東南入江 四水爲楚之險固也

③ 阻之以鄧林조지이등림

집해 《산해경》에서 말한다. "과보夸父가 태양과 함께 달리기를 했는데 해가 넘어가자 목이 말라 마실 것을 얻으려 했다. 이에 위수와 하수의 물을 마셨으나 부족해 북쪽 대택大澤의 물을 마시러 가다가 도착하지 못하고 길에서 목이 말라 죽었다. 이때 자기의 지팡이를 버렸는데 그것이 변해서 등림鄧林이 되었다." 살펴보니 등림이 뒤에 마침내 수풀의 이름이 되었다.

山海經曰 夸父與日逐走 日入 渴 欲得飮 飮於渭河 不足 北飮大澤 未至 道渴而死 棄其杖 化爲鄧林 駰謂鄧林後遂爲林名

색은 살펴보니 배(배인)가 《산해경》을 인용해 과보가 버린 지팡이가 등림이 되었다고 여겼고, 북쪽 대택의 물을 마시려고 했다고 말한 것은 아마도 중국에 있지 않았던 것이다. 유씨는 지금의 양주襄州 남쪽 봉림산이 옛 등기후鄧祁侯의 국가이고 초나라 북쪽 경계에 있었다고 여겼다. 그래서 '조이등림阻以鄧林'이라고 말한 것이다.

按 裴氏引山海經 以爲夸父棄杖爲鄧林 其言北飮大澤 蓋非在中國也 劉氏以爲今襄州南鳳林山是古鄧祁侯之國 在楚之北境 故云阻以鄧林也

④ 緣之以方城연지이방성

정의 《괄지지》에서 말한다. "방성方城은 방주房州 죽산현 동남쪽 41리에 있다. 그 산의 정상은 평평하고 사면이 험준하며, 산의 남쪽에 성이 있는데, 길이가 10여 리이고 방성이라고 한 것이 곧 이 산이다."
括地志云 方城 房州竹山縣東南四十一里 其山頂上平 四面險峻 山南有城 長十餘里 名爲方城 卽此山也

⑤ 鄢郢 擧若振槁언영 거약진고

색은 진振은 동動이고 치는 것이다. 고槁는 마른 잎이다.
振 動也 擊也 槁 乾葉也

정의 鄢은 '언鄾'으로 발음한다. 《괄지지》에서 말한다. "언鄢은 옛 성이 양주襄州 안양현 북쪽 3리에 있으니 옛 언자국鄾子國으로 등鄧의 남쪽 변두리에 있다. 또 솔도현 남쪽 9리에 옛 언성鄾城이 있는데 한나라 혜제가 고쳐 의성宜城이라고 했다. 영성郢城은 형주 강릉현 동북쪽 6리로, 곧 오나라 공자 광光이 초나라를 정벌하자 초나라 평왕이 두려워 영郢에 성을 쌓았다. 또 초나라 무왕이 처음으로 영에 도읍했는데 남쪽에 떨어져 있는 옛 성이 이곳이다. 강릉의 북쪽 15리에 있다."
鄢音鄾 括地志云 故城在襄州安養縣北三里 古鄾子之國 鄧之南鄙也 又率道縣南九里有故鄾城 漢惠帝改曰宜城也 郢城 荊州江陵縣東北六里 卽吳公子光伐楚 楚平王恐 城郢者也 又楚武王始都郢 紀南故城是也 在江陵北十五里也

주紂가 비간比干의 심장을 도려내고, 기자箕子를 감옥에 가두며, 포격형炮格刑[1]을 가하여 무고한 사람들을 형벌로 죽였으니, 이때에 신하들은 조심하고 두려워했으며 자신의 목숨도 확신할 수 없었다.[2] 그러나 주周나라 군대가 이르러서 주紂의 명이 아래로 전해지지 못하고, 그 백성들을 군사로 쓸 수가 없었으니 이것이 어찌 왕명이 엄격하지 않고 형벌이 준엄하지 않아서이겠는가. 이는 통솔한 자가 도로써 다스리지 않았기 때문이다.

紂剖比干 囚箕子 爲炮格 刑[1]殺無辜 時臣下懍然 莫必其命[2] 然而周師至 而令不行乎下 不能用其民 是豈令不嚴 刑不峻哉 其所以統之者非其道故也

① 炮格 刑포격 형

신주 구리 기둥에 기름을 발라 잘 미끄러지게 하고 그 아래에는 숯불을 피워놓고 죄인에게 구리 기둥을 건너게 했다. 대부분 미끄러져서 불속에서 타 죽는다. 은나라 주紂의 애첩 달기妲己가 그것을 보고 비로소 웃었다고 하는데, 이는 은나라를 멸망시킨 주나라의 시각에서 쓴 것이다.

② 莫必其命막필기명

색은 사람이 성명을 보전하리라고 확신할 수 없음을 말한 것이다.

言無人必保其性命

제三장

세 가지 예의 근본

옛날의 병기는 창, 활, 화살뿐이었다. 그러나 적국은 이를 쓰지도 않았는데 굴복하고,① 성곽을 쌓지도 않으며 해자를 파지도 않고② 견고한 요새를 세우지도 않고 병가의 기변機變을 펴지 않았는데도 나라가 평안하고 외적을 두려워하지 않으면서 견고했던 것은 다른 이유가 없다. 도를 밝혀 균등하게 나누고③ 때에 맞추어 백성을 부리고 그들을 진실하게 사랑해서이니, 곧 아랫사람들이 마치 그림자가 따르듯 응한 것이리라.

古者之兵 戈矛弓矢而已 然而敵國不待試而詘① 城郭不集 溝池不掘② 固塞不樹 機變不張 然而國晏然不畏外而固者 無他故焉 明道而均分之③ 時使而誠愛之 則下應之如景響

① 試而詘 시이굴

집해 서광이 말했다. "시試는 다른 판본에는 '계誡'라고도 한다."

徐廣曰 試 一作誡也

정의 詘은 '굴[丘勿反]'로 발음한다. 시試는 '쓰임'이다.
詘 丘勿反 試 用也

② 掘굴

정의 掘은 '굴[求勿反]', 또는 '궐[求厥反]'로 발음한다.
求勿反 又求厥反

③ 均分之균분지

정의 分은 '분[扶問反]'으로 발음한다. 유가와 묵가의 구분을 밝히고 예의를 균등하게 하면 아래에서 그림자와 메아리처럼 응하는 것과 같다는 것을 말한 것이다.
分 扶問反 言明儒墨之分 使禮義均等 則下應之如影響耳

명을 따르지 않는 사람이 있고 나서야 형벌을 내리면 백성들이 죄를 알게 된다.① 그런 까닭으로 한 사람에게 형벌을 내린 것으로도 온 천하가 복종하게 되었으며, 죄인은 윗사람을 원망하지 않고 죄가 자기에게 있음을 알게 되었다. 이런 까닭에 형벌은 감소하면서 위엄이 행해짐에 물이 흐르는 것 같았는데, 다른 이유가 없었던 것은 그 도를 따랐기 때문이다. 그러므로 그 도를 따르면 행해지고 그 도를 따르지 않으면 무너졌던 것이다.
옛날 요임금이 천하를 다스릴 때 한 사람을 죽이고 두 사람에게 형벌을 내렸을 뿐인데도 천하가 다스려졌다. 이에 《서전》에서 "위엄은 엄정했으나 시험하지 않았고, 형벌은 제정했으나 쓰지를 않았다."라고 말했다.

有不由命者 然後俟之以刑 則民知罪矣[①] 故刑一人而天下服 罪人不尤其上 知罪之在己也 是故刑罰省而威行如流 無他故焉 由其道故也 故由其道則行 不由其道則廢 古者帝堯之治天下也 蓋殺一人刑二人而天下治 傳曰 威厲而不試 刑措而不用

① 俟之以刑 則民知罪矣사지이형 즉민지죄의

정의 군주를 예의로 섬기면서 백성 중 예의를 따르지 않는 자가 있으면 기다린 연후에 형벌을 주면, 백성이 죄를 알고 형벌에 복종한다.

事君以禮義 民有不由禮義者 然後待之以刑 則民知罪伏刑矣

천지는 생명의 근본이요, 선조는 동족[①]의 근본이요, 군주와 스승은 다스림의 근본이다. 천지가 없었다면 어찌[②] 생명이 태어났겠는가. 선조가 없었다면 어찌 사람이 태어났겠는가. 군주와 스승이 없었다면 어찌 다스려졌겠는가. 셋 가운데 하나라도[③] 없다면 사람이 편안해질 수 없다. 그러므로 예는 위로 하늘을 섬기고, 아래로 땅을 섬기며, 선조를 높이고, 군주와 스승을 받들어야 한다. 이것이 예의 세 가지 근본이다.

天地者生之本也 先祖者類[①]之本也 君師者治之本也 無天地惡[②]生 無先祖惡出 無君師惡治 三者偏[③]亡 則無安人 故禮 上事天 下事地 尊先祖而隆君師 是禮之三本也

① 類유

정의 유는 종류이다.

類 種類也.

② 惡오

정의 惡는 '오烏'로 발음한다.

惡音烏

신주 '어찌'의 뜻이다.

③ 偏편

색은 추탄생은 偏을 '편遍'으로 발음한다고 했다.

鄒音遍

정의 偏은 '편[疋然反]'으로 발음한다.

偏 疋然反

그러므로 왕은 태조를 하늘의 짝으로 여기니[①] 제후가 감히 제사 지낼 것을 생각하지 못하고,[②] 대부와 사士는 따로 제사 지내는 선조가 있어서[③] 귀천을 분별하는 까닭이 되니, 귀천을 잘 분별하는 것이 예덕을 얻는 근본이다. 그래서 하늘에 지내는 교제郊祭는 천자에 그치고,[④] 땅에 지내는 사제社祭는 제후까지 미치니,[⑤] 사대부까지 포함하고 있다.[⑥] 이 때문에 분별한다는 것은 존귀한 사람이 존귀한 것을 섬기게 하고 낮은 사람이 낮은 것을 섬기게 하는 것이다. 그래서 높은 자는 높은 이를 섬기게 하는 것이 마땅하고 낮은 자는 낮은 것을 섬기게 하는 것이 마땅하다.

故王者天太祖[①] 諸侯不敢懷[②] 大夫士有常宗[③] 所以辨貴賤 貴賤治 得之本也 郊疇乎天子[④] 社至乎諸侯[⑤] 函[⑥]及士大夫 所以辨尊者事尊 卑者事卑 宜鉅者鉅 宜小者小

① 王者天太祖왕자천태조

집해 〈모시서毛詩敍〉에서 말한다. "문왕과 무왕의 공로는 후직에게서 일어났다. 그러므로 하늘과의 짝이라고 하여 높이 받들었다."

毛詩敘曰 文武之功起於后稷 故推以配天焉

② 諸侯不敢懷제후불감회

색은 회懷는 '생각'이다. 제후는 감히 태조가 하늘과 짝한다고 생각해서 제사지내지 못함을 말한 것이다. 또 하나의 해석은 왕의 자손이 제후가 되어도 그 조부의 제사를 생각하지 못한다. 그러므로《예기》에서는 "제후는 감히 천자를 조상으로 삼지 못한다."라고 했는데, 아마도 이와 같은 뜻일 것이다.

懷 思也 言諸侯不敢思以太祖配天而食也 又一解 王之子孫爲諸侯 不思祀其父祖 故禮云諸侯不敢祖天子 蓋與此同意

③ 常宗상종

집해 《예기》에서 말한다. "별자別子는 조祖가 되고 별자를 이으면 종宗이 된다. 오랜 세대에 걸쳐 불천위 제사하는 자를 별자의 후손이라고 한다."

禮記曰 別子爲祖 繼別爲宗 百世不遷者 謂別子之後也

신주 별자는 천자나 제후의 적장자가 아닌 이외의 자식을 말한다. 별자의 후손들은 후대로 내려오면서 대체로 대부나 사인의 신분을 가지게 되고, 별자를 자신들의 선조로 삼아 불천위不遷位 제사를 올린다.

④ 郊疇乎天子교주호천자

색은 주疇는 유類이다. 천자의 유제類祭는 하늘에 교제를 지내는데, 이외의 것과 겸해서 제사하지 않는다. 지금 《대대례기》에서 "교제는 천자가 제사하는 것으로 마친다."라고 한 것이 이것이다. 지止는 '주疇'로 쓰기도 하나 잘못이다.

疇 類也 天子類得郊天 餘竝不合祭 今大戴禮作郊止乎天子 是也 止或作疇 因誤耳

⑤ 社至乎諸侯사지호제후

색은 천자 이하 제후에 이르기까지 사社(토지신을 모시는 사당)를 세우는 것을 말한 것이다.

言天子已下至諸侯得立社

⑥ 函함

집해 函은 '함含'으로 발음한다.

音含

색은 啗은 '함'으로 발음하고 함含은 포용包容을 이른다. 제후로부터 사대부에 이르기까지 토지신에 제사한다. 그러므로 《예기》에서는 "대부가 무리를 이루어 사社를 세우는 것을 치사置社라고 한다."라고 했다. 또 이사里社라고도 한다. 추탄생은 啗을 '담[徒濫反]'으로 발음했고 뜻은 '통함'이라고 하지만 옛 글에서는 보지 못했다. 각각 뜻을 음으로 삼았을 뿐이다. 지금 살펴보니 《대대례기》에서는 '도급사대부導及士大夫'라고 했는데 도導 또한 '통함'이다. 지금 여기의 '啗'은 마땅히 도導 및 도蹈와 같다. 뒤에 '족足' 자가 없어지고 오직 '구口' 자가 있게 되었다. 그러므로 해석하는 자들이 깊이 연구해 볼 일이다.

啗音含 含謂包容 諸侯已下至士大夫得祭社 故禮云 大夫成群立社曰置社 亦曰里社也 鄒誕生音啗徒濫反 意義亦通 但不見古文 各以意爲音耳 今按 大戴禮作導及士大夫 導亦通也 今此爲啗者 當以導與蹈同 後足字失止 唯有口存 故使解者穿鑿也

그러므로 천하를 가진 사람은 7세世를 섬기고, 한 나라를 가진 사람은 5세를 섬기며, 5승乘의 땅을 가진 사람[①]은 3세를 섬기고, 3승의 땅을 가진 사람은 2세를 섬기며,[②] 희생 하나만 가지고 제사 지내는 사람은 종묘를 세울 수가 없게 했다.[③] 그런 까닭으로 분별해서 공업을 두텁게 쌓은 자는 그 은택이 널리 흘러갈 것이며, 두텁게 쌓지 않은 사람은 그 흘러가는 은택이 좁으리라.

故有天下者事七世 有一國者事五世 有五乘之地[①]者事三世 有三乘之地者事二世[②] 有特牲而食者 不得立宗廟[③] 所以辨積厚者流澤廣 積薄者流澤狹也

① 五乘之地오승지지

집해 정현이 말했다. "예전에는 사방 10리였다. 그중 64정은 병거 1승의 군세를 냈는데, 이것은 병법에 있는 군비이다."

鄭玄曰 古者方十里 其中六十四井出兵車一乘 此兵法之賦

신주 《한서》〈형법지〉에서 "땅 사방 1리가 정이고 10정이 통이며, 10통이 성이니 성은 사방 10리이다. 10성이 종이고 10종이 동이니 1동은 사방 100리이다. 10동이 봉이고, 10봉이 기이니 1기는 사방 1,000리이다. 이에 전작세(田租)와 군세(軍賦)가 있었는데, 전작세는 국가의 식량을 충족했고 군세는 군비를 충족했다. 그러므로 4정은 읍이 되고, 4읍이 구가 되고 구는 16정이며 군마 1필과 소 세 마리를 소유했다. 4구는 전이 되고 1전은 64정이며, 군마 네 필과 병거 한 대, 소 열두 마리, 무장한 병사 3인과 병졸 72명을 두었고 무기를 구비했다. 이것을 승마지법이라고 한다."라고 했다. 따라서 오승지지五乘之地는 면적이 320정이다.

② 有三乘之地者事二世유삼승지지자사이세

집해 《곡량전》에서 말한다. "천자부터 선비에 이르기까지 모두 묘당이 있어 천자는 7위, 제후는 5위, 대부는 3위, 사인은 2위를 모시는데, 처음으로 봉함을 받은 자가 반드시 그의 태조가 된다."

谷梁傳曰 天子至于士皆有廟 天子七 諸侯五 大夫三 士二 始封之者必爲其太祖

③ 有特牲而食者不得立宗廟유특생이식자부득립종묘

집해 《예기》에서 말한다. "서인은 침소에서 제사지낸다."

禮記曰 庶人祭於寢

신주 식食은 '제사지내다'의 뜻이다.

대향大饗[①]에 현준玄尊[②]을 올리고 도마에 생선을 올리며[③] 대갱大羹을 먼저 올리는 것은 음식을 귀하게 여기는 근본으로 삼았기 때문이다. 대향에 현준을 올리고 박주薄酒를 쓰며, 서직黍稷으로 먼저 제사하고 이어 도량반稻粱飯을 올린다. 제[④]를 올릴 때는 대갱을 먼저 입에 댔다가[⑤] 여러 제수를 먹으니, 이는 모두 근본을 귀하게 하고 몸소 사용하는 것이다. 근본을 귀하게 하는 것을 문文이라고 이르고 몸소 실용하는 것을 이理라고 이르니, 양자가 합해 문을 이룸으로써 태일太一로 돌아가는데, 이를 대륭大隆[⑥]이라고 이른다.

大饗[①]上玄尊[②] 俎上腥魚[③] 先大羹 貴食飮之本也 大饗上玄尊而用薄

酒 食先黍稷而飯稻粱 祭[④]嚌先大羹[⑤]而飽庶羞 貴本而親用也 貴本之謂文 親用之謂理 兩者合而成文 以歸太一 是謂大隆[⑥]

① 大饗대향

신주 계절마다 지내는 제사이다.

② 玄尊현준

신주 또한 현준玄樽이라고도 한다. 《여씨춘추》〈괄음〉에서 "대향의 예는 현준을 올리고 도마에 생선을 올린다.[大饗之禮 上玄尊而俎生魚]"라고 했는데, 고유는 주석에서 "현준은 맑은 물이다.[玄尊 明水也]"라고 했으나 진기유는 《여씨춘추교석》에서 "준尊은 술잔이다. 이로 인해 가차하여 술의 칭호가 되었다. 그래서 현준은 곧 현주이다.[尊爲酒器 因假爲酒之稱 故玄尊則玄酒]"라고 했다.

③ 俎上腥魚조상성어

집해 정현이 말했다. "대향은 태조와 함께 선대 신위를 모시고 지내는 제사로 생선을 조실(안주)로 삼는데, 삶거나 익히지 않는다."
鄭玄曰 大饗 祫祭先王 以腥魚爲俎實 不臑孰之也

④ 祭제

신주 달마다 지내는 제사이다.

⑤ 嚌先大羹제선대갱

집해 정현이 말했다. "제嚌는 입에 대는 것이다."

鄭玄曰 嚌 至齒

⑥ 大隆대륭

색은 귀본貴本과 친용親用 양자가 합해져서 문을 이루어 태일에 귀속된다. 태일이란 천지의 근본으로 예의 문리를 터득하면 태일과 결합하게 된다. 융隆은 성대하고 높다는 의미이다. 예의 문리를 터득해서 태일에 귀속된다는 것은 예가 성대해지는 것이다.

貴本親用 兩者合而成文 以歸太一 太一者 天地之本也 得禮之文理 是合於太一也 隆者 盛也 高也 得禮文理 歸于太一 是禮之盛者也

그러므로 술잔에 맑은 물을 올리고,① 도마에 생선을 올리고 제기에 고깃국을 먼저 올리는 것은 한결같은 이치이다.② 이작利爵에 제물을 맛보지 않는 것,③ 제사를 마친 뒤 도마의 제물을 맛보지 않는 것,④ 삼유三侑의 반飯을 먹지 않는 것,⑤ 대혼大昏에 재계齋戒하고 귀신에 고하지 않는 것,⑥ 태묘太廟에 신주가 들지 않고 막 절명했을 때 소렴小斂⑦을 하지 않는 것 또한 모두 한가지 이치이다.⑧

故尊之上玄尊也① 俎之上腥魚也 豆之先大羹 一也② 利爵弗啐也③ 成事俎弗嘗也④ 三侑之弗食也⑤ 大昏之未廢齊也⑥ 大廟之未內尸也 始絕之未小斂⑦ 一也⑧

① 上玄尊상현준

정의 황간이 말했다. “현주玄酒는 물이다. 상고시대에 술이 없어 처음 제사에 단지 물을 따라 사용했다. 근래에 이르러 비록 술은 있으나 옛 예를 보존하여 오히려 술 대신 물을 사용했다.”

皇侃云 玄酒 水也 上古未有酒 而始之祭但酌水用之 至晚世雖有酒 存古禮 尙用水代酒也

② 一也일야

색은 술잔에는 맑은 물을 올리고 도마에는 생선을 올리며, 제기에는 고깃국을 먼저 올린다. 세 가지는 한결같아 모두 근본이 된다. 그러므로 ‘일一’이라고 이른다.

尊之上玄尊 俎之上生魚 豆之先大羹 三者如一 皆是本 故云一也

③ 利爵弗啐이작불쵀

집해 정현이 말했다. “쵀啐는 ‘입에 넣다’이다.”

鄭玄曰 啐 入口也

색은 살펴보니 《의례》에서, 제사에서 올리는 것을 마치면 축은 서쪽에서 고성告成을 하는데 이것을 이작利爵이라고 한다. 제사의 초기, 제사를 지내기 전에는 술잔 수를 계산할 수 없기 때문에 입에 넣어서 맛보지 않는다.

按 儀禮祭畢獻 祝西面告成 是爲利爵 祭初未行無算爵 故不啐入口也

④ 成事俎弗嘗也성사조불상야

색은 성사成事는 졸곡卒哭 제사(삼우三虞가 지난 뒤에 지내는 제사로 사람이 죽은 지 석 달 만에 오는 첫 정일이나 해일에 가려서 지내는 제사)이다. 그러므로 《예기》에서 말한다. "졸곡을 '성사'라고 한다. 졸곡 제사이므로 길제吉祭로부터 시작한다. 그러므로 제육과 술잔을 받고도 도마의 생선을 맛보지 않는다."

成事卒哭之祭 故記曰 卒哭曰成事 旣是卒哭之祭 始從吉祭 故受胙爵而不嘗俎也

⑤ 三侑之弗食也삼유지불식야

색은 《예기》에서 말한다. "제사에 반드시 유사侑祠를 세워 신주에게 식사를 권하고 세 번의 반飯을 한 뒤에 그친다. 반飯을 할 때마다 유사 1인이 있으므로 삼유三侑가 있다. 이미 신주에게 권했기 때문에 서로 먹지 않는다."

禮 祭必立侑以勸尸食 至三飯而後止 每飯有侑一人 故有三侑 旣是勸尸 故不相食也

⑥ 大昏之未廢齊也대혼지미폐재야

색은 폐재廢齊는 혼례에서 아버지가 자식을 맞이하기 전에 제사지내는 것을 말한다. 그러므로 〈곡례〉에서는 "재계하고 귀신에게 고한다."라고 했다. 이것이 혼례에 재계가 있는 것이다.

廢齊 謂昏禮父親醮子而迎之前 故曲禮云 齋戒以告鬼神 是昏禮有齊也

⑦ 小斂소렴

신주 사람이 죽은 뒤 염습斂襲을 마치고 나서 뼈가 굳어 입관入棺하는데 지장이 생기지 않도록 손과 발을 거두는 상례의식 중 하나이다.

⑧ 一也일야

[색은] 이상의 다섯 가지는 모두 예의 처음으로 폐백이 갖추어지기 전이다. 또한 이것은 근본을 귀하게 여기는 뜻이다. 그러므로 일一이라고 일렀다.

此五者皆禮之初始 質而未備 亦是貴本之義 故云一也

> 대로의 하얀 장막[①]과 교제郊祭를 지낼 때 쓰는 삼으로 만든 면류관,[②] 상복을 입을 때 먼저 산마散麻를 하는 것, 이것들은 모두 한가지 이치이다.[③] 또 3년을 곡할 때 목 놓아 우는 것,[④] 〈청묘淸廟〉의 노래에서[⑤] 한 사람이 창倡을 하면 세 사람이 화응和應하는 것,[⑥] 종을 하나 걸어놓고 종의 틀을 두드리는 것,[⑦] 붉은 현이 있는 큰 비파의 아래에 작은 구멍을 내는 것들이 모두 한가지 이치이다.[⑧]
>
> 大路之素幬也[①] 郊之麻絻[②] 喪服之先散麻 一也[③] 三年哭之不反也[④] 淸廟之歌[⑤]一倡而三歎[⑥] 縣一鍾尙拊膈[⑦] 朱弦而通越 一也[⑧]

① 大路之素幬也대로지소주야

[집해] 《예기》에서 말한다. "흰 수레를 타는 것은 그 본바탕을 귀하게 여긴 것이다." 정현이 말했다. "흰 수레는 은나라 수레이다."

禮記曰 乘素車 貴其質也 鄭玄曰 素車 殷輅也

[색은] 幬는 '주稠'로 발음한다. 수레 덮개에 흰색으로 휘장을 두른 것을 말한다. 또한 수레의 바탕이다.

幬音稠 謂車蓋以素帷 亦質也

② 郊之麻絻교지마면

집해 《주례》에서 말한다. "왕은 하늘의 상제에게 제사지내는데 큰 갖옷을 입고 면류관을 쓴다."《논어》에서는 "마면麻冕을 하는 것은 예이다." 라고 했는데, 공안국은 "면冕은 검은 천으로 만든 관冠이다. 옛날에 마麻 30새의 포布를 짜서 만들었다."라고 했다.

周禮曰 王祀昊天上帝 服大裘而冕 論語曰 麻冕 禮也 孔安國曰 冕 緇布冠 古者績麻三十升布以爲之

정의 絻은 '면免'으로 발음한다. 또한 면冕으로도 쓴다.

絻音免 亦作冕

③ 喪服之先散麻 一也상복지선산마 일야

집해 《의례》〈사상례〉에서 말한다. "처음 죽으면 주인은 산대散帶하고 세 자를 늘어뜨린다."《예기》에서 말한다. "대공大功 이상은 산대散帶를 한다."

儀禮士喪禮曰 始死 主人散帶 垂之三尺 禮記曰 大功已上散帶也

색은 대로 이하에 (흰 장막, 교제에서의 마면, 상복에 산대를 하는) 세 가지 일은 서로 비슷하여 마치 하나같다. 그러므로 일一이라고 이른 것이다. 산마散麻는 무늬가 없는 바탕을 취하는데 또한 근본을 귀하게 여기는 것이다.

大路已下 三事相似如一 故云一也 散麻取其質無文飾 亦貴本也

④ 三年哭之不反也삼년곡지불반야

집해 《예기》에서 말한다. "참최의 곡을 하면, 가서 돌아오지 않을 듯이

한다."

禮記曰 斬衰之哭 若往而不反

⑤ 淸廟之歌청묘지가

집해 정현이 말했다. "〈청묘淸廟〉는 〈청묘〉의 노래를 만드는 것을 말한다."

鄭玄曰 淸廟謂作樂歌淸廟

⑥ 一倡而三歎일창이삼탄

집해 정현이 말했다. "창倡은 노랫말을 읊는 것이며, 삼탄三歎은 세 사람이 따라서 화답하는 것이다."

鄭玄曰 倡 發歌句者 三歎 三人從歎

⑦ 縣一鍾尙拊膈현일종상부격

집해 서광이 말했다. "다른 판본에는 '박격搏膈'으로 되어 있다."

徐廣曰 一作搏膈

색은 종 하나를 매달아 놓고 종틀을 두드리는 것이다. 격膈은 종을 매단 틀이다, 부拊는 '무'로 발음한다. '격'은 종을 치지 않고 그 틀을 어루만져 소리를 취하지 않는 것이 또한 본질이다. 추씨는 격膈을 '박'으로 발음하는데 대개 《대대례기》에 의거했다. 정현은 《예기주禮記注》에서 "박搏은 축어柷敔(악기 이름)를 어루만지는 것이다."라고 했다.

縣一鍾尙拊膈 膈懸鍾格 拊音撫 [拊]膈 不擊其鍾而拊其格 不取其聲 亦質也 鄒氏膈音膊 蓋依大戴禮也 而鄭禮注云搏 拊柷敔也

⑧ 朱弦而通越 一也주현이통활 일야

색은 대금은 그 현을 붉은 줄로 하고 또 그 아래에 구멍을 통하게 해 소리를 탁하고 또 느리게 했다. 이는 본질을 높이고 근본을 귀하게 여겨 그 소리 무늬를 취하지 않은 것이다. 그래서 본문의 '3년' 이하부터 네 가지 일은 모두 그 소리를 취하지 않았다.

大瑟而練朱其弦 又通其下孔 使聲濁且遲 上質而貴本 不取其聲文 自三年已下四事 皆不取其聲也

제
四
장

예는 기쁜 데에서 마친다

무릇 예는 소략한 것에서 시작해[①] 문식文飾으로 이루어지고,[②] 기쁜 데에서 끝을 맺는다.[③] 그러므로 가장 좋은 것은 정서와 문식이 모두 다 발휘되고,[④] 그다음은 정서와 문식이 번갈아 발휘되며,[⑤] 그다음은 정서를 회복해 태일로 돌아간다.[⑥] 그리하여 천지가 합하고 일월이 빛나며, 사계절이 순서에 따라 찾아오고, 별들이 운행하고, 강물이 흐르고 만물이 창성하고 좋아하고 싫어함이 절도가 있고, 즐거움과 성냄이 적절해지게 된다. 예를 가지고 하면, 백성된 사람은 순종하고, 왕이 된 사람은 밝아지는 것이다.[⑦]

凡禮始乎脫[①] 成乎文[②] 終乎稅[③] 故至備 情文俱盡[④] 其次 情文代勝[⑤] 其下 復情以歸太一[⑥] 天地以合 日月以明 四時以序 星辰以行 江河以流 萬物以昌 好惡以節 喜怒以當 以爲下則順 以爲上則明[⑦]

① 脫탈

색은 탈脫은 '소략'과 같다. 시始는 '처음'이다. 예는 소략한 것을 높이는 데서 시작됨을 말한 것이다.

脫猶疎略也 始 初也 言禮之初尙疎略也

② 成乎文성호문

색은 예가 성취되면 문식이 있음을 말한 것이다.

言禮成就有文飾

③ 終乎稅종호열

집해 서광이 말했다. "다른 판본에는 '열悅'로 되어 있다."

徐廣曰 一作悅

색은 稅은 '열悅'로 발음한다. 예는 마침내 사람의 정이 어울려 기쁜 데서 끝난다는 말이다.《대대례》에는 '종어륭終於隆'으로 되어 있다. 융隆은 성대함을 말한다.

音悅 言禮終卒和悅人情也 大戴禮作 終於隆 隆謂盛也

④ 情文俱盡정문구진

집해 서광이 말했다. "옛날의 '정情' 자는 간혹 가차해서 '청請' 자로 했다. 제자諸子 가운데 여기에 견주는 사람이 많다."

徐廣曰 古情字或假借作請 諸子中多有此比

정의 정서와 문식이 두루 갖추어졌다는 것으로, 예의를 지극히 갖춘 것을 말한다.

言情文俱盡 乃是禮之至備也

⑤ 情文代勝정문대승

색은 승勝은 '승昇'으로, 또는 '승[尸證反]'으로 발음한다. 어떤 때는 문식이 정서보다 번성하고 때로는 정서가 문식보다 번성한다. 이에 정서와 문식이 번갈아 서로 번성하는 것이다. 《대대례》에서는 "차례차례 흥기한다." 라고 했다.

音昇 又尸證反 或文勝情 或情勝文 是情文更代相勝也 大戴禮作迭興也

⑥ 太一태일

색은 그다음은 정서와 문식을 함께 잃고 마음이 혼돈한 천지의 처음으로 돌아가 예의 근본을 되찾는데, 이것을 태일로 돌아간다고 말한 것이다.

言其次情文俱失 歸心渾沌天地之初 復禮之本 是歸太一也

⑦ 以爲下～則明이위하～즉명

정의 천지로부터 이하 여덟 가지 일로 대례가 갖추어지자 정서와 문식이 함께 완수되었다. 그러므로 아랫사람을 위해 사용하면 유순해지고 윗사람을 위해 사용하면 밝아진다.

自天地以下八事 大禮之備 情文俱盡 故用爲下則順 用爲上則明也

태사공은 말한다.

지극하도다![1] 융성한 예를 세워 법도로 삼으니, 천하가 이를 더하거나 덜할 수가 없었다. 본말이 서로 따르고[2] 시종始終이 서로 응해,[3] 지극한 문식으로 귀천과 상하를 분별하고,[4] 지극한 살핌으로 사람의 마음을 기쁘게 할 수 있었다.[5] 천하가 그것을 따르면 잘 다스려졌고, 따르지 않으면 어지러워졌으니, 따르는 자는 편안하고

따르지 않는 자는 위태로웠다. 소인은 이 이치를 헤아릴 수 없는 것이다.[⑥]

太史公曰 至矣哉![①] 立隆以爲極 而天下莫之能益損也 本末相順[②] 終始相應[③] 至文有以辨[④] 至察有以說[⑤] 天下從之者治 不從者亂 從之者安 不從者危 小人不能則也[⑥]

① 至矣哉지의재

색은 이하는 또한 태사공이 순경(순자)의 《예론》의 뜻을 취해, 지극하게 예의 손익을 말함으로써 본 〈예서〉의 결론을 맺은 것이다.

已下亦是太史公取荀卿禮論之意 極言禮之損益 以結禮書之論也

② 本末相順본말상순

색은 예의가 성대해지면 천문과 지리가 결합되어 태일로 돌아간다. 지극히 예의가 감쇄해지면 정情을 회복해서 태일로 돌아간다. 예의가 성대해지거나 감쇄되매 모두 태일로 돌아가는 것은 근본과 끝이 서로 통하기 때문임을 말한 것이다.

謂禮之盛 文理合以歸太一 至禮之殺 復情以歸太一 隆殺皆歸太一者 是本末相順也

③ 終始相應종시상응

색은 예는 소탈함에서 시작해 홀가분해지는 것에서 끝마치는데 홀가분해진다는 것은 또한 줄이는 것이다. 이에 줄임과 소탈함은 시작과 끝이 상응한다.

禮始於脫略 終於稅 稅亦殺也 殺與脫略 是始終相應也

정의 應은 '응[乙陵反]'으로 발음하고 '당當'의 뜻이다.

應 乙陵反 當也.

④ 至文有以辨지문유이변

색은 예가 지극한 문식이면 능히 존비귀천을 분별한다. 그러므로 "분별할 수 있다."라고 일렀다.

言禮之至文 能辨尊卑貴賤 故云有以辨也

⑤ 至察有以說지찰유이열

색은 예를 지극히 살피면 성대함과 감쇄함, 손해와 이익을 밝힐 수 있고 정과 문식을 소상히 알게 되어 족히 사람의 마음을 기쁘게 할 수 있음을 말한 것이다. 그러므로 "기쁘게 할 수 있다."라는 말이다.

言禮之至察 有以明隆殺損益 委曲情文 足以悅人心 故云有以說也

⑥ 小人不能則也소인불능칙야

정의 소인은 서인庶人과 같다. 칙則은 법이다. 천하의 사士 이상 제왕에 이르기까지 능히 예를 따르는 자는 편안히 다스리고 예를 따르지 않는 자는 위태하고 어지러워지며, 서인은 사건에만 근거해서 법과 예로 할 수 없다는 말이다.

小人猶庶人也 則 法也 言天下士以上至于帝王 能從禮者則治安 不能從禮者則危亂 庶人據於事 不能法禮也

예의 모습은 진실로 깊어서[①] 견백동이堅白同異의 궤변도 여기에 들어가면 나약해진다.[②] 그 모습은 진실로 원대해서 전례와 제도를 제멋대로 만든 좁고 고루한 주장도 여기에 들어가면 스스로 겸손해진다.[③] 그 모습은 진실로 고상해서 난폭하고 오만하며 방자하게[④] 현실을 가벼이 하면서 자신이 고매하다고 여기는 무리들이 여기에 들어가면 절망하고 만다.[⑤]

禮之貌誠深矣[①] 堅白同異之察 入焉而弱[②] 其貌誠大矣 擅作典制褊陋之說 入焉而望[③] 其貌誠高矣 暴慢恣睢[④] 輕俗以爲高之屬 入焉而隊[⑤]

① 禮之貌誠深 예지모성심

색은 어떤 본에는 '간성懇誠'으로 되어 있으나 잘못이다.

有本作懇誠者 非也

② 堅白同異之察 入焉而弱 견백동이지찰 입언이약

정의 예의 모습은 믿음이 깊고 두터워 비록 추자鄒子(추연)의 억지궤변으로 밝게 살펴 예의의 안에 들어간다 하더라도 자연히 나약해지고 무너진다는 말이다.

言禮之貌信深厚矣 雖有鄒子堅白同異之辯明察 入於禮義之中 自然懦弱敗壞(之禮)也

신주 견백동이堅白同異는 이견백離堅白이라고도 하는데 전국시대 명가名家 공손룡公孫龍이 말한 궤변의 논리다. 공손룡은 단단하고 흰 돌은 눈으로 볼 때는 단단한지 모르고 희지만 알 수 있고, 손으로 만져볼 때는 그것이 단단한 줄은 알지만 흰지는 모르므로 단단하고 흰 돌은 같은 물건이 아닌 다른 물건이라고 설명했다. 흰말은 말이 아니라는 백마비마白馬

非馬론과 함께 명가의 대표적인 궤변이다. 《순자》 〈수신〉에 나온다.

③ 擅作典制褊陋之說入焉而望천작전제편루지설입언이망

색은 전례와 제도를 제멋대로 만든 편루한 설을 말한다. 입언入焉이란 예로 들어가면 스스로 겸손해져서 그 실수를 알게 된다는 말이다.

言擅作典制及褊陋之說 入焉 謂入禮則自嗛望知其失

정의 예의 모습은 신뢰함이 넓고 커서 비록 법이나 편루한 설을 멋대로 만든다고 할지라도 문사文辭가 예의 속으로 들어가면 자연히 음란한 풍속과 식견이 좁고 얕은 말을 성숙되게 한다는 말이다.

言禮之貌信廣大矣 雖有擅作典制褊陋之說 文辭入於禮義之中 自然成淫俗褊陋之言

④ 恣睢자휴

색은 자휴恣睢는 '헐뜯다'와 같다.

恣睢猶毀訾也

⑤ 輕俗以爲高之屬 入焉而墜경속이위고지속 입언이추

색은 예를 헐뜯는 자는 스스로 추락해서 멸망한다는 말이다.

言訾毀禮者自取隊滅也

정의 예의 모습은 신뢰함이 높고 높아서, 비록 난폭하고 거만하며 남을 헐뜯고 세상을 가벼이 보고 자신을 고상하다고 여기는 무리라 하더라도 예의 속으로 들어가게 되면 자연히 추락하여 난폭하고 거만하며 세상을 가벼이 하는 사람도 성숙하게 된다는 말이다.

言禮之貌信尊高矣 雖有暴慢恣睢輕俗以爲高之屬 入於禮義之中 自然成墜落暴慢輕俗之人

그러므로 먹줄로 튕겨 선을 그은 것을 살피면① 굽은 것과 곧은 것을 속일 수 없다. 저울과 저울추로 살피면② 가볍고 무거움을 속일 수 없다. 규구規矩로 잰 것을 살피면③ 모나고 둥근 것을 속일 수 없다. 군자가 예를 살피면 거짓과 허위로써 속일 수가 없다.④ 그러므로 먹줄은 곧은 것의 지극함이요, 저울대는 평평한 것의 지극함이요, 규구는 모나고 둥근 것의 지극함이요, 예는 사람의 도리의 지극함이다.

故繩誠陳① 則不可欺以曲直 衡誠縣② 則不可欺以輕重 規矩誠錯③ 則不可欺以方員 君子審禮 則不可欺以詐僞④ 故繩者 直之至也 衡者 平之至也 規矩者 方員之至也 禮者 人道之極也

① 誠陳성진

집해 정현이 말했다. "성誠은 '살핌'과 같다. 진陳은 '차림'이고 줄을 튕겨 선을 긋는 것을 말한다."

鄭玄曰 誠猶審也 陳 設也 謂彈畫也

② 衡誠縣형성현

집해 정현이 말했다. "형衡은 저울이다. 현縣은 저울추를 이른다."

鄭玄曰 衡 稱也 縣謂錘也

정의 縣은 '현玄'으로 발음한다.

縣音玄

③ 規矩誠錯규구성조

색은 조錯는 '두다'이다. 규規는 수레바퀴이다. 구矩는 곡척曲尺이다.

錯 置也 規 車也 矩 曲尺也

정의 錯는 '초[七故反]'로 발음한다.

錯 七故反

④ 詐僞사위

정의 사위詐僞(거짓)는 견백동이, 천작전제, 폭려자휴를 스스로 고상하다고 이른 것이다. 그러므로 먹줄을 튕겨 선을 그으면 곡직曲直이 정해지고 저울에 달면 경중이 분별되고 규구(자)로 재면 어긋나는 것을 알고, ■로 재면 모나고 둥근 것을 알 수 있다. 예로 살피면 거짓이 스스로 소멸된다.

詐僞謂堅白同異 擅作典制 暴戾恣睢自高也 故陳繩 曲直定 懸衡 輕重分 錯規矩 方員■ 審禮 詐僞自消滅矣

> 그러나 예를 법으로 삼지 않는 자는 예절을 행함에 만족스럽게 여기지 못하니 이를 일러 방정方正하지[①] 못한 사람이라고 한다. 예를 법으로 삼는 자는 예절을 행함에 만족스럽게 여기니 이를 일러 방정한 사인士人이라고 한다. 예에 들어가게 되면 사색[②]을 잘하게 되는데 이를 일러 능려能慮라고 하고, 사색을 잘하게 되면 가볍게 바꾸지[③] 않으니 이를 일러 능고能固라고 한다. 능려와 능고를 더하여 좋아하면 성인이 되는 것이다.[④] 하늘은 높음의 극치요, 땅은 낮음의 극치요, 일월은 밝음의 극치요, 무궁은 광대함의 극치이며, 성인은 도의 극치이다.[⑤]

然而不法禮者不足禮 謂之無方[①]之民 法禮足禮 謂之有方之士 禮之中能思索[②] 謂之能慮 能慮勿易[③] 謂之能固 能慮能固 加好之焉 聖矣[④] 天者 高之極也 地者 下之極也 日月者 明之極也 無窮者 廣大之極也 聖人者 道之極也[⑤]

① 方방

집해 정현이 말했다. "방은 '도'와 같다."

鄭玄曰 方猶道也

② 索색

색은 색은 '찾음'이다.

索 求也

③ 易역

정의 역은 가볍게 바꾸는 것을 이른다.

易謂輕易也

④ 能慮能固 加好之焉 聖矣능려능고 가호지언 성의

정의 好는 발음이 '호[火到反]'이다. 사람이 알맞은 예를 터득하고 또 능히 생각하고 살펴 예를 구하는 것을 능사려能思慮라고 이른다. 또 그 예를 쉽게 바꾸지 않는 것을 능견고能堅固라고 이른다. 예를 능려하고 능고하며 다시 더하여 좋아하면 성인聖人이다.

好 火到反 言人以得禮之中 又能思審索求其禮 謂之能思慮 又不輕易其禮 謂

之能堅固 能慮能固其禮 更加好之 乃聖人矣

⑤ 道之極也도지극야

정의 도道는 예의를 말한다. 사람이 예의가 있으면 성인이 되니 천지일월에 견주어 광대함이 지극함을 말한 것이다.

道謂禮義也 言人有禮義 則爲聖人 比於天地日月 廣大之極也

예는 재물을 쓰임새로 하고 귀천을 무늬로 나타내며, 많고 적음으로 차이를 두고 성대한 것과 덜어내는 것[①]을 추스르는 것으로 삼는다. 무늬 모양은 화려하나 정욕情欲이 누그러짐은 예가 융성함이요, 무늬 모양은 간소한데 정욕이 왕성한 것은 예가 덜어지는 것이다. 무늬 모양과 정욕이 서로 안팎을 이루어 나란히 행해져 뒤섞이면 예의 중도中道가 유행하게 된다.[②] 그래서 군자는 위로 그 융성함을 이루고, 아래로 그 덜어냄을 다해 그 중도에 처하게 한다.[③] 천천히 걷거나 빨리 달리거나 밖으로 벗어나지 않으니,[④] 이런 까닭으로 군자의 성性은 궁정宮庭을 지키는 것처럼 한다.[⑤]

以財物爲用 以貴賤爲文 以多少爲異 以隆殺[①]爲要 文貌繁 情欲省 禮之隆也 文貌省 情欲繁 禮之殺也 文貌情欲相爲內外表裏 竝行而雜 禮之中流也[②] 君子上致其隆 下盡其殺 而中處其中[③] 步驟馳騁廣鶩不外[④] 是以君子之性守宮庭也[⑤]

① 隆殺융쇄

색은 융隆은 두터움과 같다. 쇄殺는 엷음과 같다.
隆猶厚也 殺猶薄也

② 禮之中流也 예지중류야

정의 무늬로 꾸미고 정情을 사용해 겉과 속 및 안팎이 유가와 묵가에 합치하면 예정禮情의 중도를 얻고, 유행되어서 중지되지 않는 것을 말한다.
言文飾情用 表裏外內 合於儒墨 是得禮情之中 而流行不息也

③ 중中

정의 중中은 정과 무늬를 이른다.
中謂情文也

④ 步驟馳騁廣鶩不外 보취치빙광무불외

정의 鶩는 '무務'로 발음한다. 군자인 사람이 위로는 문식을 보존하고 아래로는 줄이고 살피는 데 힘써 정과 문을 합하면, 처한 곳의 중도를 얻게 되어 비록 전쟁터에 살육과 사악이 있더라도 예의를 버리지 않음을 말한다. 삼황三皇은 걷고, 오제五帝는 종종걸음하며, 삼왕三王은 달리고, 오패五霸는 내달리는 것으로 했다.
鶩音務 言君子之人 上存文飾 下務減省 而合情文 處得其中 縱有戰陣殺戮邪惡 則不棄於禮義矣 三皇步 五帝驟 三王馳 五伯鶩也

⑤ 君子之性 守宮庭也 군자지성 수궁정야

색은 군자의 성性은 바른 것을 지켜 멀리 가도 거만하지 않고, 마치 항상 궁정을 지키듯 함을 말한다.

言君子之性守正不慢遠行 如常守宮庭也

정의 궁정宮庭은 정사를 듣는 곳이다. 군자의 마음은 안으로 항상 예의를 지킴이 마치 궁정에 있는 것처럼 한다고 비유한 것이다.

宮庭 聽朝處 喩君子心內常守禮義 若宮庭焉

사람이 거주하는 곳 중에서 거주할 만한 곳은 군자가 거주하는 곳이요,① 이 밖으로는 평민이 거주하는 곳이다.② 이 가운데에서 오가며 두루 미쳐 완곡하게 예의 질서를 터득하는 사람이 성인이다.③ 그러므로 그의 후덕함은 예의가 축적되었기 때문이고, 관대함은 예의가 넓기 때문이며,④ 고상함은 예의가 왕성하기 때문이고, 명철함은 예의가 극진하기 때문이다.⑤

人域是域 士君子也① 外是 民也② 於是中焉 房皇周浹 曲直得其次序 聖人也③ 故厚者 禮之積也 大者 禮之廣也④ 高者 禮之隆也 明者 禮之盡也⑤

① 人域是域 士君子也인역시역 사군자야

색은 역域은 거居이다. 군자의 행동은 사람이 거주하는 곳이 아니면 또한 거주하지 않는다는 말이다.

域 居也 言君子之行 非人居亦弗居也

정의 평범한 사람이 거주하는 지역 안에서도 능히 예의의 한계를 안다면 곧 사士와 군자이다.

處平凡人域之中 能知禮義之域限 卽爲士及君子也

신주 여기에서 인人은 지배층, 민民은 피지배층을 뜻하는데, 이 개념이 군자와 소인으로 대치되면서 이해하기 어렵게 된 것이다.

② 外是 民也외시 민야

색은 외外는 인人의 지역 밖이고 인人이 거주하는 땅이 아님을 말한다. 예의 밖에서 따로 다른 행동을 하는 사람이 곧 소인임을 비유한 것이다. 그러므로 '외시인外是人'이라고 이른 것이다.

外謂人域之外 非人所居之地 以喩禮義之外 別爲它行 卽是小人 故云外是人也

③ 房皇周浹 曲(直)得其次序 聖人也방황주협 곡(직) 득기차서 성인야

색은 房은 '방旁'으로 발음한다. 방황은 배회徘徊와 같다. 주협周浹은 주잡周匝과 같다. 두루 오가며 완곡히 예의 질서를 터득하여 행동함에 중심을 잃지 않으면 곧 성인의 행동이라는 말이다.

房音旁 旁皇猶徘徊也 周浹猶周匝 言徘徊周浹 委曲得禮之序 動不失中 則是聖人之行也

신주 곡曲은 위곡委曲이다. 즉 자신의 의지를 억누르고 타인이나 환경에 몸을 굽혀 순응한다는 의미이다.

④ 厚者～禮之廣也후자～예지광야

색은 군자와 성인이 후덕하고 관대한 덕이 있다는 것은 곧 예가 쌓이고 넘쳐서 크고 넓게 된다는 것이다. 그러므로 이르기를 "단맛은 조화를 받아들이고, 흰색은 다른 색을 받아들이는 것처럼 충신한 사람은 예를 배울 만한 것이다. 진실로 충신이 없어도 예가 허무한 도가 되지는 않는다."라고 했다. 그러나 이 문장은 모두 《순경》 〈예론〉에 나온다.

言君子聖人有厚大之德 則爲禮之所積益弘廣也 故曰 甘受和 白受采 忠信之人可以學禮 苟無忠信 則禮不虛道 然此文皆荀卿禮論也

⑤ 高者～禮之盡也고자～예지진야

정의 군자가 안으로 그의 예를 지켜 덕이 두텁고 커져 넓게 쌓이고, 높고 높이 예를 밝히는 데 이르게 되면 이것이 예의 끝마침이라고 말한 것이다. 이 글은 저 선생(저소손)이 순경의 《예론》에서 취해 겸해서 만들었다.
言君子內守其禮 德厚大積廣 至於高尊明禮 則是禮之終竟也 此書是褚先生取荀卿禮論兼爲之

색은술찬 사마정이 펼쳐서 밝히다.

예는 인심으로 말미암아 천하에서 따르는 것이 아니다. 정성을 합하고 모양을 꾸며 폐단을 바로잡고 우아함을 일으켜서 백성들을 통제하고 종묘사직을 섬긴다. 정情과 문양은 소중하여 융성시키고 덜어냄은 거짓으로 하기 어렵다. 공자는 (원양原壤이) 나무에 걸터앉은 것을 나무라고, 숙손통은 들판에 새끼줄을 쳤다.① 성인이 가르침을 지으니 두루 말미암았다.
禮因人心 非從天下 合誠飾貌 救弊興雅 以制黎甿 以事宗社 情文可重 豐殺難假 仲尼坐樹 孫通蕝野① 聖人作教 罔不由者

① 仲尼坐樹 孫通蕝野중니좌수 손통절야

신주 중니좌수仲尼坐樹는 건방지게 나무에 걸터앉아 기다린 원양原壤을 공자가 지팡이로 친 것을 말한다.《논어》에 나온다. 숙손통은 들판에 새끼줄을 쳐서 예를 짓고 가르치는 장소로 삼았다.

사기 제24권 史記卷二十四

악서 樂書

사기 제24권 악서 제2
史記卷二十四 樂書第二

정의 하늘에는 일월성신日月星辰이 있고 땅에는 산과 구릉과 강과 바다가 있다. 해마다 만물이 있어 성숙하고 나라에는 성현과 궁관과 영역과 관료가 있으며, 사람에게는 언어와 의복과 체모와 단수가 있으니 모두를 일러 음악이라 한다. 〈악서〉는《악기樂記》와 같다. 정현은 "그것은 음악의 뜻을 기록한 것이다."라고 일렀다. 이는 별록으로《악기》에 속하는데, 모두 11편이 합해져서 1편이 되었다. 11편은 악본, 악론, 악시, 악언, 악례, 악정, 악화, 악상, 빈모가, 사을, 위문후가 있다. 지금은 비록 이를 합했으나 또한 대략 나뉘어졌었다. 유향이 (천록각天祿閣에서) 교서로 있을 때 악서 23편을 얻어 별록으로 엮었다. 지금의《악기》는 오직 11편인데, 그 이름이 오히려 남았다.

天有日月星辰 地有山陵河海 歲有萬物成熟 國有聖賢宮觀周域官僚 人有言語衣服體貌端修 咸謂之樂 樂書者 猶樂記也 鄭玄云以其記樂之義也 此於別錄屬樂記 蓋十一篇合爲一篇 十一篇者 有樂本 有樂論 有樂施 有樂言 有樂禮 有樂情 有樂化 有樂象 有賓牟賈 有師乙 有魏文侯 今雖合之 亦略有分焉 劉向校書得樂書二十三篇 著於別錄 今樂記惟有十一篇 其名猶存也

신주 유가에서 말하는 이상사회는 '예禮'와 '악樂'으로 나라를 다스리는 것이었다. 그래서 〈팔서〉 중에서 〈예서〉 다음에 〈악서〉를 수록하였다. 사마천은 〈태사공자서〉에서 〈악서〉에 관해서 이렇게 말했다.

"악이란 풍속을 옮기고 바꾸는 것이다. 《시경》의 아雅와 송頌의 소리가 흥성하게 되자 정과 위나라 음악을 좋아하게 되었는데, 정과 위나라 음악이 전해온 지 오래되었다. 사람의 정감이 느껴지는 음악은 풍속이 다른 먼 곳도 곧 회유할 수 있으니, 예전부터 전해온 저술을 〈악서〉에 서로 대조하여 2장에 〈악서〉를 기술한다.[樂者 所以移風易俗也 自雅頌聲興 則已好鄭衛之音 鄭衛之音所從來久矣 人情之所感 遠俗則懷 比樂書以述來古 作樂書第二]"

이는 악樂이란 무엇인가를 잘 말해주고 있다. 당시 유행하고 있던 정음鄭音과 위음衛音이 사회에 미치는 영향이 지대했는데, 정음과 위음은 음란한 음악으로 경계해 왔다. 그래서 《좌전》에서 "손을 번거롭게 하는 것이 음탕한 소리이다. 이를 정성鄭聲이라고 이른 것은 주저하는 소리가 손을 번거롭게 한다고 말하고 사람으로 하여금 음탕하게 하는 것이 지나치기 때문이다.[說煩手淫聲 謂之鄭聲者 言煩手躑躅之聲 使淫過矣]"라고 했다. 이러한 생각 때문에 공자도 《논어》의 〈위령공편〉에서 "정성鄭聲과 영인佞人은 능히 사람으로 하여금 그 지키는 바를 상하게 한다. 그러므로 추방하고 멀리하라.[鄭聲佞人 能使人 喪其所守 故 放遠之]"라고 말했다.

이에 사마천도 이 서書에서 "군자는 겸손히 물러서 예를 행하고, 덜어내고 줄여서 즐거움을 삼으니 악樂이란 이런 것이다. 가득할 때 덜어내지 않으면 넘치고, 가득할 때 잡지 않으면 기울어 쏟아진다. 그래서 악樂이란 차고 넘치는 즐거움을 절제하기 위한 것이다."라고 말하고 있다. 그래서 그는 "《시경》 아雅와 송頌의 음악이 일어났을 때에는 사람들이 바르게 살았고, 정성鄭聲과 위음衛音이 생겼을 때에는 음란했다."라고 한 것이다. 이는 사마천이 악樂과 예禮를 서로 결합시켜 국가를 다스리는 요체로 삼았음을 말해주는 것이다. 여러 연구자들은 〈악서〉의 앞부분은 사마천이 지은 것이지만 뒷부분은《예기禮記》의 〈악기樂記〉에서 상당 부분을 옮긴 것이라고 보면서 후대인들의 가필도 적지 않은 것으로 인식하고 있다.

정치가 안정되면 예와 악이 일어난다

태사공이 말한다.

나는 〈우서〉를 읽을 때마다 "군주와 신하가 서로 (천명을 받들고 과오를 범하지 않도록) 훈계하면 (적절히 처신할 수 있어 천하는) 평안하지만, 중신들이 어질지 못하면 만사가 무너져 내린다."①라는 대목에 이르러서는 언제나 눈물을 흘리지 않은 적이 없었다. (주나라) 성왕成王은 송頌을 지어② 몸소 안일을 꾸짖어 훈계하고 지난 번 왕가의 난難을③ 슬퍼하면서, 몹시 경계하고 두려워했으니 잘 지키고 잘 끝마쳤다고④ 말할 수 있지 않겠는가.

太史公曰 余每讀虞書 至於君臣相敕 維是幾安 而股肱不良 萬事墮壞① 未嘗不流涕也 成王作頌② 推己懲艾 悲彼家難③ 可不謂戰戰恐懼 善守善終④哉

① 君臣相敕～萬事墮壞군신상칙～만사타괴

신주 《서경》 〈우서 익직益稷〉에 나온다.

② 成王作頌성왕작송

신주 《시경》〈주송 소비小毖〉를 말한다.

③ 家難가난

정의 難은 '난[乃憚反]'이다. 가난은 문왕이 유리羑里에 갇힌 것과 무왕이 주紂를 토벌한 것을 말한다.

乃憚反 家難 謂文王囚羑里 武王伐紂

④ 戰戰恐懼 善守善終전전공구 선수선종

정의 성왕이 〈송頌〉을 지어, 문왕이 몹시 두려워한 것을 슬퍼하고 자신을 꾸짖어 훈계하고 힘쓰며 다스림으로 삼았기에 잘 지키고 잘 끝마쳤다는 말이다.

言成王作頌 悲文王戰戰恐懼 推己戒勵爲治 是善守善終也

군자는 곤궁해지면 덕을 닦고 풍족해져도 예를 버리지 않는다. 편안할 때도 처음을 생각하고 안락할 때도 오직 처음 시작할 때를 생각한다. 좋은 연못에서 목욕할 때도 근고를 노래하니 큰덕을 가진 자가 아니면 누가 이것을 할 수 있겠는가. 전傳에 "다스림이 안정되고 공이 이루어지면 예와 악이 나라 안에 일어난다."라고 이른 것은 천하에 사람들의 도道가 더욱 깊어지고 그 덕이 더욱 지극해지면 음악도 달라지기 때문이다.

가득 채웠음에도 덜어내지 않는다면 넘치고, 꽉 찼음에도 균형을 잡지 않는다면 기울어진다. 그처럼 음악을 만든 것은 즐거움을 절제하기 위함이다.[①] 군자는 겸손하게 물러남을 예로 여기고 (사욕을) 덜어내어 줄이는 것을 즐거움으로 여겼으니, 음악은 이와 같은 것이다.

君子不爲約則修德 滿則棄禮 佚能思初 安能惟始 沐浴膏澤而歌詠勤苦 非大德誰能如斯 傳曰 治定功成 禮樂乃興 海內人道益深 其德益至 所樂者益異 滿而不損則溢 盈而不持則傾 凡作樂者 所以節樂[①] 君子以謙退爲禮 以損減爲樂 樂其如此也

① 節樂 절락

정의 악樂은 '락洛'으로 발음한다. 즐거워하되 황음에 이르지 않는다는 말이다.

音洛 言不樂至荒淫也

주州가 다르고 봉국封國이 다르면 인정과 관습이 같지 않으므로 널리 (각지의) 풍속을 채집하고 성률聲律을 비교하면서[①] 단점을 보완하고 조화롭게 하여 정치 교화를 도왔다. 그래서 천자는 몸소 명당明堂(조정)에 나아가 관찰하여 만백성들이 모두 사특한 것과 더러운 것을 깨끗이 씻게 하고, 배불리 먹을 수 있는 것을 고려해서 그들의 본성을 다스렸다. 옛말에 "아雅와 송頌 음악이 다스려지면 백성이 바르게 되지만 높고 격앙된 소리[②]가 일어나면 사士가

분기하며, 정鄭나라와 위衛나라의 곡조[3]가 울리면 마음이 음란해진다."라고 일렀다. 그 (음악들이) 조화되고 고르게 합해지면 새와 짐승들조차 감동하는데, 하물며 오상五常의 윤리를 품고서 좋고 싫어함을 머금은 인간에게는 자연스러운 형세이다.

以爲州異國殊 情習不同 故博采風俗 協比[1]聲律 以補短移化 助流政教 天子躬於明堂臨觀 而萬民咸蕩滌邪穢 斟酌飽滿 以飾厥性 故云雅頌之音理而民正 嘄噭[2]之聲興而士奮 鄭衛之曲[3]動而心淫 及其調和諧合 鳥獸盡感 而況懷五常 含好惡 自然之勢也

① 比비

정의 比는 '비鼻'로 발음한다.

比音鼻

② 嘄噭규격

색은 앞글자 嘄는 '교[姑堯反]' 또는 '규叫'로 발음한다. 뒷글자 噭은 '격擊'으로 발음한다.

上姑堯反 又音叫 下音擊

신주 부르짖다. 곧 목소리가 격한 것이다.

③ 鄭衛之曲정위지곡

신주 정나라와 위나라의 음악을 말하는 것으로 정위지음鄭衛之音이라고도 한다. 음란하고 저속한 음악이라 하여 유가들은 난세지음亂世之音이라고도 했다. 《후한서》 〈순리열전〉에 후한 광무제는 "귀로는 정위지음을 듣지 않았다.[耳不聽鄭衛之音]"라는 구절이 있다. 나라를 망치는 망국지음亡國之音과 같은 뜻으로 쓰인다.

다스리는 도가 부족해져서 정나라의 음악이 떨쳐 일어나자 봉읍을 받은 군주와 세습군주,① 이름난 이웃 고을까지 다투어서 정나라의 음악을 서로 존숭했다. 이에 친히 중니(공자)께서 제나라의 여악女樂들과 함께할 수 없다고 했음에도 노나라에서 받아들이자② 곧 물러나와 바른 음악으로 세상을 인도하려고 오장五章을 만들어 세태를 풍자했으나③ 크게 교화하지는 못했다.

(주나라가) 점점 쇠약해지다가 6국 때에 이르러 음악에 빠지고 방종에 빠져, 드디어 가서 돌아오지 못하고 마침내 자신을 잃고 종사宗社를 망쳐 진秦나라에 병합되었다.

治道虧缺而鄭音興起 封君世辟① 名顯隣州 爭以相高 自仲尼不能與齊優遂容於魯② 雖退正樂以誘世 作五章以刺時③ 猶莫之化 陵遲以至六國 流沔沈佚 遂往不返 卒於喪身滅宗 幷國於秦

① 辟벽

색은 벽은 또한 군주이다.

辟亦君也

정의 辟은 '벽[幷亦反]'으로 발음한다.

辟 幷亦反

② 不能與齊優 遂容於魯 불능여제우 수용어로

색은 제나라 사람이 여악을 보내자 공자가 떠나갔다. (여악을) 받아들이지 않을 것으로 여겼으나 마침내 노나라에서 받아들이자 떠나간 것을 말한다. 어떤 곳에는 '축객逐客'이라고 되어 있는데 잘못이다.

齊人歸女樂而孔子行 言不能遂容於魯而去也 或作逐客 誤耳

신주 《논어》〈미자〉에서 "제나라가 여악을 보내왔는데 계환자가 받아들이고 3일 동안 조례朝禮를 열지 않으니 공자께서 떠나가셨다.[齊人 歸女樂 季桓子受之 三日不朝 孔子行]"라고 했다. 〈공자세가〉에 의하면 "정공 14년 공자가 56세에 사구司寇가 되어 국정이 잘 다스려지자 제나라가 두려워서 선물로 여악을 보내왔다. 공자는 이를 받아들이지 않았으나 계환자가 받아들여서 여악들에게 빠져 3일 동안 조회를 하지 않았다. 이에 공자는 교제郊祭를 지낸 후 제사고기를 자신을 제외한 대부들에게 나누어주었다는 명분으로 노나라를 떠났다."라고 기록하고 있다.

《사기》〈공자세가〉에 공자가 노나라에서 벼슬할 때 노나라 정공과 제나라 경공이 회맹하게 되었는데, 제나라가 음악을 연주하자 공자가 이적夷狄의 음악이라면서 중지를 요청하고 제나라 궁중의 음악도 중지시킨 기사가 나온다. 제나라 음악이 이족夷族의 음악임을 알 수 있는데, 제나라뿐만 아니라 공자도 은나라 왕족의 후예이자 송나라의 후예로서 모두 동이족의 후손이다.

③ 作五章以刺時 작오장이자시

색은 살펴보니 《공자가어》에서 "공자는 계환자季桓子가 시를 인용해 노래를 만든 것을 조롱하여 '저 부인이 입을 모으면 벗어날 수 있지만, 저 부인이 보기를 청하면 죽거나 멸망하고 말리라. 침착하고 여유가 있으면 애오

라지 해를 마칠 것이다.'라고 했다."라고 했다. 이것이 오장五章의 풍자이다.
按 系〔家〕家語所云 孔子嗤季桓子作歌引詩曰 彼婦人之口 可以出走 彼婦人之謁 可以死敗 優哉游哉 聊以卒歲 是五章之刺也

진秦나라 2세황제는 특히 (정나라 음악만을) 오락으로 여겼다. 승상 이사가 나아가 간했다.

"시와 서를 멋대로 버리고 성색聲色(음악과 여색)에만 뜻을 다하는 것은 조이祖伊[1]가 두려워했던 바입니다. 공덕을 쌓는 것을 가볍게 여기고 과실을 하찮게 여기며, 제멋대로 하고 장야長夜의 주연酒宴[2]으로 인해 주紂가 망했습니다."

조고가 말했다.

"오제와 삼왕의 음악이 각각 명칭을 다르게 한 것은 전대의 음악을 따르지 않는 것을 보여줍니다. 위로는 조정으로부터 아래로는 백성에 이르기까지 그것을 접해서 즐거움과 기쁨이 은근하게 합해졌습니다. 음악이 아니었다면 화목과 기쁨이 통하지 못하고 은택을 베푸는 것이 유행하지 않았을 것입니다.[3] 또한 각각이 한 세대의 교화이며 시대를 헤아리는 즐거움인데, 어찌하여 반드시 화산華山의 녹이騄耳[4]를 얻은 뒤에야 멀리까지 간다고 하십니까."

2세가 그렇다고 여겼다.

秦二世尤以爲娛 丞相李斯進諫曰 放棄詩書 極意聲色 祖伊[1]所以懼也 輕積細過 恣心長夜[2] 紂所以亡也 趙高曰 五帝三王樂各殊名 示不相襲 上自朝廷 下至人民 得以接歡喜 合殷勤 非此和說不通 解澤不流[3] 亦各一世之化 度時之樂 何必華山之騄耳[4]而後行遠乎 二世然之

① 祖伊조이

정의 조이가 은나라 주紂에게 간했으나 듣지 않았다. 공안국은 "조기祖己의 후손이며 현신賢臣이다."라고 했다.

祖伊諫殷紂 紂不聽 孔安國云祖己後賢臣也

② 長夜

신주 장야지음長夜之飮을 말한다. 주紂는 궁실에 장막을 쳐 밤낮을 가리지 않고 호화로운 음락淫樂을 즐겼는데, 120일간이나 계속되기도 했다고 한다.

③ 和說不通 解澤不流화열불통 해택불류

정의 說은 '열悅'로, 解는 '해蟹'로 발음한다. 이 음악의 화음이 아니었다면 또한 기쁨이 통하지 못하고, 베푼 은택의 일은 흐르지 못하니, 각각 한 세대를 교화한다는 말이다. 2세에게 간한 것이므로 그렇게 이름 지은 것이다.

說音悅 解音蟹 言非此樂和適 亦悅樂之不通 散恩澤之事不流 各一世之化也 諫二世 故名之也

④ 騄耳녹이

신주 말의 이름이다. 주나라 목왕이 타던 말로 준마駿馬이다.

(한나라) 고조가 패현沛縣을 지나면서 〈삼후지장三侯之章〉 시를 지어[①] 어린아이들을 시켜 노래하게 했다. 고조가 붕어하자 패현에 영을 내려 네 계절에 종묘에서 이를 노래하고 춤추게 했다. 효혜제, 효문제, 효경제 때에는 악부樂府에 보태거나 고친 것이 없었고, 악부에서 항상 옛날 것만을 익히게 할[②] 뿐이었다.

금상(무제)이 즉위해 19장의 악곡[③]을 만들었다. 그리고 시중 이연년李延年에게 영을 내려 그 성률聲律의 차례를 정하게 하고서 그를 제수하여 협률도위協律都尉로 삼았다. 하나의 경전에만 통달한 사인은 혼자서 그 가사를 알 수가 없어, 오경의 모든 전문가들을 모아 서로 함께 강습하고 읽게 했다. 이에 그 의미를 알아 통하게 되었는데 그 속에는 바르고 단아한 글이 많았다.

高祖過沛詩三侯之章[①] 令小兒歌之 高祖崩 令沛得以四時歌儛宗廟 孝惠 孝文 孝景無所增更 於樂府習常肄[②]舊而已 至今上即位 作十九章[③] 令侍中李延年次序其聲 拜爲協律都尉 通一經之士不能獨知其辭 皆集會五經家 相與共講習讀之 乃能通知其意 多爾雅之文

① 沛詩三侯之章패시삼후지장

색은 살펴보니 패沛 땅을 지날 때의 시는 곧 〈대풍가大風歌〉이다. 그 내용은 "큰바람이 일어남이여, 구름이 휘날리는구나. 위엄이 천하에 더해짐이여, 고향으로 돌아오누나. 어찌 용맹한 전사를 얻었는가, 사방을 지키는구나."이다. 후侯는 어조사이다. 《시경》의 "후기위이侯其褘而"가 이것인데, 혜兮 또한 어조사로 패시沛詩에는 '혜' 자가 3개 있다. 그러므로 '삼후三侯'

라고 했다.

按 過沛詩即大風歌也 其辭曰 大風起兮雲飛揚 威加海內兮歸故鄉 安得猛士兮守四方 是也 侯 語辭也 詩曰 侯其禕而者 是也 兮亦語辭也 沛詩有三兮 故云三侯也

신주 한나라 고조 유방이 회남왕 경포黥布를 물리치고 드디어 중원을 차지했는데, 돌아오던 중에 고향인 패현을 지나다가 친족과 옛 친구 들을 불러 잔치를 베풀면서 아동 120명에게 부르게 한 노래가 〈대풍가〉이다. 《사기》 〈고조본기〉와 《문선》 등에 나온다. 고조는 후에 태자를 폐하고 둘째 부인인 척 부인戚夫人에게서 난 자식을 태자로 세우려다가 포기하고는 〈홍곡가鴻鵠歌〉를 부르는데, 당당한 〈대풍가〉와 비교해 태자교체라는 국가대사를 여색에 빠져 도모하려다 실패한 노래라는 점에서 한 군주의 변화를 잘 말해주는 사례이다.

② 肄이

정의 肄는 '이異'로 발음한다.

肄音異

③ 十九章십구장

색은 살펴보니 《한서》 〈예악지〉에는 '안세방중악' 19장이 있었다.

按 禮樂志 安世房中樂 有十九章

한나라 조정은 항상 정월 상순上旬 신일辛日에 감천궁에서 태일太一에 제사지냈다. 저녁때부터 밤새 제사를 지내고 날이 밝아오면 끝마쳤는데, 항상 유성流星이 제단 위로 지나갔다. 동남 동녀 70명에게 함께 노래를 부르게 했다. 봄에는 청양青陽,① 여름에는 주명朱明,② 가을에는 서호西皞,③ 겨울에는 현명玄冥④을 노래했다. 노래들은 세상에 많이 있기 때문에 논하지 않겠다.⑤

漢家常以正月上辛祠太一甘泉 以昏時夜祠 到明而終 常有流星經於祠壇上 使僮男僮女七十人俱歌 春歌青陽① 夏歌朱明② 秋歌西皞③ 冬歌玄冥④ 世多有 故不論⑤

① 青陽청양

신주 《예기》〈월령〉에서 "1월에는 천자가 청양의 왼편 곁방에 있으면서 정무를 살피고 청색 옷을 입는다.[孟春之月 天子居青陽左個 衣青衣]"라고 했다. 오색은 각각 방위뿐만 아니라 계절도 나타내는데 청은 봄, 홍은 여름, 백은 가을, 흑은 겨울을 의미한다. 따라서 청양은 19장의 악곡 중 봄을 노래한 하나의 곡이다.

② 朱明주명

집해 신찬이 말했다. "《이아》에서는 봄을 청양, 여름을 주명이라고 했다."

瓚曰 爾雅云 春曰青陽 夏曰朱明

③ 西皞서호

집해 위소가 말했다. "서방은 소호이다."

韋昭曰 西方少皞也

신주 소호少皞는 소호少昊라고도 하는데, 황제의 장자로서 지금 산동성 곡부曲阜인 궁상窮桑에서 태어나 이곳에 나라를 세웠다. 소호 김천씨라고도 하는데 사마천은 소호가 황제의 제위를 잇지 못했다고 서술했지만《제왕세기》 등에는 소호가 제위를 계승했다고 쓰여 있다. 소호는 서방의 신으로 금성金星의 화신이기도 하다. 사마천이 소호를 지운 것은 동이족이기 때문이었는데,《사기》〈오제본기〉에 자세하게 서술했다.

④ 玄冥현명

정의 《예기》〈월령〉에서 말한다. "현명은 수관이다."

禮記月令云 玄冥 水官也

⑤ 不論불론

색은 네 계절의 노래가 많고 가사가 있기 때문에 이것을 논해서 싣지 않는다는 말이다. 지금《한서》〈예악지〉에 보인다.

言四時歌多有其詞 故此不論載 今見漢書禮樂志

또 일찍이 악와수渥洼水에서 신마神馬를 얻자① 재차 〈태일지가太一之歌〉를 만들었다. 그 가곡에서 말했다.
"태일이 내려주심이여,② 천마가 내려오누나. 젖은 붉은 땀이여, 거품이 흘러 붉은 빛이 나누나.③ 달리는 모습이 함께함이여, 만 리를 뛰어넘누나.④ 지금 누구와 짝함이여, 용(황제)을 벗으로 삼으리라."
뒤에 대원大宛을 정벌하고 천리마를 얻어서 말 이름을 포소蒲梢⑤라고 했다. 다음으로 노래를 만들었는데 가사에서 이렇게 말했다.
"천마가 달려옴이여, 서쪽 끝에서 다가오도다. 만 리를 지남이여, 덕이 있는 곳으로 돌아오도다. 신령한 위엄을 받들어 모심이여, 외국이 항복하누나. 유사流沙를 건넘이여,⑥ 사이가 복종하리라."
又嘗得神馬渥洼水中① 復次以爲太一之歌 歌曲曰 太一貢兮②天馬下 霑赤汗兮沫流赭③ 騁容與兮跇萬里④ 今安匹兮龍爲友 後伐大宛得千里馬 馬名蒲梢⑤ 次作以爲歌 歌詩曰 天馬來兮從西極 經萬里兮歸有德 承靈威兮降外國 涉流沙兮⑥四夷服

① 得神馬渥洼水득신마악와수

집해 이비가 말했다. "남양군 신야현에 포리장暴利長이 있었는데, 무제 때 벌을 받아 둔황군 영역에서 둔전을 경작했다. 사람들이 자주 이 물가에서 여러 야생마를 보았다. 그 말무리 속에 기이한 말이 있었는데, 보통의 말과 달랐고 이 물가에 와서 물을 마셨다. 포리장은 먼저 지방 사람들에게 굴레와 줄을 가지고 물가에 있게 했다. 뒤에 말이 희롱에 익숙해지자, 한참 지나서야 지방 사람을 대신하여 굴레와 줄로 그 말을 거두어 바쳤다. 이 말을 신이하게 여기게 하려고 물속에서 나왔다고 했다." 소림이 말했다. "와洼는 '와곡窪曲'의 '와'로 발음한다."

李斐曰 南陽新野有暴利長 當武帝時遭刑 屯田燉煌界 人數於此水旁見群野馬中有奇異者 與凡馬異 來飮此水旁 利長先爲土人持勒靽於水旁 後馬玩習久之 代土人持勒靽 收得其馬 獻之 欲神異此馬 云從水中出 蘇林曰 洼音窪曲之窪也

색은 洼는 '와[一佳反, 烏花反]'로 발음한다. 소림은 와곡窪曲의 '와窪'로 발음하고 와窪는 곧 '어긋난 것'이라고 했다.

洼音一佳反 烏花反 蘇林 音窪曲之窪 窪即窳也

② 太一貢태일공

색은 살펴보니《한서》〈예악지〉에는 공貢을 '황況'이라 썼는데, 況은 '공貢'과 뜻이 또한 통한다.

按 禮樂志 貢作況 況與貢意亦通

정의 태일은 북극성이다.

太一 北極大星也

③ 沫流赭말류자

집해 응소가 말했다. "대원의 말은 땀이 피처럼 붉게 젖는데, 흐르는 땀이 붉은 빛과 같다."

應劭曰 大宛馬汗血霑濡也 流沫如赭

④ 跇萬里예만리

집해 맹강이 말했다. "跇는 '서逝'로 발음한다." 여순이 말했다. "서跇는 뛰어넘는 것을 이른다."

孟康曰 踋音逝 如淳曰 踋謂超踰也

[색은] 또한 '서逝'로 쓴다. 추탄생이 말했다. "서踋는 다른 판본에는 '세世'로 되어 있다. 또한 발음도 '세踋'이고 뛰어넘는 것이다."

亦(作)逝 鄒誕生云 踋 一作世 亦音踋 踋 超也

⑤ 蒲梢포소

[집해] 응소가 말했다. "대원에는 옛날 천마의 종자가 있었다. 돌을 밟으면 피땀이 흐른다. 땀이 앞 어깨 팔로부터 나와 피와 같으며, 하루에 1,000리를 간다고 한다."

應劭曰 大宛舊有天馬種 蹋石汗血 汗從前肩膊出如血 號一日千里

[색은] 梢는 '쇼[史交反]'로 발음한다. 또 한 판본에는 '소騷'로 되어 있다. 또한 발음이 같다.

梢音史交反 又本作騷 亦同音

⑥ 涉流沙兮섭류사혜

[신주] 《산해경》 〈해내서경〉에서 "유사는 종산鍾山에서 나와, 서쪽으로 흐르다가 다시 남쪽 곤륜허昆侖虛로 흘러서 서남쪽 흑수산黑水山에서 바다로 들어간다.[流沙出鍾山 西行又南行昆侖之虛 西南入海黑水之山]"라고 했다. 또 최치원의 〈향악잡영〉 5수 가운데 '산예狻猊' 시에 "멀리 유사流沙를 건너 만 리를 오더니, 털옷은 다 해지고 먼지만 입었구나.[遠涉流沙萬里來 毛衣破盡着塵埃]"라고 했다. 사자놀이는 서역에서 왔으므로 유사가 중국 서역쪽에 있는 강임을 알 수 있다.

이에 중위 급암[①]이 나아가 말했다.
"무릇 왕이 된 자가 음악을 만드는 것은 위로는 조종祖宗을 받들고 아래로는 억조의 백성을 교화하기 위해서입니다. 지금 폐하께서는 말을 얻고 시로 노래를 만들어 종묘에서 협주하게 하셨으나 선제와 백성들이 어찌 제대로 그 음악을 알겠습니까."
무제는 아무 말이 없었지만 기뻐하지 않았다. 승상 공손홍이 말했다.
"급암이 성스러운 제도를 비방했으니 멸족당하는 죄에 해당합니다.[②]"
中尉汲黯[①]進曰 凡王者作樂 上以承祖宗 下以化兆民 今陛下得馬 詩以爲歌 協於宗廟 先帝百姓豈能知其音邪 上默然不說 丞相公孫弘曰 黯誹謗聖制 當族[②]

① 汲黯급암

신주 급암(?~서기전 112)은 전한 경제와 무제 때의 간신諫臣으로 자는 장유長孺이다. 엄격한 성격으로 직간을 잘하여 무제에게 '사직社稷의 신하'라는 말을 들었다. 황로지도黃老之道와 무위지치無爲之治를 주장했으나 받아들여지지 않았다. 〈급정열전〉에 자세히 기록했다.

② 當族당족

신주 당當은 '벌주다, 단죄하다'의 뜻이다. 따라서 '족형族刑으로 처단하다'로 풀이된다.

제二장

음악의 본질은 마음에서 나온다

무릇 음악이 일어나는 것은 사람의 마음에 따라 생겨난다.[①] 사람의 마음이 움직이는 것은 외물이 그렇게 하게 한다.[②] 감정이 외물에 따라 움직이기 때문에 소리로 나타나며[③] 소리가 서로 호응하기 때문에 변화가 생긴다.[④] 변화가 틀을 이룬 것[⑤]을 음音이라 한다. 음을 배열해 연주하고 간척干戚과 우모羽旄를 잡고 춤추는 데에 이르면 악樂이라고 말한다.[⑥]

凡音之起 由人心生也[①] 人心之動 物使之然也[②] 感於物而動 故形於聲[③] 聲相應 故生變[④] 變成方[⑤] 謂之音 比音而樂之 及干戚羽旄 謂之樂也[⑥]

① 凡音之起 由人心生也범음지기 유인심생야

정의 황간이 말했다. "이 장章은 삼품三品이 있다. 그러므로 이름을 '악본樂本'이라고 했다. 음音과 성聲이 일어나는 바를 갖추어 말했기 때문에 '악본樂本'이라고 이름 지은 것이다. 대저 악樂이 일어나는 것은 두 가지가 있다. 하나는 사람의 마음이 즐거움을 느껴 즐거운 소리가 마음으로부터 나온다. 하나는 즐거움이 사람의 마음을 감동시켜 마음이 음악소리를 따라 변한다."

皇侃云 此章有三品 故名爲樂本 備言音聲所起 故名樂本 夫樂之起 其事有二 一是人心感樂 樂聲從心而生 一是樂感人心 心隨樂聲而變也

② 物使之然也 물사지연야

정의 물物이란 밖의 경지이다. 밖에는 선과 악이 있어 마음에 감촉이 오면 감촉에 응해서 움직인다. 그러므로 사물이 그렇게 시킨다고 하는 것이다.

物者 外境也 外有善惡來觸於心 則應觸而動 故云物使之然也

③ 形於聲 형어성

집해 정현이 말했다. "궁, 상, 각, 치, 우 오음이 섞여 견주는 것을 음音이라고 하고, 하나의 소리가 나오는 것을 성聲이라고 한다. 형形은 나타남과 같다." 왕숙이 말했다. "물物은 사事이다. 슬프고 즐겁고 기쁘고 노엽고 어우러지고 공경하는 일이 사람을 느끼게 하면 마음이 움직여서 소리로 나타남을 이른다."

鄭玄曰 宮商角徵羽雜比曰音 單出曰聲 形猶見也 王肅曰 物 事也 謂哀樂喜怒和敬之事感人而動 見於聲

④ 生變 생변

집해 정현이 말했다. "악기로 궁(음)을 치면 사람들은 궁이 응했다고 한다. 그러나 음악으로 만족하지 못했다. 이 때문에 변화해서 섞이게 한 것이다."

鄭玄曰 樂之器 彈其宮則衆宮應 然而不足樂 是以變之使雜也

정의 최영은이 말했다. "오성이 각각 스스로 응하는 것만으로는 음악이 되기에 부족하다. 그러므로 변화해서 섞이게 해 소리와 음이 고루 조화하게 한다."

崔靈恩云 緣五聲各自相應 不足爲樂 故變使雜 令聲音諧和也

⑤ 變成方변성방

집해 정현이 말했다. "방方은 문장과 같다."

鄭玄曰 方猶文章

정의 황간이 말했다. "단성單聲(하나의 소리)으로는 부족했다. 그러므로 오성을 변화시켜 섞었는데, (고저장단을) 교차해서 문식을 이루고 곧 '음'이라고 한다."

皇侃云 單聲不足 故變雜五聲 使交錯成文 乃謂爲音也

⑥ 及干戚羽旄 謂之樂也급간척우모 위지악야

집해 정현이 말했다. "간干은 방패다. 척戚은 도끼다. 무무武舞 때 잡는다. 우羽는 꿩깃이다. 모旄는 얼룩소 꼬리이다. 문무文舞 때 잡는다."

鄭玄曰 干 楯也 戚 斧也 武舞所執也 羽 翟羽也 旄 旄牛尾 文舞所執也

정의 比는 '비鼻'로 발음한다. 비比는 버금가는 것이다. 음音은 오음五音이다. 오음이 비록 섞이더라도 오히려 악이 되지 못하고, 다시 차례대로 악기의 음 및 문무와 무무 때 잡는 물건이 함께 모여, 음을 거쳐 이름을 얻게 되면 악이 된다. 무武는 음陰이고 문文은 양陽이다. 그러므로 잡는 것에도 경중의 차이가 있다.

比音鼻 次也 音 五音也 言五音雖雜 猶未足爲樂 復須次比器之音及文武所執之物 共相諧會 乃是由音得名爲樂 武陰文陽 故所執有輕重異

악樂이란 음音에 의해 생기는데,① 그 근본은 사람의 마음이 사물을 느끼는 데에 달려 있다.② 이런 까닭에 슬픈 마음을 느끼는 자에게는 그 소리가 조심하여 줄어들며,③ 즐거운 마음을 느끼는 자에게는 그 소리가 우렁차서 느긋하며,④ 기쁜 마음을 느끼는 자에게는 그 소리가 활짝 피어 뻗어가고,⑤ 성내는 마음을 느끼는 자에게는 그 소리가 거칠어 매서우며,⑥ 공경하는 마음을 느끼는 자에게는 그 소리가 곧아서 추슬러지며,⑦ 아끼는 마음을 느끼는 자에게는 그 소리가 어우러져 부드럽다.⑧ 이 여섯 가지 소리는 성품이 아니고,⑨ 외물에서 느낀 후에 어울려 움직이는 것이다.⑩

樂者 音之所由生也① 其本在人心感於物也② 是故其哀心感者 其聲噍以殺③ 其樂心感者 其聲嘽以緩④ 其喜心感者 其聲發以散⑤ 其怒心感者 其聲麤以厲⑥ 其敬心感者 其聲直以廉⑦ 其愛心感者 其聲和以柔⑧ 六者非性也⑨ 感於物而後動⑩

① 樂者 音之所由生也악자 음지소유생야

정의 음이 합해져서 악이 이루어진다. 이는 악이 음으로 말미암아 생기는 것으로 모든 음악이 생기고 일어나는 까닭이다.

合音乃成樂 是樂由音而生 諸樂生起之所由也

② 其本在人心之感於物也기본재인심지감어물야

정의 본本은 '처음 바탕'과 같다. 물物은 외경外境이다. 장차 음악이 마음을 따라 나타남을 밝히려고 했다. 그러므로 다시 이 문장을 진술한 것이다.

本猶初也 物 外境也 (言)將欲明樂隨心見 故更陳此句也

③ 哀心感者 其聲噍以殺 애심감자 기성초이쇄

집해 정현이 말했다. "초噍는 조심하는 것이다."

鄭玄曰 噍 踧也

색은 초焦는 글자대로 발음한다. 추탄생은 '초噍'로 썼는데 '죠[將妙反]'로 발음한다.

焦音如字 鄒誕生作噍 音將妙反

정의 殺는 '새[所介反]'로 발음한다. 초噍는 초조한 것이다. 만약 바깥 사정이 고통스러우면 그의 마음이 슬프다. 슬픔이 마음에 있으면 음악소리가 초조해져 줄어든다. 이 아래의 여섯 가지는 모두 인군人君이, 앞서 외경에서 온 것이 자신을 감응시킨 것을 나타내 음악으로 만들었으니, 마음을 따라 나타난 것이다.

殺 所介反 噍 踧急也 若外境痛苦 則其心哀戚 哀戚在心 故樂聲踧急而殺也 此下六者 皆人君見前境來感己而制樂音 隨心見之也

④ 聲嘽以緩 성탄이완

집해 정현이 말했다. "탄嘽은 너그러운 모양이다."

鄭玄曰 嘽 寬綽之貌

정의 탄嘽은 관寬이다. 만약 밖의 경지가 아름다워 그의 마음이 환락하면 환락이 마음에 있게 된다. 그러므로 음악소리가 반드시 따르고 느긋하게 된다.

嘽 寬也 若外境可美 則其心歡樂 歡樂在心 故樂聲必隨而寬緩也

⑤ 喜心感者 其聲發以散 희심감자 기성발이산

집해 정현이 말했다. "발發은 피어나는 것이다."

鄭玄曰 發 揚也

정의 만약 밖의 경지에 마음이 모여 그의 마음이 기쁘면 희열이 마음에 있게 된다. 그러므로 음악소리가 피어오른다.

若外境會意 其心喜悅 悅喜在心 故樂聲發揚也

⑥ 怒心感者 其聲麤以厲 노심감자 기성추이려

정의 만약 밖의 경지에 마음이 어그러지고 잃어서 그로 인해 마음에 화가 일어나면 노함이 마음에 있게 된다. 마음은 노함을 따라 피어오른다. 그러므로 거리끼지 않으면 음악소리는 거칠고 강하며 엄격하고 매서워진다.

若外境乖失 故己心怒恚 怒在心 心隨怒而發揚 故無輟硋 則樂聲麤彊而嚴厲也

⑦ 敬心感者 其聲直以廉 경심감자 기성직이렴

정의 염廉은 졸아드는 것이다. 만약 밖의 경지가 아주 높으면 그 때문에 자신의 마음이 두렵고 공경하게 된다. 두려움과 공경이 안에 있으면 음악소리는 추슬러지게 된다.

廉 隅也 若外境尊高 故己心悚敬 悚敬在內 則樂聲直而有廉角也

⑧ 愛心感者 其聲和以柔 애심감자 기성화이유

정의 유柔는 부드러움이다. 만약 밖의 경지가 가련하고 그립다면 자신의 마음이 아끼고 안타깝기 때문이다. 소중히 여기고 아끼는 마음이 안에 있으면 음악은 어우러지고 부드럽다.

柔 軟也 若外境憐慕 故己心愛惜 愛惜在內 則樂和柔也

⑨ 六者 非性也육자 비성야

정의 성性의 근본은 정숙靜淑해서 이상의 여섯 가지 일이 없다. 여섯 가지 일이 생기는 것은 느끼고 보는 데 따라 움직이기 때문이다. 그러므로 '성性'이 아니라고 일렀다.

性本靜寂 無此六事 六事之生 由應感見而動 故云非性

⑩ 感於物而後動감어물이후동

집해 정현이 말했다. "사람의 소리는 나타남에 달려 있고 일정하지 않다는 말이다."

鄭玄曰 言人聲在所見 非有常

이런 이유로 옛날 왕들은 느끼는 것에 신중했다.① 그러므로 예禮는 그들의 뜻을 이끄는 것에 신중했고, 음악은 그들의 소리를 어우르는 것에 신중했으며, 정치는 그들의 행동②을 하나로 하는 것에 신중했고, 형벌은 그들의 간악함을 막는 것에 신중했다. 그래서 예악과 형정의 지극함은 하나이다.③ 그리하여 백성의 마음에 같도록 다스림의 도道를 내놓은 까닭이다.④

是故先王愼所以感之① 故禮以導其志 樂以和其聲 政以壹其行② 刑以防其姦 禮樂刑政 其極一也③ 所以同民心而出治道也④

① 先王愼所以感之선왕신소이감지

정의 여섯 가지 일은 나타나는 것에 따라 움직여서 본성과는 관계없다. 성인이 위에 있어 바른 예를 제정해서 방지했다. 그러므로 선왕들이 느끼는 것을 삼갔다.

六事隨見而動 非關本性 聖人在上 制正禮以防之 故先王愼所以感之者也

② 行행

정의 行은 '행[胡孟反]'으로 발음한다.

胡孟反

③ 禮樂刑政 其極一也예악형정 기극일야

집해 정현이 말했다. "극極은 지극함이다."

鄭玄曰 極 至也

정의 네 가지 일은 감정이 일어나는 대로 행동하는 것을 막고 삼가는 것이다. 예를 사용해 그 뜻을 이끌어 가르치고 음악을 사용해 그 소리를 어우러지게 하며, 법률을 사용해 그의 행동을 가지런하게 하고 형벽刑辟을 사용해 그의 흉간을 막아, 백성이 다시 삿된 곳으로 흐르지 않게 하여 한갓 감정을 막아서 그릇되지 않게 만드는 것이다. 극極은 지극함이다.

四事 防愼所感之由也 用〔正〕禮教導其志 用(世)〔正〕樂諧和其聲 用法律齊其行 用刑辟防其凶〔姦〕民不復流僻 徒感防之 使同其一(敬)〔致〕不爲非也 極 至也

④ 同民心而出治道也동민심이출치도야

집해 정현이 말했다. "이것이 이른바 지극함이다."

鄭玄曰 此其所謂至也

정의 앞의 네 가지 일의 공로가 이루어지면 백성은 그의 마음이 같아져 모두 삿되지 않게 된다. 그러므로 다스리는 도가 나온다. 민심에 와 닿는 바는 앞의 여섯 가지가 동일하지 않는 데 있으므로 성인은 뒤의 네 가지를 제정하여 사용했다.

上四事功成 民同其心 俱不邪僻 故治道出也 民心所觸 有前六者不同 故聖人用後四者制之

무릇 음이란 사람 마음에서 생긴다.① 정情이 마음 가운데에서 움직이기에 소리로 나타나는데,② 소리가 무늬를 이루면 이것을 음音이라고 한다.③ 그런 까닭에 치세治世의 음音은 편안해서 즐겁게 되니, 그 바른 다스림이 어우러진다.④ 난세亂世의 음은 원망하여 노여워하니, 그 바른 다스림이 어긋난다.⑤ 망국亡國의 음악은 슬퍼져서 시름이 생기니, 그 백성들이 괴로워진다.⑥ 그래서 성음聲音의 도道는 올바른 다스림과 통하는 것이다.⑦

凡音者 生人心者也① 情動於中 故形於聲② 聲成文謂之音③ 是故治世之音安以樂 其正和④ 亂世之音怨以怒 其正乖⑤ 亡國之音哀以思⑥ 其民困 聲音之道 與正通矣⑦

① 凡音者 生人心者也범음자 생인심자야

정의 이것은 악본장樂本章 제2단이며 음악이 사람의 마음에 느껴지는 바를 밝힌 것이다. 인심은 군주와 백성의 마음이다. 음악의 선악은 군주의 마음에 좋아하는 바에 달렸다. 그러므로 "사람의 마음에서 생긴다."라고 했다.

此樂本章第二段 明樂感人心也 人心即君人心也 樂音善惡由君上心之所好 故云生於人心者也

② 情動於中 故形於聲정동어중 고형어성

정의 정情은 군주의 정이다. 중中은 '심心'과 같다. 마음이 이미 사물을 느껴 움직이기 때문에 형상이 소리에 나타난다.

情 君之情也 中猶心也 心既感物而動 故形見於聲也

③ 聲成文 謂之音성성문 위지음

정의 '위지음謂之音'이란, 맑고 탁한 소리가 비록 다르더라도 각각 밖으로 나타나 문채가 이루어지면 아울러 음音이라고 이른다.

謂之音 清濁雖異 各見於外 成於文彩 竝謂之音也

④ 治世之音 安以樂 其正和치세지음 안이락 기정화

정의 樂은 '락洛'으로 읽는다. 공평하게 다스려지는 세상에서는 그 음악이 편안하고 고요하며 기쁘고 즐겁다. 바른 다스림으로 하나 되는 것이다.

樂音洛 言平理之世 其樂音安靜而歡樂也 正政同也

⑤ 亂世之音 怨以怒 其正乖난세지음 원이노 기정괴

집해 서광이 말했다. "다른 판본에는 怨이 '번煩'으로 되어 있다."

徐廣曰 一作煩

정의 난세의 음악은 백성의 마음이 원망하고 노여워해 음악소리도 원망에 차 있다. 그것은 올바른 다스림이 어그러지고 삿되기 때문이다.

亂世之音 民心怨怒 樂聲亦怨 由其正乖僻故

⑥ 亡國之音 哀以思 其民困 망국지음 애이사 기민곤

정의 思는 '사四'로 발음한다. 망국은 장차 멸망하려는 국가를 일컬으며, 음악이 비애와 근심에 젖어 있다. 망국의 시기에는 백성의 마음이 슬픔을 생각해 그 음악도 슬픈데 이는 백성이 궁핍하고 괴롭기 때문이다.
思音四 亡國 謂將欲滅亡之國 樂音悲哀而愁思 亡國之時 民之心哀思 其樂音亦哀思 由其民困苦故也

⑦ 聲音之道 與正通矣 성음지도 여정통의

집해 정현이 말했다. "팔음의 조화 여부는 정치를 따른다는 말이다."
鄭玄曰 言八音和否隨政也

정의 정치가 화평하면 성음이 안락하고, 정치가 어그러지면 성음이 원망하고 노여워한다. 이것은 성음의 도가 정치와 통하는 것이다.
正和則聲音安樂 正乖則聲音怨怒 是聲音之道與正通矣

궁음은 군주가 되고,[①] 상음은 신하가 되고,[②] 각음은 백성이 되고,[③] 치음은 사업이 되고,[④] 우음은 사물이 된다.[⑤] 이 다섯 가지 음이 어지럽지 않아야 넘어지거나 무너지지 않는 음악인 것이다.[⑥]
宮爲君[①] 商爲臣[②] 角爲民[③] 徵爲事[④] 羽爲物[⑤] 五者不亂 則無沾懘之音矣[⑥]

① 宮爲君궁위군

[집해] 왕숙이 말했다. "중앙에 위치해서 사방을 총괄한다."

王肅曰 居中總四方

[색은] 중앙에 위치해서 사방을 총괄하며, 궁현宮弦은 가장 크고 81사絲를 사용해 소리가 무겁고 높다. 그러므로 군주가 된다.

居中總四方 宮弦最大 用八十一絲 聲重而尊 故爲君

[정의] 궁은 토土에 속하고 중앙에 위치해서 사방을 통솔하는 군주의 모습이다.

宮屬土 居中央 總四方 君之象也

② 商爲臣상위신

[집해] 왕숙이 말했다. "가을이란 뜻이며 결단하는 것이다."

王肅曰 秋義斷

[색은] 상은 금金이다. 금金은 '결단'이며 신하의 일이다. 현은 72사絲를 사용해 궁宮의 다음이니, 신하처럼 군주의 다음이다.

商是金 金爲決斷 臣事也 弦用七十二絲 次宮 如臣次君也

③ 角爲民각위민

[집해] 왕숙이 말했다. "봄에는 사물들이 어우러져 돋아나지만 각각 구별이 있으니 백성의 모습이다."

王肅曰 春物竝生 各以區別 民之象也

[색은] 현은 64사絲를 사용하고 소리는 궁과 우의 중간에 있어, 군주에 견주면 열등하고 사물에 견주면 우수하다. 그러므로 소리가 맑고 탁한 가운데 있어 사람의 모습이다.

弦用六十四絲 聲居宮羽之中 比君爲劣 比物爲優 故云清濁中 人之象也

정의 각은 목木에 속하고 맑고 탁한 것의 중간에 있어서 백성의 모습이다.

角屬木 以其清濁中 民之象

④ 徵爲事치위사

집해 왕숙이 말했다. "여름에는 사물이 성대하므로 일이 많다."

王肅曰 夏物盛 故事多

색은 치는 여름에 속한다. 여름에는 만물이 생장하여 모두 형체를 갖추고 일도 몸체가 있어 일에 짝한다. 현은 54사絲를 사용한다.

徵屬夏 夏時生長 萬物皆成形體 事亦有體 故配事 弦用五十四絲

정의 치는 화火에 속하고 맑기 때문에 일의 모습이다.

徵屬火 以其徵清 事之象也

⑤ 羽爲物우위물

집해 왕숙이 말했다. "겨울에는 사물이 모인다."

王肅曰 冬物聚

색은 우는 수水가 되고 가장 맑아 사물의 모습이다. 왕숙이 말했다. "겨울에는 사물이 모이므로 물物이 되고 현은 48사絲를 사용한다."

羽爲水 最清 物之象 王肅云 冬物聚 故爲物 弦用四十八絲

⑥ 五者不亂 則無沾懘之音矣오자불란 즉무첨체지음의

집해 정현이 말했다. "첨체沾懘는 넘어지고 무너져 어우러지지 못한 모양이다."

鄭玄曰 沾懘 獘敗不和之貌也

색은 점체苫滯이다. 또 어떤 본에는 '첨체惉懘'로 되어 있다.

苫滯 又本作 惉懘

정의 첨惉은 넘어지는 것이다. 체懘는 무너지는 것이다. 군주, 신하, 백성, 사업, 사물 다섯 가지가 각각 그 쓰임새를 얻고 서로 무너져 어지럽히지 않으면 오음의 울림이 넘어지고 무너지지 않는다.

惉 獘也 懘 敗也 君臣民事物五者各得其用 不相壞亂 則五音之響無獘敗也

궁음이 어지럽게 되면 거칠어지는데 그것은 군주가 교만하기 때문이고[①] 상음이 어지럽게 되면 기울어지는데 그것은 신하들이 무너지기 때문이며,[②] 각음이 어지럽게 되면 음악이 우울해지는데 그것은 백성들이 원망하기 때문이며,[③] 치음이 어지럽게 되면 음악이 슬퍼지는데 그것은 부역賦役이 많기 때문이며,[④] 우음이 어지럽게 되면 음악이 위태로워지는데 그것은 살림살이가 궁핍하기 때문이다.[⑤] 다섯 가지 음이 모두 어지럽게 되면 번갈아 서로 올라타게 되니 이를 만慢이라고 한다.[⑥] 이와 같으면 나라가 멸망할 날이 얼마 남지 않은 것이다.[⑦]

宮亂則荒 其君驕[①] 商亂則搥 其臣壞[②] 角亂則憂 其民怨[③] 徵亂則哀 其事勤[④] 羽亂則危 其財匱[⑤] 五者皆亂 迭相陵 謂之慢[⑥] 如此則國之滅亡無日矣[⑦]

① 宮亂則荒 其君驕궁란즉황 기군교

집해 정현이 말했다. "황荒은 흩어짐과 같다."

鄭玄曰 荒猶散

정의 궁음이 어지러워지면 그 소리가 흩어지는데, 그 군주가 교만이 넘치기 때문이다.

宮亂 則其聲放散 由其君驕溢故也

② 商亂則搥 其臣壞상란즉퇴 기신괴

집해 서광이 말했다. "퇴搥를 지금의 《예기》에서는 '피陂'라고 썼다."

徐廣曰 搥 今禮 作陂也

색은 퇴搥를 추탄생은 '되[都回反]'라고 발음한다고 했다. 서광이 말했다. "지금의 《예기》에서는 '피陂'라고 썼는데, 발음은 '피'이다."

搥 鄒音都回反 徐廣曰 今禮 作陂 音 詖也

정의 상음이 어지러워지면 그 소리가 한쪽으로 기울어져 바르지 못한데, 그 신하가 관직을 다스리지 못해 무너지기 때문이다.

商音亂 其聲欹邪不正 由其臣不理於官(官)壞故也

③ 角亂則憂 其民怨각란즉우 기민원

정의 각음이 어지러워지면 그 소리가 근심스러운데, 정치가 혹독해 백성이 원망하기 때문이다.

角音亂 其聲憂愁 由政虐民怨故也

④ 徵亂則 哀其事勤치란즉 애기사근

정의 치음이 어지러워지면 그 소리가 슬프고 괴로운데, 부역이 그치지 않아 그 백성의 일이 힘들어서이다.

徵音亂 其聲哀苦 由繇役不休 其民事勤勞也

⑤ 羽亂則危 其財匱우란즉위 기재궤

정의 우음이 어지러워지면 그 소리가 기울어져 위태로운데, 군주가 세금을 무겁게 함으로써 그 백성이 가난하고 궁핍하기 때문이다.

羽音亂 其聲傾危 由君賦重 (於)其民貧乏故也

⑥ 五者皆亂 ~ 謂之慢오자개란 ~ 위지만

정의 질迭은 '번갈아'의 뜻이다. 능陵은 올라타는 것이다. 오성이 아울러 조화롭지 못하면 군주와 신하, 위와 아래가 서로 짓이겨 올라타므로 이른바 이를 일컬어 만慢(우쭐댐)이라고 한다.

迭 互也 陵 越也 五聲竝不和 則君臣上下互相陵越 所以謂之爲慢也

⑦ 國之滅亡無日矣국지멸망무일의

집해 정현이 말했다. "군주, 신하, 백성, 사업, 사물이 그 도가 어지러워지면 그 음악도 호응하여 어지러워진다."

鄭玄曰 君臣民事物也 其道亂 則其音應而亂也

색은 무일無日은 다시 하루도 없다는 말이다. 군주와 신하가 짓이기고 우쭐댐이 이와 같다면, 국가의 멸망은 아침이나 저녁을 기다릴 수 있고 다시 하루도 없다는 것이다.

無日猶言無復一日也 以言君臣陵慢如此 則國之滅亡朝夕可待 無復一日也

정鄭나라와 위衛나라의 음악은 혼란한 세상의 음악으로 만慢에 견준다.[①] 복수 강가 위에서 부르던 상간桑間[②]은 망국의 음악이다. 정치가 산만해지면 그 백성이 떠돌며, 윗사람을 속이고 사익만을 행하여 이를 막을 수 없다.[③]

鄭衛之音 亂世之音也 比於慢矣[①] 桑間濮上之音[②] 亡國之音也 其政散 其民流 誣上行私而不可止[③]

① 鄭衛之音～比於慢矣 정위지음～피어만의

집해 정현이 말했다. "비比는 '똑같음'과 같다."

鄭玄曰 比猶同

정의 정鄭나라 음악은 넘치고 음습한 뜻을 좋아하고, 위衛나라 음악은 빠르고 번거로운 뜻을 좇아가므로 모두 어지러운 세상의 음악이다. 비록 어지러워도 아직 멸망하지는 않았으므로 만慢에 견주었다. 比 발음은 '피[必以反]'이다.

鄭音好濫淫志 衛音促速煩志 竝是亂世音 雖亂而未滅亡 故比慢也 比 必以反

② 桑間濮上之音 상간복상지음

집해 정현이 말했다. "복수濮水 위의 땅에 상간桑間이 있는데, 복양濮陽 남쪽에 있다."

鄭玄曰 濮水之上 地有桑間 在濮陽南

정의 옛날 은나라 주紂가 악관 연延에게 기나긴 밤 미미지악靡靡之樂을 만들도록 해서 나라가 망하기에 이르렀다. 주나라 무왕이 주를 정벌하자

이 음악의 작자인 악관 연延이 악기를 가지고 복수에 뛰어들어 죽었다. 뒤에 진국晉國의 악관 연涓이 밤에 이 물줄기를 지나가다 물속에서 나는 이 음악소리를 듣고, 들리는 것에 따라서 복사했다. 얻고 나서 나라로 돌아와 진晉나라 평공平公을 위해 그 곡을 연주했다. 악관 광曠이 무마하여 이르기를 "이것은 망국의 음악이고 틀림없이 상간은 복수 위에서 부르던 노래에서 얻었을 것이다. 주紂가 이로 인해 망했다."라고 했다.

昔殷紂使師延作長夜靡靡之樂 以致亡國 武王伐紂 此樂師師延將樂器投濮水而死 後晉國樂師師涓夜過此水 聞水中作此樂 因聽而寫之 既得還國 爲晉平公奏之 師曠撫之曰 此亡國之音也 得此必於桑間濮上乎 紂之所由亡也

③ 政散～而不可止정산～이불가지

정의 만약 이 복상의 음악을 사용한다면 그 정치는 반드시 뿔뿔이 흩어지고, 백성은 떠돌며 도망치고 신하는 위를 속이고 각각이 사사로운 정을 행사해, 국가가 곧 멸망하는데도 이를 금지할 수 없다.

若用此濮上之音 其政必離散而民人流徙逃亡 緣臣誣上 各行私情 國即滅亡而不可禁止也

> 무릇 음이 사람의 마음에서 생겨나는 것이라면[①] 악은 윤리에 통하는 것이다.[②] 이런 까닭으로 소리는 아는데 음은 알지 못하는 것은 새나 짐승이며, 음은 알면서 악은 알지 못하는 자는 군중이다. 오직 군자만이 악을 알 수 있기 때문이다.[③] 이런 까닭으로 소리를

살펴 음을 알고[4] 음을 살펴 악을 알고,[5] 악을 살펴 정치를 알아야만[6] 다스리는 도리가 갖추어지는 것이다.[7]
凡音者 生於人心者也[1] 樂者 通於倫理者也[2] 是故知聲而不知音者 禽獸是也 知音而不知樂者 衆庶是也 唯君子爲能知樂[3] 是故審聲以知音[4] 審音以知樂[5] 審樂以知政[6] 而治道備矣[7]

① 凡音者 生於人心者也범음자 생어인심자야

정의 이것은 악본장樂本章 제3단이다. 앞의 제1단은 인심이 음악을 느끼는 것을 밝혔고, 제2단은 음악이 인심을 느끼는 것을 밝혔으며, 이곳의 제3단은 성인이 거기에 호응함으로써 바른 음악을 만드는 것이다. 이 단은 저절로 두 단이 중첩되어 있다. '범음凡音'부터 '반인도反人道'에 이르기까지 하나의 중첩인데, 제2단의 음악이 인심을 느끼는 것에 응하여 그친다. 또 '인생이정人生而靜'부터 '왕도비의王道備矣'에 이르기까지가 또 하나의 중첩인데, 제1단의 인심이 음악을 느끼는 것에 응하여 그친다.
此樂本章第三段也 前第一段明人心感樂 第二段明樂感人心 此段聖人制正樂以應之 此段自有二重 自凡音 至反人道 爲一重 卻應第二段樂感人心也 又自人(心)生而靜 至王道備矣 爲一重 卻應第一段人心感樂也

② 樂者 通於倫理者也악자 통어윤리자야

집해 정현이 말했다. "윤倫은 '끼리끼리'와 같다. 이理는 '분수'이다."
鄭玄曰 倫猶類也 理 分也

정의 음은 처음에 군주의 마음에서부터 생겨나, 모양을 이루어 악이 이루어진다. 악이 이루어지면 능히 백성에게 통해서 각자에게 그 끼리끼리의 분수를 다하게 한다. 그러므로 윤리에 통하는 것이라고 했다.

音初生自君心 形而成樂 樂成則能通於百姓 使各盡其類分 故曰通倫理者也

③ 爲能知樂 위능지악

집해 정현이 말했다. "새와 짐승은 이것이 소리인 것만 알 뿐 그것이 궁宮과 상商의 변화라는 것을 알지 못한다. 팔음이 나란히 일어나 능히 어울리면 악이라고 한다."

鄭玄曰 禽獸知此爲聲耳 不知其宮商之變 八音竝作 克諧曰樂

④ 審聲以知音 심성이지음

정의 성聲은 음의 근본이 된다. 만약 음을 알고자 한다면 마땅히 그 소리를 살펴서 정한 연후에야 음을 알 수 있다.

聲爲音本 若欲知音 常須審定其聲 然後音可知

⑤ 審音以知樂 심음이지악

정의 음은 악의 근본이 된다. 먼저 정해놓은 그 음을 살핀 연후에야 악을 알 수 있다.

音爲樂本 前審定其音 然後可知樂也

⑥ 審樂以知政 심악이지정

정의 악樂은 정치의 근본이 된다. 먼저 정해놓은 그 악을 살핀 연후에야 정치를 알 수 있다.

樂爲政本 前審定其樂 然後政可知也

⑦ 治道備矣 치도비의

정의 먼저 정해놓은 그 근본을 살핀 뒤에 그 끝을 알 수 있으며, 다스림의 도가 되어 이에 갖추어지는 것이다.

前審定其本 後識其末 則爲治之道乃可備也

이런 까닭으로 소리를 알지 못하는 자와는 음에 대해 이야기할 수 없고, 음을 알지 못하는 자와는 악에 대해 이야기할 수 없으니 악을 알면 예禮에 근접한 것이다.① 예와 악을 다 얻으면 덕이 있다고 하는데 덕德이란 득得이다.② 이런 까닭으로 음악의 융성함은 지극한 음音이 아니며,③ 향연饗宴의 예禮는 지극한 맛이 아니다.④

是故不知聲者不可與言音 不知音者不可與言樂 知樂則幾於禮矣① 禮樂皆得 謂之有德 德者得也② 是故樂之隆 非極音也③ 食饗之禮 非極味也④

① 知樂則幾於禮矣 지악즉기어례의

집해 정현이 말했다. "기幾는 '가까움'이다."

鄭玄曰 幾 近也

정의 예는 국가를 다스리는 예를 말하며 만사를 포함한다. 만사가 다 갖추어지면 비로소 예가 극진한 것이다. 지금 악을 아는 자는 단지 군주, 신하, 백성, 사업, 사물 다섯 가지의 정情을 바르게 하지만 예에 극진하지는 못하므로, 예에 가깝다고 이른 것이다.

禮謂治國之禮 包萬事 萬事備具 始是禮極 今知樂者但正君臣民事物五者之情

於禮未極 故云幾於禮也

신주 송나라 유학자 응용應鏞은 "윤리 중에는 모두 예를 핑계 삼아 음악을 알면 예에 통한다고 한다. '통한다'고 하지 않고 '가깝다(幾)'고 말한 것은 세밀한 해석의 끝이다."라고 했다.

② 德者得也덕자득야

집해 정현이 말했다. "악을 듣고 정치의 득실을 알면 군주, 신하, 백성, 사업, 사물의 예를 바르게 할 수 있다."

鄭玄曰 聽樂而知政之得失 則能正君臣民事物之禮

정의 만약 음악을 듣고 예를 알면, 이는 예와 악을 모두 얻은 것이다. 이 두 가지를 갖추면 덕 있는 군주이다. 또 덕 있는 사람은 예와 악의 정情을 얻을 수 있다는 말이다. 그러므로 덕이란 득이라고 이른 것이다.

若聽樂而知禮 則是禮樂皆得 二者備具 則是有德之君也 又言有德之人是能得禮樂之情 故云德者得也

③ 樂之隆 非極音也악지륭 비극음야

집해 정현이 말했다. "융隆은 '성대함'과 같고 극極은 '끝'과 같다."

鄭玄曰 隆猶盛也 極猶窮也

정의 대악大樂의 성대함은 본래 풍風을 변화시켜 속俗을 바꾸는 데 있지, 종과 북의 음音을 다하는 데 있지 않다. 그러므로 "음音에 지극한 것이 아니다."라고 일렀다. 그러므로 《논어》에 "악이다, 악이다 하는 것이 종이나 북을 말하는 것이겠느냐."라고 한 것이 이것이다.

大樂之盛 本在移風易俗 非窮鍾鼓之音 故云非極音也 故論語 樂云樂云 鍾鼓云乎哉 是也

④ 食饗之禮 非極味也사향지례 비극미야

정의 사食는 '사嗣'로 발음한다. 사향食享은 종묘의 제사를 말한다. 대례大禮의 성대함은 본래 위를 편안하게 하여 백성을 다스리는 데 있지, 구슬과 비단이나 지극한 맛을 숭상함이 아니다. 그러므로 지극한 맛이 아니라고 했다. 그러므로 《논어》에 "예이다, 예이다 하는 것이 구슬이나 비단을 말하는 것이겠느냐."라고 한 것이 이것이다.

食音嗣 食享謂宗廟祭也 大禮之盛 本在安上治民 非崇玉帛至味 故云非極味也 故論語禮云禮云 玉帛云乎哉 是也

청묘淸廟에서 사용하는 금琴은[①] 붉은 현弦에다가 밑바닥에 구멍을 뚫고[②] 한 사람이 노래하면 세 사람이 화답하는데, 이는 음을 남기려는 것이다.[③] 대향大饗의 예에서는[④] 현주玄酒(맹물)를 높이고[⑤] 날생선을 도마에 올리며[⑥] 고깃국에 양념을 하지 않는[⑦] 것은 전해오는 맛을[⑧] 유지하기 위해서이다. 이런 까닭으로 선왕들이 예와 악을 제정한 것은 입이나 배나 귀나 눈의 욕구에 만족하려는 것이 아니다. 장차 백성들이 좋아하는 것과 싫어하는 것을 고르게 하여 사람의 도리를 바르게 할 것을[⑨] 가르치기 위해서이다.

淸廟之瑟[①] 朱弦而疏越[②] 一倡而三歎 有遺音者矣[③] 大饗之禮[④] 尙玄酒[⑤]而俎腥魚[⑥] 大羹不和[⑦] 有遺味者矣[⑧] 是故先王之制禮樂也 非以極口腹耳目之欲也 將以教民平好惡而反人道之正也[⑨]

① 清廟之瑟청묘지슬

집해 정현이 말했다. "청묘清廟는 청묘에서 음악을 만들어 노래하는 것을 말한다." 왕숙이 말했다. "청묘 안에서 타는 금이다."

鄭玄曰 清廟謂作樂歌清廟 王肅曰 於清廟中所鼓之瑟

② 朱絃而疏越주현이소활

집해 정현이 말했다. "활越은 비파 밑에 뚫려 있는 구멍이며 이것을 터서 소리를 느릿하게 한다."

鄭玄曰 越 瑟底孔 畫疏之使聲遲

③ 一倡而三歎 有遺音者矣일창이삼탄 유유음자의

집해 정현이 말했다. "유遺는 '남긴 것'과 같다." 왕숙이 말했다. "음의 지극함이 다하지 못한 것이다."

鄭玄曰 遺猶餘也 王肅曰 未盡音之極

정의 倡 발음은 '창唱'이다. 일창一唱은 한 사람이 처음에 노래 부르는 것을 이른다. 삼탄三歎은 세 사람이 도와 화답함을 이른다. 악가樂歌는 여기 선왕들의 도이기에 음성을 다하지 않았다. 그러므로 단지 현弦을 익혀 튕기고 구멍을 넓힌 것이며, 가만히 부르고 모자라게 화답하는 것이다. 이것은 음에 덕이 있어 무궁하게 전하여, 여음餘音을 지녀 그치지 않게 하려는 것이다. 일설에는 중요한 것은 덕에 있으며 근본이 음에 있지 않다고 했다. 이는 여음을 남기고 있어 덕을 생각하며 잊지 않는다는 것이다.

倡音唱 一唱謂一人始唱歌 三歎謂三人讚歎也 樂歌此先王之道 不極音聲 故但以熟弦廣孔 少唱寡和 此音有德 傳於無窮 是有餘音不巳 一云所重在德 本不在音 是有遺餘音 念之不忘也

④ 大饗之禮대향지례

정의 대향大饗은 곧 사향食享이다. '사食' 자를 변화시켜 '대大' 자로 말한 것은 그 이름을 높였기 때문이고 맛을 우대하여 높이지 않았다. 그러므로 사食를 대大라고 말했다. 이것은 예의 성대함은 지극한 맛에 있지 않다는 말이다.

大享即食享也 變食言大 崇其名故也 不尙重味 故食言大也 此言禮盛不(作)〔在〕至味之事

⑤ 尙玄酒상현주

정의 협제의 예는 곧 현준玄尊(물잔)을 배열하여 위에 두고 오제五齊는 아래에 둔다.

祫祭之禮 則列玄尊在上 五齊在下也

신주 오제五齊는 옛날에 술을 빚는 법으로 청탁淸濁을 가린 것을 말한다. 범제泛齊, 예제醴齊, 앙제盎齊, 체제緹齊, 침제沈齊 다섯 등급으로 나누었는데, 예醴 이상의 것은 술이 조금 탁한 것이요, 앙盎 이하의 것은 조금 맑게 된 것이다.

⑥ 俎腥魚조성어

정의 무릇 도마에는 안주로 생석生腊(말린 생선)이 있다. 성어腥魚는 날생선이다. 도마에 비록 세 가지의 희생이 있다 할지라도 겸해서 날생선을 올린다.

凡俎有肴生腊 (是俎)腥魚者 生魚也 俎雖有三牲而兼載生魚也

⑦ 大羹不和대갱불화

정의 和는 '화[胡臥反]'로 발음한다. 대갱大羹은 '고기즙'이다. 협제에 고기즙으로 국을 만드는데 소금이나 채소로 간을 맞추지 않은 것이다.

和 胡臥反 大羹 肉汁也 祫祭有肉汁爲羹 無鹽菜之芼和也

⑧ 有遺味者矣유유미자의

정의 유遺는 또한 '남김'이다. 이것은 모두 검소한 음식으로 예를 올린다. 인주(군주)는 정성껏 도를 베풀고 자미滋味에는 지극하지 않다. 그러므로 맑은 물과 날생선을 높인다. 이것은 예에서 중요하며 죽백竹帛에 향기가 흐르고 전해서 그치지 않는다면 남은 맛이 있다. 일설에는 예의 근본은 덕에 있지 달콤한 맛에 있지 않기 때문에 물고기를 쓰고 맛을 남긴다고 한다.

遺亦餘也 此(者)〔皆〕質素之食 禮 人主誠設之道不極滋味 故尙明水而腥魚 此禮可重 流芳竹帛 傳之無已 有餘味 一云禮本在德 不在甘味 故用水魚而遺味也

⑨ 反人道之正也반인도지정야

집해 정현이 말했다. "가르쳐서 좋아하고 싫어하는 것을 알게 하는 것이다."

鄭玄曰 教之使知好惡

정의 好는 '호[火到反]', 惡는 '오[一故反]'로 발음한다. 평平은 균均이다. 선왕들이 예를 제정하고 음악을 만든 것은 본래 천박한 백성을 가르쳐서 좋아하고 미워하는 이치를 골고루 한 것이다. 그러므로 악을 제거하고 선으로 돌아가 입, 배, 귀, 눈의 욕구를 위하지 않고 사람들이 바른 도로 되돌아오게 하려는 것이다.

好 火到反 惡 一故反 平 均也 言先王制禮作樂 本是教訓澆民 平於好惡之理 故去惡歸善 不爲口腹耳目之欲 令反歸人之正道也

> 사람이 태어나서 고요한 것은 하늘이 부여한 본성이고,① 외물에 느껴 움직이는 것은 본성에서 갈구하는 것이다.② 외물이 이르러 인지하고 깨달은 연후에 좋아하고 싫어하는 마음이 나타난다.③ 좋아하고 싫어함을 마음 안에서 절제하지 못하면 인지한 것이 외물에 유혹되어 자신의 천성에 능히 돌아오지 못하기 때문에, 하늘에서 부여한 이치가 없어지는 것이다.④
>
> 人生而靜 天之性也① 感於物而動 性之頌也② 物至知知 然後好惡形焉③ 好惡無節於內 知誘於外 不能反己 天理滅矣④

① 人生而靜 天之性也인생이정 천지성야

정의 이것은 제3단으로 두 번째 중요한 것이다. 사람이 처음 태어나면 정욕이 없다. 그 정욕은 고요한 가운데 자연에서 받는데 이것이 하늘이 부여한 본성이다.

此第三段第二重也 人初生未有情欲 其(情欲)至靜稟于自然 是天之性也

② 感於物而動 性之頌也감어물이동 성지송야

집해 서광이 말했다. "송頌은 '용容'의 발음이고 지금 《예기》에는 '욕欲'으로 되어 있다."

徐廣曰 頌音容 今禮作欲

정의 그 마음이 비록 고요해도 외물의 정념에서 느끼고 사물을 따라 움직이면, 이것이 본성이 탐욕하는 것이다.

其心雖靜 感於外情 因物而動 是性之貪慾也

③ 物至知知～好惡形焉 물지지지～호오형언

집해 왕숙이 말했다. "사물이 이르러 이를 능히 지식으로써 안 연후에야 정에서 좋아하고 싫어하는 것이 나타난다."

王肅曰 事至 能以智知之 然後情之好惡見

정의 앞의 知는 '지'로 발음한다.

上知音智

④ 好惡無節於內～天理滅矣 호오무절어내～천리멸의

집해 왕숙이 말했다. "안으로 정해진 절도가 없이, 지식이, 밖에서 사물이 유혹하는 바를 위하여 정이 따라 움직이면, 그 천성을 잃게 된다."

王肅曰 內無定節 智爲物所誘於外 情從之動 而失其天性

정의 좋아하고 싫어함을 마음속에서 스스로 조절하지 못하고, 오직 밖에서 정욕이 유혹하는 바를 알아 자신의 선善으로 되돌리지 못하면 천성이 멸절된다는 말이다.

言好惡不自節量於心 唯知情慾誘之於外 不能反還己躬之善 則天性滅絕矣

무릇 사물이 사람을 느끼게 함은 끝이 없어서 사람이 좋아하고 싫어함을 절제하지 못한다면, 이것은 외물이 지극해져서 사람이 외물에게 교화당하게 된다.① 사람이 외물에게 교화당한다는 것은 천리天理가 없어지고 사람의 욕망만 끝없게 된다.② 이에 어긋나고 거짓된 마음이 생겨 음탕함을 지녀 어지러운 일을 만든다.
이런 까닭에 강한 자가 약한 자를 위협하며, 다수가 소수에게 포악하게 대하고, 지식 있는 자가 어리석은 자를 속이며, 용맹한 자가 겁이 많은 자를 괴롭히게 되어, 병든 자는 요양하지 못하고, 늙은이와 어린이와 고아와 과부는 살 곳을 얻지 못한다. 이것들이 크게 어지럽히는 도道이다. 그래서 선왕들이 예와 악을 만들어 사람이 행할 절도節度로 삼았다.③

夫物之感人無窮 而人之好惡無節 則是物至而人化物也① 人化物也者 滅天理而窮人欲者也② 於是有悖逆詐僞之心 有淫佚作亂之事 是故彊者脅弱 衆者暴寡 知者詐愚 勇者苦怯 疾病不養 老幼孤寡不得其所 此大亂之道也 是故先王制禮樂 人爲之節③

① 夫物之感人無窮～而人化物也부물지감인무궁～이인화물야

집해 정현이 말했다. "사물을 따라 변화한다."

鄭玄曰 隨物變化

정의 무릇 사물은 한결같지 못하다. 그러므로 무궁하다고 말한다. 만약 사람들 마음의 기욕嗜慾이 법도가 없고, 좋아하고 싫어함을 따라 능히 조절하지 못하면 곧 사물과 함께 변화한다. 그러므로 '인화물人化物'이라고 했다.

夫物不一 故言無窮也 若人心嗜慾無度 隨好惡不能節之 則與之而化 故云人化物

② 滅天理而窮人欲者也 멸천리이궁인욕자야

집해 정현이 말했다. "하지 않을 바가 없다는 말이다."

鄭玄曰 言無所不爲

정의 마음이 사물의 변화를 따르게 되면 천성이 다하고 사람 마음에서 하고 싶은 것을 멋대로 하게 된다.

心隨物化 則滅天性而恣人心之欲也

③ 制禮樂人爲之節 제례악인위지절

집해 정현이 말했다. "법도를 만들어서 그 욕심을 막으려는 것이다." 왕숙이 말했다. "사람이 하고자 함을 절제하여 그 중도를 얻게 한다는 말이다."

鄭玄曰 爲作法度以遏其欲也 王肅曰 以人爲之節 言得其中也

> 상복을 입고 소리 내어 슬피 우는 것은[①] 상사喪事를 절도 있게 하려는 까닭이며, 종과 북을 울리고 방패와 도끼[②]를 들고 춤추는 것은 안락을 조화하려는 까닭이다. 혼인례와 관계례冠笄禮[③]는 남자와 여자를 분별하기 위해서이며, 대사례大射禮와 향연례饗宴禮[④]를 베푸는 것은 올바로 교제하기 위해서이다.
>
> 예는 백성의 마음을 조절하고 음악은 백성의 소리를 조화롭게 하며, 정치는 그들을 나아가게 하고 형벌은 그들을 예방하게 한다. 예의와 음악과 형벌과 정치 네 가지를 달성해서 어긋나지 않으면 왕도가 갖추어진다.

衰麻哭泣[①] 所以節喪紀也 鍾鼓干戚[②] 所以和安樂也 婚姻冠笄[③] 所以別男女也 射鄕[④]食饗 所以正交接也 禮節民心 樂和民聲 政以行之 刑以防之 禮樂刑政四達而不悖 則王道備矣

① 衰麻哭泣 최마곡읍

정의 이 아래로는 나란히 예를 펼쳐 사람의 일을 조절한 것이다. 다섯 가지 상복을 제정하여 곡하고 우는 것을 만들고 상사喪事의 절도를 기록한 까닭은 죽음을 등지고 삶을 잊지 않게 하기 위해서이다. 죽은 자를 섬기는 것은 어려우므로 슬피 곡하는 것을 먼저 할 일로 삼았다.

此以下竝是陳禮節人之事也 制五服哭泣 所以紀喪事之節 而不使背死忘生也 事死者難 故以哀哭爲前也

② 干戚 간척

신주 방패와 도끼를 가리키는 말로 전쟁에 쓰는 병기를 통틀어 이른다.

③ 婚姻冠笄 혼인관계

집해 정현이 말했다. "남자는 20세에 관을 쓰고 여자는 시집가는 것을 허락하면 비녀를 꽂는다."

鄭玄曰 男二十而冠 女許嫁而笄

정의 冠은 '관'으로, 笄는 '계'로 발음한다.

冠音貫 笄音雞

④ 射鄕사향

집해 정현이 말했다. "사향 중 대사향大射鄕에서는 술을 마신다."

鄭玄曰 射鄕 大射鄕飮酒

신주 조선후기 문신이며 학자인 김재로金在魯가 1758년(영조 34)에 간행한 《예기》 주석서인 《예기보주》 〈악서〉에서 "정현이 말하기를 '사射와 향鄕은 대사례大射禮와 향음주례鄕飮酒禮이다.'라고 한다."라고 했다.

제三장

예와 악의 같고 다름을 논하다

악은 사람들 마음을 화동和同시키고, 예는 사람들 신분의 차이를 분명하게 한다.[①] 사람들은 화합해서 같은 기분이 되면 서로 친해지고 신분의 차이가 분명해지게 되면 서로 존경한다. 악이 지나치면 흘러넘치고,[②] 예가 지나치면 마음에서 떠나게 된다.[③] 정情으로 화합시켜 예의 모습으로 꾸미는 것이 예와 악의 작용이다.[④]

樂者爲同 禮者爲異[①] 同則相親 異則相敬 樂勝則流[②] 禮勝則離[③] 合情飾貌者 禮樂之事也[④]

① 樂者爲同 禮者爲異악자위동 예자위이

집해 정현이 말했다. "동同은 좋아하고 싫어함을 맞추는 것을 이른다. 이異는 귀하고 천한 것을 분별함을 이른다."

鄭玄曰 同謂協好惡也 異謂別貴賤

정의 이것은 제2장 이름으로 '악론'이다. 그 안에는 4개의 단락이 있는데 이 장은 예와 악의 동이同異를 논했다. 무릇 음악이란 온 천하가 화합하게 하며 이것이 동同이다. 예는 아버지와 아들을 분별하게 하니 이것이

이異이다.

此第二章名爲樂論 其中有四段 此章論禮樂同異也 夫樂使率土合和 是爲同也 禮使父子殊別 是爲異也

② 樂勝則流악승즉류

집해 왕숙이 말했다. "방랑과 은둔으로 스스로 돌아오지 못하는 것이다."

王肅曰 流遁不能自還

③ 禮勝則離예승즉리

집해 왕숙이 말했다. "뿔뿔이 흩어져서 친하지 않게 되는 것이다."

王肅曰 離析而不親

정의 勝은 '승[式證反]'으로 발음한다. 승勝은 '지나침'과 같다. 예와 악이 비록 같고 다른 것이 있으나 또 서로를 기다린다. 만약 음악이 화동和同에 지나치면 예가 없어져서 곧 교만으로 흐르니, 다시 존비 간에 공경이 없어진다. 만약 예가 지나쳐서 막히면 악이 없어져서 친족들이 떨어져 나가니, 다시 골육骨肉 간에 사랑이 없어진다.

勝 式證反 勝猶過也 禮樂雖有同異 而又相須也 若樂過和同而無禮 則流慢 無復尊卑之敬 若禮過殊隔無樂 則親屬離析 無復骨肉之愛也

④ 合情飾貌者 禮樂之事也합정식모자 예악지사야

집해 정현이 말했다. "그들이 아울러 행하여 찬란하게 만들고자 한 것이다."

鄭玄曰 欲其竝行彬彬然

정의 음악은 마음을 화락하게 하는데 이것은 정에 합치하는 것이다. 예는 자취를 조신하게 단속하는데 이는 모습을 꾸미는 것이다.

樂和內 是合情也 禮檢迹 是飾貌也

예의가 확립되면 귀천의 구별[①]이 분명해지고, 음악의 곡조가 함께하면 아래위가 어우러진다.[②] 좋아하고 싫어함이 분명하면 현명하고 어리석은 것이 구별된다.[③] 형벌로 난폭함을 금하고 어진 인재에게 벼슬을 주면 정치가 골고루 베풀어진다.[④] 인仁으로 백성을 아끼고 의義로써 백성을 바르게 하는데, 이와 같으면 백성을 다스리는 일이 행해진다.[⑤]

禮義立 則貴賤等[①]矣 樂文同 則上下和矣[②] 好惡著 則賢不肖別矣[③] 刑禁暴 爵擧賢 則政均矣[④] 仁以愛之 義以正之 如此則民治行矣[⑤]

① 等등

집해 정현이 말했다. "등等은 계급이다."

鄭玄曰 等階級

② 樂文同 則上下和矣악문동 즉상하화의

정의 문文은 소리가 문채文彩를 이루는 것을 이른다. 만약 음악을 만들어 문채와 함께하면 상하가 나란히 화락한다. 이것은 음악이 백성의 소리를 화락하게 한 것이다.

文謂聲成文也 若作樂文采諧同 則上下竝和 是樂和民聲也

③ 好惡著 則賢不肖別矣 호오저 즉현불초별의

정의 호好와 오惡는 나란히 거성이며, 또한 아울러 성聲과 음音을 같이 하는 글자이다. 著는 발음이 '저[張慮反]'이다. 만약 법률이 분명하고 선과 악의 문채가 나타나면 어질고 어리석은 것이 구별되어 정치가 변화해 행해진다.

好惡竝去聲 又竝如字 著 張慮反 若法律分明 善惡章著 則賢愚斯別 政化行矣

④ 刑禁暴～則政均矣 형금폭～즉정균의

정의 왕은 형刑을 사용해 포악하고 거만한 것을 금지하고 제재하며, 상으로 현량賢良을 벼슬에 천거하면 정치가 고르게 행해진다. 이것은 형벌을 써서 막는 것이다. 이미 포악을 금지하고 또 어진 이를 천거한다고 말한 것은 형벌이 제일 중요함을 보여주지만, 홀로 행함은 마땅하지 않고 반드시 상과 벌이 겸해져야 밝아진다. 그러나 예와 악은 정치가 아니면 사용하지 않기 때문에, 모름지기 네 가지 일을 밝혀 연이어 행해야 한다.

王者(爲)用刑(則)〔以〕禁制暴慢 疏爵以擧賞賢良 則政治均平 是刑以防之矣 既是禁暴而又言擧賢者 示刑最爲重 不宜獨行 必須賞罰兼明也 然禮樂之用非政不行 明須四事連行也

⑤ 民治行矣 민치행의

정의 예, 악, 형, 정이 고루 베풀어진 다음에 또 모름지기 인仁으로써 백성을 사랑하고 의로써 백성을 바르게 한다. 이와 같이 하면 백성이 순리에 따라 바르게 행동한다.

言禮樂刑政既均 又須仁以愛民 義以正民 如此則民順理正行矣

악은 사람의 마음속에서 나오고,① 예는 밖에서 만들어진다.② 악은 마음속에서 나오기 때문에 고요하고,③ 예는 밖에서 만들어지기 때문에 꾸밈이 있다.④ 뛰어난 악은 반드시 평이하고,⑤ 훌륭한 예는 반드시 간소하다.⑥ 악이 지극하면 원망이 없고 예가 지극하면 다투지 않는다.⑦ 그래서 겸양하면서 천하를 다스리는 자는 예와 악으로 일컫는다.

樂由中出① 禮自外作② 樂由中出 故靜③ 禮自外作 故文④ 大樂必易⑤ 大禮必簡⑥ 樂至則無怨 禮至則不爭⑦ 揖讓而治天下者 禮樂之謂也

① 樂由中出악유중출

집해 정현이 말했다. "화和는 마음에 있다."

鄭玄曰 和在心

정의 이 '악론樂論'의 제2단은 악공樂功을 이른다. 출出은 생生과 같다. 사람됨은 마음속에 있어 화和가 충분하지 못하므로 여기서 악樂이 생겨났다.

此樂論第二段 謂樂功也 出猶生也 爲人在中 和有未足 故生此樂也

② 禮自外作예자외작

집해 정현이 말했다. "공경은 모습에 있다."

鄭玄曰 敬在貌

정의 작作은 '기起'와 같다. 사람됨은 겉에 있어 공경이 충분하지 못하므로 여기서 예가 일어났다.

作猶起也 爲人在外 敬有未足 故起此禮也

③ 靜정

정의 악樂이 사람의 마음을 화락하게 하지만 마음속에 있으므로 '정靜'이라고 일렀다.

樂和心 在內 故云靜

④ 文문

집해 정현이 말했다. "문文은 동動과 같다."

鄭玄曰 文猶動

정의 예는 사람의 모습을 엄숙하게 한다. 모습은 밖에 있으므로 '동動'이라고 한다.

禮肅人貌 貌在外 故云動

⑤ 大樂必易대악필이

정의 易 발음은 '오[以鼓反]'이다. '주현과 소활의 음악'이 이것이다.

易 以鼓反 朱弦疏越 是也

⑥ 大禮必簡대례필간

집해 정현이 말했다. "이간易簡은 청묘와 대향에서 그렇게 한 것과 같다."

鄭玄曰 易簡 若於清廟大饗然

정의 현주玄酒와 성어腥魚가 이것이다.

玄酒腥魚是也

신주 〈악서〉에서 "대향의 예에 현주를 윗자리에 놓고 생선을 도마에 올려놓으며 고깃국에 양념을 섞지 않는다.[大饗之禮 尙玄酒而俎腥魚 大羹不和]"
라고 한 것이 이것이다.

⑦ 樂至則無怨 禮至則不爭악지즉무원 예지즉부쟁

집해 정현이 말했다. "지至는 달達과 같으며, 널리 돌아다니는 것이다."
鄭玄曰 至猶達也 行也

정의 악이 행해져서 화和를 주관한다. 화가 지극하면 백성은 다시 원망하거나 노여움을 품는 일이 없다. 예가 행해져서 겸손을 주관한다. 겸손이 지극하면 백성이 다투지 않는다.
樂行主和 和達則民無復怨怒也 禮行主謙 謙達則民不爭競也

> 난폭한 백성이 생기지 않고, 제후가 손님으로 복종하며, 전쟁이 일어나지 않으니[①] 다섯 가지 형벌은 쓰이지 않고, 백성들은 근심하지 않으며 천자는 노하지 않는다. 이와 같다면 음악이 두루 통한 것이다. 아버지와 아들이 친하게 뭉치고,[②] 어른과 어린이의 질서가 분명해지며[③] 온 천하에서 서로 공경하게 된다.[④] 천자가 이와 같이 만든다면 예가 행해진 것이다.[⑤]
> 暴民不作 諸侯賓服 兵革不試[①] 五刑不用 百姓無患 天子不怒 如此則樂達矣 合父子之親[②] 明長幼之序[③] 以敬四海之內[④] 天子如此 則禮行矣[⑤]

① 諸侯賓服 兵革不試제후빈복 병혁불시

집해 정현이 말했다. "빈賓은 협조이다. 시試는 쓰임이다."
鄭玄曰 賓 協也 試 用也

② 合父子之親합부자지친

정의 앞에서 "예지부쟁禮至不爭"이라고 일렀다. 그러므로 천하 존비의 질서가 있기에 이르렀다. 예는, 아버지는 사랑하고 아들은 효도하게 시키는 것이다. 이것이 아버지와 아들이 친하게 합한 것이며 곧 아버지는 삼로三老를 섬겨야 한다는 것이다.
前云 禮至不爭 故致天下尊卑之序也 禮使父慈子孝 是合父子之親也 即父事三老也

③ 明長幼之序명장유지서

정의 어른은 앉고 어린이는 서는 것, 이것이 어른과 어린이의 순서를 밝힌 것이며 곧 형은 오경五更을 섬겨야 한다는 것이 이것이다.
長坐幼立 是明長幼之序 即兄事五更是也

④ 以敬四海之內이경사해지내

정의 《효경》에서 말한다. "효로써 가르침은 천하 사람의 아버지 된 이를 공경하는 바이고, 우애로써 가르침은 천하 사람의 형 된 이를 공경하는 바이고, 신하 된 도리로써 가르침은 천하 사람의 임금 된 이를 공경하는 바이다." 곧 이것이 온 천하에서 서로 공경하는 것이다.
孝經云 教以孝 所以敬天下之爲人父 教以弟 所以敬天下之爲人兄 教以臣 所以敬天下之爲君 即是敬四海之內也

⑤ 則禮行矣즉례행의

정의 천자가 능히 몸소 예를 행하면 신하는 반드시 예를 사용하는데. 이와 같으면 예가 행해짐을 말한 것이다. '합부자合父子' 이하는 다 천자로부터 스스로 행하는 것이다.

言天子能躬行禮 則臣下必用禮 如此則禮行矣 合父子以下 悉自天子自身行之也

뛰어난 악은 천지와 더불어 같이 어울리고,① 훌륭한 예의는 천지와 더불어 같이 절제한다.② 어울리기 때문에 만물이 잃지 않고,③ 절제하기 때문에 하늘과 땅에 제사를 지낸다.④ 밝은 세상에는 예와 악⑤이 있고, 저 세상에는 귀신이 있게 되니,⑥ 이와 같다면 온 천하에서 함께 공경하고 같이 아끼게 되는 것이다.⑦

大樂與天地同和① 大禮與天地同節② 和 故百物不失③ 節 故祀天祭地④ 明則有禮樂⑤ 幽則有鬼神⑥ 如此則四海之內合敬同愛矣⑦

① 大樂與天地同和대악여천지동화

정의 이것은 '악론樂論' 제3단이며 예와 악은 오직 성인만이 알 수 있음을 논한 것이다. 천지의 기氣는 인온氤氳(천지의 기가 서로 합해 어린 모양)하여 합쳐 만물을 낳는다. 뛰어난 악樂의 이치는 음양의 율려律呂를 따라 만물을 낳고 기른다. 이는 뛰어난 악과 천지가 함께 어우러지는 것이다.

此樂論第三段 論禮與樂唯聖能識也 言天地以氣氤氳 合生萬物 大樂之理 順陰陽律呂生養萬物 是大樂與天地同和也

② 同節동절

집해 정현이 말했다. "천지의 기운과 그 수에 따르는 것을 말한다."

鄭玄曰 言順天地之氣與其數也

정의 하늘에는 해와 달이 있고 땅에는 산과 내가 있으며, 높고 낮은 형상이 다르고 생기고 쓰이는 것이 각각 구별된다. 대례大禮는 존비와 귀천 등 차이가 분별됨을 판단한 것이니, 대례는 천지와 절도가 동일하다.

言天有日月 地有山川 高卑殊形 生用各別 大禮辯尊卑貴賤等差異別 是大禮與天地同節

③ 百物不失백물불실

집해 정현이 말했다. "그 성품을 잃지 않는 것이다."

鄭玄曰 不失其性

정의 악이 천지와 더불어 같이 어우러지니, 능히 만물을 생성한다.

樂與天地同和 能生成萬物

④ 祀天祭地사천제지

집해 정현이 말했다. "사물을 이루었으니, 공로에 대한 보답이 있다."

鄭玄曰 成物有功報焉

정의 예는 천지와 더불어 절도가 같아서 존비와 상하가 있고, 만물을 생성한 공로에 보답한다.

禮與天地同節 有尊卑上下 報生成萬物之功

⑤ 禮樂예악

집해 정현이 말했다. "사람을 가르치는 것이다."

鄭玄曰 教人者也

정의 명明은 외外와 같다. 성왕이 능히 음악으로 하여금 천지와 더불어 같이 어우러지게 하고 예는 천지와 더불어 절도가 같게 한다. 또 능히 그 예와 악을 나타내고 밝혀 사람을 가르친다.

明猶外也 言聖王能使樂與天地同和 禮與天地同節 又能顯明其禮樂以教人也

⑥ 幽則有鬼神유즉유귀신

집해 정현이 말했다. "천지를 도와 사물을 성취시킨다. 《주역》에서는 '귀신의 정상情狀을 알면 그 성인의 정기를 신神이라고 이르고, 어질고 지혜로운 자의 정기를 귀鬼라고 이른다.'라고 했다."

鄭玄曰 助天地成物者也 易曰知鬼神之情狀 然則聖人精氣謂之神 賢智之精氣謂之鬼也

정의 유幽는 내內이다. 성왕은 또 능히 안으로 귀신을 공경하고 천지를 도와 만물을 생성시킨다.

幽 內也 言聖王又能內敬鬼神 助天地生成萬物

신주 본문의 명明과 유幽는 밝은 세상과 어두운 세상으로, 이 세상과 저 세상을 말한다. 앞의 주석들은 유학자들이 모두 예에 집착해 인간의 본질을 잃은 해석일 따름이다. 또 신神은 죽어 저 세상으로 간 혼령을 말하며, 귀鬼는 저 세상에 가지 못하고 인간 세상으로 돌아온 혼령을 가리킨다.

⑦ 合敬同愛矣합경동애의

정의 예를 행하고 절제를 함께하므로 온 천하에서 모두 공경한다. 악이 함께 어우러지므로 온 천하에서 함께 아낀다는 말이다.

言行禮同節 故四海合敬矣 樂同和 故四海同愛矣

예는 일을 달리하면서도 함께 공경하는 것이고,① 악은 곡조를 달리하면서 함께 아끼는 것이니② 예와 악의 정情은 한가지다. 그러므로 현명한 왕들이 서로 따랐기에③ 일과 때를 아우르고④ 명예와 공로를 함께했다.⑤

禮者 殊事合敬者也① 樂者 異文合愛者也② 禮樂之情同 故明王以相沿也③ 故事與時竝④ 名與功偕⑤

① 殊事合敬者也수사합경자야

정의 존비와 귀천의 분별은 일에 따라 다르다. 베풀어 함께하여 장중하게 공경하면 곧 함께 공경한다.

尊卑貴賤之別 是殊事也 施之同以莊敬 是合敬也

② 異文合愛者也이문합애자야

정의 궁宮과 상商이 섞여 문文을 이루고 일에 따라 변화를 제어하는 것이 이문異文이다. 함께 아끼기를 권하는 것이 합애合愛이다.

宮商錯而成文 隨事而制變 是異文 同以勸愛 是合愛也

③ 禮樂之情同～以相沿也예악지정동～이상연야

집해 정현이 말했다. "연沿은 인술因述과 같다. 은나라는 하夏나라를 따랐고 주周나라는 은殷나라를 따랐다."

鄭玄曰 沿猶因述也 殷因於夏 周因於殷

정의 악의 정은 어울림을 주관하고 예의 정은 공경을 주관한다. 지극한 교화는 곧 같기에 그 지극한 교화의 정으로써는 동일하다. 그러므로 현명한 왕들은 서로 따라서 기술했다.

樂情主和 禮情主敬 致化是同 以其致化情同 故明王相因述也

④ 事與時竝사여시병

집해 정현이 말했다. "일을 일으킴은 그 시기가 있다." 왕숙이 말했다. "그 시기가 있은 연후에 그 사업을 세워 얻는다."

鄭玄曰 擧事在其時也 王肅曰 有其時 然後得立其事

정의 성왕이 하려는 일은 마땅히 시기와 병행해야 한다는 말이다. 이는 요임금과 순임금이 읍하고 사양하는 일에 순화淳化의 시기가 병행하고, 탕왕湯王과 무왕武王이 전쟁하는 일에 요박澆薄(말세의 각박한 세태)의 시기가 병행한 것과 같다. 이 구절은 《예기》에서 밝혔다.

言聖王所爲之事與所當之時竝行也 若堯舜揖讓之事與淳和之時竝行 湯武干戈之事與澆薄之時竝行 此句明禮也

⑤ 名與功偕명여공해

집해 정현이 말했다. "명성이 되는 것은 그 공로에 달려 있다. 해偕는 '함께'와 같다." 왕숙이 말했다. "공로가 있은 연후에 그 명성을 얻는다."

鄭玄曰 爲名在(於)其功也 偕猶俱也 王肅曰 有功 然後得受其名

정의 명名은 음악의 명칭이다. 해偕는 '함께'이다. 공은 읍양과 전쟁의 공이다. 성왕이 음악 명칭을 제정했는데, 세운 공과 함께 만들었다. 이는 요임금과 순임금의 음악의 명칭이 함지咸池와 대소大韶이고, 탕왕이나 무왕의 음악 명칭이 대호大濩와 대무大武임과 같다.

名謂樂名也 偕 俱也 功者 揖讓干戈之功也 聖王制樂之名 與所建之功俱作也 若堯舜樂名 咸池大韶 湯武樂名 大濩大武也

> 옛날에는 종과 북과 관악기와 경쇠와 깃과 피리와 방패와 도끼가 음악의 기구이고,① 몸을 굽히고 펴며 굽어보고 우러러보는 일과 멈춰 서고 움직여 돌며 몸을 느리게 움직이거나 빠르게 놀리는 일이② 음악의 꾸밈이었다.③ (제사에) 쓰는 보簠와 궤簋와 조俎와 두豆, 제도와 문장은 예의 기구이고, 위아래로 오르고 내리는 것이나 여러 규정이나 옷을 입는 방법 등은④ 예의 꾸밈이었다.
>
> 故鍾鼓管磬羽籥干戚 樂之器也① 詘信俯仰級兆舒疾② 樂之文也③ 簠簋俎豆制度文章 禮之器也 升降上下周旋裼襲④ 禮之文也

① 故鍾鼓～樂之器也고종고～악지기야

정의 이것은 음악의 일을 나열한 것이다. 종과 북의 종류는 악의 기구이며 형질形質이 있다. 그러므로 사事가 된다.

此陳樂事也 鍾鼓之屬是樂之器 有形質 故爲事也

② 詘伸俯仰 級兆舒疾굴신부앙 급조서질

집해 서광이 말했다. "급級은 지금의 《예기》에는 '철綴'로 되어 있다." 내가 살펴보았다. "정현은 '조兆는 그 밖의 영역營域이다.'라고 했다."

徐廣曰 級 今禮作綴 駰案 鄭玄曰 兆其外營域

색은 서광이 말했다. "급級은 지금의 《예기》에 '철綴'로 되어 있다." 철무綴舞는 찬열酇列이다. 또 살펴보니 아랫글에 '기무행급원其舞行及遠'이라고 하고 '급단及短'이라고 한 것이 《예기》에는 모두 '철綴'로 되어 있다. 아마도 이 글자가 이지러지거나 잘못 변화되었을 것이다. 그러므로 이곳에서는 '급級'으로, 또 아래에서는 '급及'이 되었다. 그러나 아울러 글자에 의지해서 읽으면 뜻이 또한 함께 통하며, 옛 기록을 어길까 두렵다.

徐廣曰 級 今禮作綴 綴舞者 酇列也 又按 下文 其舞行及遠 及短 禮皆作綴 蓋是字之殘缺訛變耳 故此爲級而下又爲及也 然竝依字讀 義亦俱通 恐違古記耳

신주 정현의 주석에서 "백성이 살기 힘들면 덕이 박약해져 찬酇은 서로 거리가 멀고 무인舞人이 적다. 백성이 살기가 편안하면 덕이 성대해져 찬은 서로 거리가 가깝다.[民勞則德薄 酇相去遠 舞人少也 民逸則德盛 酇相去近]"라고 했고, 한어대사전에서 이를 풀이하여 "철綴은 찬酇과 같다. 무인이 서 있는 자리를 가리켰는데, 후에 무철舞綴이라고 하여 무악舞樂을 지칭하게 되었다.[綴猶酇 指舞人的站位 後以舞綴 指舞樂]"라고 했다.

③ 樂之文也악지문야

정의 꾸미는 일이다.

文飾之事也

④ 周旋裼襲주선석습

신주 예를 행하는 모습을 말한다. 석裼은 어깨를 드러내는 것이고, 습襲은 겹쳐서 입는 것이다.

> 그러므로 예와 악의 정을 아는 사람이 능히 만들었고,[①] 예와 악의 꾸밈을 아는 사람이 능히 그 뜻을 가르쳤다.[②] 이에 만든 사람을 성聖이라 했고[③] 그 뜻을 가르친 사람을 명明이라고 했으니[④] 명성자明聖者는 예와 악을 만들고 가르친 사람을 말한다.
> 故知禮樂之情者能作[①] 識禮樂之文者能術[②] 作者之謂聖[③] 術者之謂明[④] 明聖者 術作之謂也

① 能作능작

정의 이미 능히 근본을 다해야 변화를 알며 또 능히 진실을 나타내고 거짓을 제거해야 술작述作할 수 있기 때문이다. 그러므로 성聖이라고 말한다.

既能窮本(知末)知變 又能著誠去偽 所以能述作 故謂之聖也

② 能術능술

집해 정현이 말했다. "술述은 그 뜻을 가르치는 것을 말한다."

鄭玄曰 述謂訓其義

정의 앞의 문구 '굴신부앙'은 '승강상하'를 말한다.

謂上文屈伸俯仰 升降上下也

③ 作者之謂聖작자지위성

정의 요, 순, 우, 탕 무리가 이들이다.

堯舜禹湯之屬 是也

④ 述者之謂明술자지위명

정의 자유子游와 자하子夏 무리가 이들이다.

游夏之屬 是也

악은 천지의 조화이고, 예는 천지의 질서이다.① 어우러지기 때문에 만물이 모두 교화되고, 질서가 있기 때문에 만물이 모두 구별된다.② 악은 하늘로 말미암아 만들어졌고, 예는 땅으로 말미암아 제정되었다.③ 지나치게 제정하면 어지러워지고 지나치게 만들면 난폭해진다.④ 그래서 하늘과 땅을 밝게 안 뒤에야 능히 예와 악을 일으킬 수 있다.⑤

樂者 天地之和也 禮者 天地之序也① 和 故百物皆化 序 故群物皆別② 樂由天作 禮以地制③ 過制則亂 過作則暴④ 明於天地 然後能興禮樂也⑤

① 樂者～天地之序也악자～천지지서야

정의 이것은 '악론樂論' 제4단이고, 예와 악의 정情을 말한 것이다. 악은 천지의 기를 본받은 것이다. 그러므로 천지의 어울림이라고 일렀다. 예는 천지의 형상을 본받은 것이다. 그러므로 천지의 질서라고 일렀다. 예와 악은 천지로부터 왔다. 왕들은 반드시 천지에 밝은 연후에 능히 예와 악을 일으키는 것이다.

此樂論第四段也 謂禮樂之情也 樂法天地之氣 故云天地之和 禮法天地之形 故云天地之序 禮樂從天地而來 王者必明於天地 然後能興起禮樂也

② 和～故群物皆別화～고군물개별

집해 정현이 말했다. "화化는 '태어남'과 같다. 별別은 형체가 다른 것을 이른다."

鄭玄曰 化猶生也 別謂形體異

③ 樂由～禮以地制악유～예이지제

집해 정현이 말했다. "천지를 본받은 것을 말한다."

鄭玄曰 言法天地

정의 하늘은 화기和氣를 사용해 사물을 변화시키고 만물은 기를 따라 변화하니. 곧 하늘로 말미암아 (악이) 만들어진다. 땅에는 높고 낮은 구분이 있어 만물이 생기고 예에는 품절品節과 수문殊文이 있으니, 곧 땅에 말미암아 (예를) 제정한다.

天用和氣化物 物從氣化 是由天作也 地有高下區分以生萬物 禮有品節殊文 是由地制也

④ 過制則亂 過作則暴과제즉란 과작즉폭

집해 정현이 말했다. "과過는 '잘못'과 같다. 폭暴은 문과 무의 뜻을 잃은 것이다."

鄭玄曰 過猶誤也 暴 失文武意也

⑤ 能興禮樂也능흥례악야

정의 예와 악은 이미 그르치는 것이 불가하므로 모름지기 천지에 밝은 자만이 제작할 수 있다.

禮樂既不可誤 故須明天地者乃可制作也

> 도리를 말하고 근심을 없애는 것이 악의 정情이고,[1] 기뻐하고 친밀하게 하는 것이 악의 관官이다.[2] 곧고 올바르며 사특함을 없애는 것이 예의 질質이고,[3] 장중하게 공경하고 공손하게 따르게 하는 것이 예의 제制이다.[4]
> 대체로 예와 악에 금석을 사용하여 성음을 조절해서 종묘사직과 산천의 귀신을 섬기는 데에 쓴다면 이 때문에 백성과 함께하게 될 것이다.[5]
> 論倫無患 樂之情也[1] 欣喜驩愛 樂之(容)〔官〕也[2] 中正無邪 禮之質也[3] 莊敬恭順 禮之制也[4] 若夫禮樂之施於金石 越於聲音 用於宗廟社稷 事于山川鬼神 則此所以與民同也[5]

① 論倫無患樂之情也논륜무환악지정야

집해 왕숙이 말했다. "능히 도道의 이론에 합해지고 윤리에 알맞게 되어 근심이 없는 것을 말한다."

王肅曰 言能合道論 中倫理而無患也

정의 이미 이르기를 오직 성인만이 예와 악의 정을 안다고 했는데, 이 아래에서는 다시 그 상황이 동일하지 않음을 설명했다. 윤倫은 '끼리끼리'이다. 하탕이 말했다. "음악은 사물이 무리의 차례를 얻어 해로움이 없게 한다. 이것이 음악의 정이다."

既云唯聖人識禮樂之情 此以下更說其情狀不同也 倫 類也 賀瑒云 樂使物得類序而無害 是樂之情也

② 欣喜歡愛 樂之官也흔희환애 악지관야

정의 관官은 '일'과 같다. 하탕이 말했다. "팔음이 지극히 어울려 사물로 하여금 기쁘게 하는데, 이것이 악이 하는 일의 자취이다."

(容)〔官〕猶事也 賀瑒云 八音克諧使物欣喜 此樂之事迹也

③ 中正無邪 禮之質也중정무사 예지질야

집해 정현이 말했다. "질質은 '바탕'과 같다."

鄭玄曰 質猶本

정의 예의 정을 밝힌 것이다. 질質은 바탕이다. 예는 마음속에서 곧고 올발라서 삿되고 편벽함이 없는데, 이것이 예의 바탕이다.

明禮情也 質 本也 禮以(心內)〔內心〕中正 無有邪僻 是禮之本

④ 莊敬恭順 禮之制也장경공순 예지제야

정의 예의 정情에 관한 일을 밝혔다. 용모가 장중하고 공경스러워 겸허하게 공손하며 삼가 조심하니, 이것이 예의 절제라고 말한다.

明禮情之事也 謂容貌莊敬 謙恭謹愼 是禮之節制也

⑤ 與民同也여민동야

집해 왕숙이 말했다. "천자로부터 백성에 이르기까지 모두가 예의 공경과 음악의 화락을 귀하게 여겨서 귀신과 선조를 섬기는 것이다."

王肅曰 自天子至民人 皆貴禮之敬 樂之和 以事鬼神先祖也

정의 네 가지를 제사에 베풀어 사용하는데 시대에 따라 달랐다며 이전 왕들이 오로지하지 않았다고 말한 것이다. 그래서 또 이르기를 "곧 이 때문에 백성과 함께한다."라고 했다. 이는 시대에 따라야 한다는 말이다.

言四者施用祭祀 隨世而異 則前王所不專 故又云則此所以與民同 言隨世也

제四장

악과 예는 서로 따른다

왕은 공이 이루어지면 악을 만들고 정치가 안정되면 예를 제정했다.① 공을 크게 이루면 그 악이 완비되었고, 치적이 두루 미치면 그 예가 구비되었다.② 간척의 춤도 (무武에 치우쳐) 악을 완전히 갖춘 것이 아니며,③ (희생물을) 삶고 익혀서 제사지내는 것을 예라고 하는 것도 아니다.④ 오제五帝는 시대가 달라 전대前代의 악을 계승하지 않았고, 삼왕三王도 시세가 달랐으므로 전대의 예를 답습하지 않았다.⑤

王者功成作樂 治定制禮① 其功大者其樂備 其治辨者其禮具② 干戚之舞 非備樂也③ 亨孰而祀 非達禮也④ 五帝殊時 不相沿樂 三王異世 不相襲禮⑤

① 王者功成作樂 治定制禮 왕자공성작악 치정제례

집해 정현이 말했다. "공이 이루어지고 다스림이 안정되는 것은 때를 같이하는데, 공은 왕업을 주로 하고 다스림은 백성을 가르치는 것을 주로 한다."

鄭玄曰 功成治定同時耳 功主于王業 治主于教民

정의 이 제3장의 명칭은 악례장樂禮章이다. 현명한 왕이 (백성을) 다스리기 위해 예를 제정하고 악을 만든 것을 말했으므로 '악례장'이라고 이름했다. 그 안에는 세 단계가 있다. 1단계는 예와 악이 가지런하면 그것이 사용되어 반드시 응대하게 됨을 밝혔다. 2단계는 예와 악이 천지의 일을 본받았음을 밝혔다. 3단계는 천지가 예와 악에 감응함을 밝혔다.

此第三章名樂禮章 言明王爲治 制禮作樂 故名樂禮章 其中有三段 一明禮樂齊其用必對 二明禮樂法天地之事 三明天地應禮樂也

② 其功大者～其禮具기공대자～기례구

집해 서광이 말했다. "변辨은 다른 판본에는 '별別'로 되어 있다." 내가 살펴보았다. "정현은 '변辨은 편徧이다.'라고 했다."

徐廣曰 辨 一作別 駰案 鄭玄曰 辨 徧也

정의 辨은 발음이 '편[皮勉反]'이며 또 '변[邊練反]'으로도 발음한다. 대저 예와 악은 반드시 공과 다스림에 말미암고 크고 작음이 있기에, 예와 악은 그에 응하여 넓거나 좁아진다. 마치 상고시대의 백성들은 순박해 교화하기 쉬웠기 때문에 왕은, 공로와 다스림이 널리 미쳐서 이로써 예와 악이 갖추어졌다. 그러나 은나라와 주나라 백성은 순박하지 않아 교화하기 어려웠기 때문에 왕의 공로와 다스림이 좁아져서 예와 악이 또한 갖추어지지 못한 것과 같다.

辨 皮勉反 又邊練反 夫禮樂必由功治〔功治〕有小大 故禮樂應之而廣狹也 若上世民淳易化 故王者功治廣徧 是以禮樂備也 而殷周民澆難化 故王者功治褊狹則禮樂亦不具

③ 干戚之舞 非備樂也간척지무 비비악야

집해 정현이 말했다. "음악이 문덕文德으로써 갖추어지면 함지咸池(요임금의 음악)와 같게 된다."

鄭玄曰 樂以文德爲備 若咸池也

정의 악이 갖추어지지 않음을 드러낸 것이다. 간척干戚은 무武의 춤이다. 음악은 문덕으로써 갖추어야 하므로 주사朱絲와 소활疏越을 쓴다. 간척의 춤이기에, 악을 갖춘 것이 아니라는 것이다.

證樂不備也 干戚(周)武〔舞〕也 樂以文德爲備 故用朱絲疏越 干戚之舞 故非備樂也

④ 亨孰而祀 非達禮也팽숙이사 비달례야

집해 정현이 말했다. "달達은 구具와 같다. 지극한 공경은 좋은 맛만 향유하지 않고 역한 냄새도 귀하게 여긴다."

鄭玄曰 達猶具也 至敬不饗味而貴氣臭

정의 예가 갖추어지지 않은 것을 풀이했다. 날생선과 물을 올린 것은 옛날을 본떠 정성을 드러낸 것일 뿐, 향내나 익힌 맛에 있지 않았다. 이것(삶고 익혀서 제사지내는 것)은 곧 경박해진 세상에서 하는 것으로 예에 도달한 것이 아니라는 것이다.

解禮不具也 謂腥俎玄尊 表誠象古而已 不在芬苾孰味 是乃澆世爲之 非達禮也

⑤ 五帝殊時～不相襲禮오제수시～불상습례

집해 정현이 말했다. "그 덜어내고 더함이 있다는 말이다."

鄭玄曰 言其有損益

정의 유위지가 말했다. "악은 오제에서 일어났고, 예는 삼왕에서 이루어졌다. 악의 홍함은 제왕의 공로이고, 예는 세상의 바탕과 꾸밈을 따른 것이다." 최영은이 말했다. "오제는 두텁고 얇은 것이 동일하지 않았다. 그러므로 서로 따라서 악으로 삼지 않았다. 삼왕은 꾸밈과 바탕이 동등하지 않았다. 그러므로 서로 이어 예로 삼지 않았다."

庾蔚之云 樂興於五帝 禮成於三王 樂興王者之功 禮隨世之質文 崔靈恩云 五帝淳澆不同 故不得相沿爲樂 三王文質之不等 故不得相襲爲禮

신주 오제五帝는 황제, 제전욱, 제곡, 제요, 제순을 뜻하고, 삼왕三王은 하, 상, 주의 시조로서 하夏의 대우大禹, 상商의 탕왕湯王, 주周의 무왕武王과 문왕文王의 합칭이다. 삼왕에 요순堯舜을 더해 이제삼왕二帝三王이라고 한다.

악이 극도에 이르면 근심이 생기고 예가 거칠어지면 치우친다.[①] 대저 악을 두텁게 하면[②] 근심이 없고, 예가 갖추어지면 치우치지 않으니 그 오직 위대한 성인만 할 수 있다. 하늘은 높고 땅은 낮으며, 만물은 각기 구별되어 예제가 행해져[③] 흐름이 끊이지 않는다면 함께하고 변화하여 악이 발홍하게 된다.[④]

樂極則憂 禮粗則偏矣[①] 及夫敦[②]樂 而無憂 禮備而不偏者 其唯大聖乎 天高地下 萬物散殊 而禮制行也[③] 流而不息 合同而化 而樂興也[④]

① 樂極則憂 禮粗則偏矣 악극즉우 예조즉편의

집해 정현이 말했다. "악은 사람들이 좋아하는 것이지만 음란이 지나치면 해롭다. 예는 사람들이 힘쓰는 것이지만 게으르고 생략하면 해롭다."

鄭玄曰 樂 人之所好也 害在淫侉 禮 人之所勤 害在倦略

② 敦돈

집해 정현이 말했다. "돈敦은 두터움이다."

鄭玄曰 敦 厚也

③ 天高地下 萬物散殊 而禮制行也천고지하 만물산수 이례제행야

집해 정현이 말했다. "예는 다름을 위한 것이다."

鄭玄曰 禮爲異

정의 하늘은 위에서 높고 땅은 아래에서 낮아 만물이 펴지고 흩어져 그 안에서 다르게 분별하고, 대성인大聖人이 예를 제정해 존비尊卑를 달리 분별하므로 많고 큰 것들이 행해진다. 그러므로 "예가 행동을 제재한다."라고 일렀다. 예는 절제節制를 뜻으로 삼는다. 그러므로 '예제禮制'라고 일렀다.

天高於上 地卑於下 萬物布散殊別於其中 而大聖制禮 別異尊卑 是衆大而行 故云禮制行矣 禮以節制爲義 故云禮制

④ 流而不息 合同而化 而樂興也유이불식 합동이화 이악흥야

집해 정현이 말했다. "악은 함께하는 것이다."

鄭玄曰 樂爲同

정의 천지의 두 기운이 흘러 쉬지 않고 운행해서 기운을 합해 함께하여 변화시켜 만물을 낳는다. 대성인이 악을 만들어 인심을 합해 같이하니, 이로써 천지를 본떠 일으키는 것이다. 그러므로 악이 발흥한다고 말했다.

天地二氣 流行不息 合同氛氳 化生萬物 而大聖作樂 合同人心 是以象天地而起 故云樂興也

봄에 경작하고 여름에 자라는 것은 인仁이요, 가을에 거두고 겨울에 갈무리하는 것은 의義다. 인은 악에 가깝고 의는 예에 가깝다.[1] 악은 돈독히 화합하여 신神을 이끌어 하늘에 순종하게 하고,[2] 예는 마땅한 것을 분별해 귀鬼에 깃들어 땅에 순종하게 한다.[3] 그러므로 성인聖人은 악을 만들어 하늘에 순응하고 예를 만들어 땅에 맞추었다. 예와 악이 분명히 갖추어지면 천지가 적절함을 얻는다.[4]
春作夏長 仁也 秋斂冬藏 義也 仁近於樂 義近於禮[1] 樂者敦和 率神而從天[2] 禮者辨宜 居鬼而從地[3] 故聖人作樂以應天 作禮以配地 禮樂明備 天地官矣[4]

① 春作夏長～義近於禮춘작하장～의근어례

집해 정현이 말했다. "악은 양陽을 본받아 생기고 예는 음陰을 본받아 이루어진다는 말이다."

鄭玄曰 言樂法陽而生 禮法陰而成

정의 近은 '근[其靳反]'으로 발음한다. 봄과 여름에는 만물이 태어나 자란다. 그러므로 인애仁愛가 된다. 악은 온갖 성性을 화락시키는 것을 주관한다. 그러므로 인仁은 악에 가깝다. 가을에는 시들어서 거두고 겨울에는 숨기고 감춘다. 아울러 곧 의義는 끊고 나누는 것을 주관하고 예는 절도의 한계가 된다. 그러므로 의는 예에 가깝다.

近 其斬反 春夏生長萬物 故爲仁愛 樂主陶和萬性 故仁近於樂也 秋則殺斂 冬則蟄藏 竝是義主斷割 禮爲節限 故義近於禮也

② 樂者敦和 率神而從天 악자돈화 솔신이종천

[집해] 정현이 말했다. "돈화敦和는 악이 함께함으로써 귀해진다."

鄭玄曰 敦和 樂貴同

[정의] 이것은 인仁이 악에 가깝다는 뜻으로 해석한 것이다. 악이 체體가 되어 돈후하게 화동하면 이로 인해 성인이 신기神氣를 따라 하늘에 순종한다는 말이다.

此釋仁近樂之義 言樂之爲體 敦厚和同 因循聖人之神氣而從順於天

③ 禮者辨宜 居鬼而從地 예자변의 거귀이종지

[집해] 정현이 말했다. "변의辨宜는 예가 '다름'을 숭상한다는 것이다." 손염이 말했다. "거귀居鬼는 성품이 인귀人鬼의 뜻에 깃든다는 말이다."

鄭玄曰 別宜 禮尙異也 孫炎曰 居鬼 品處人鬼之志

[정의] 이것은 의義가 예에 가까운 이유라고 해석한 것이다. 거귀居鬼는 순신循神과 같다. 귀鬼는 선현先賢을 말한다. 예의 체體가 되는 것은 존비尊卑를 분별하는 것으로 각각 그 마땅함이 있다. 선현의 귀기鬼氣가 깃든 곳을 따라 땅에 순종하고 예의 분수를 분별한다.

此解義近禮之由 居鬼猶循神也 鬼謂先賢也 禮之爲體 尊卑殊別 各有其宜 因居先賢鬼氣而從順於地 分別禮分

[신주] 앞서 신神과 귀鬼에 대해 살펴보았다. 저 세상 하늘에 오른 신神처럼 하늘에 순종하고 이 세상 땅으로 돌아온 귀鬼처럼 땅에 순종한다는

말이다.

④ 天地官矣 천지관의

집해 정현이 말했다. "각각이 그의 일을 얻은 것이다." 왕숙이 말했다. "각각이 그의 자리를 얻은 것이다."

鄭玄曰 各得其事也 王肅曰 各得其位也

하늘은 높고 땅은 낮은 것처럼 임금과 신하의 지위도 정해진 것이다.① 높고 낮음이 이슥고 진열되니 존귀하고 비천함이 자리를 잡았다.② 움직임과 고요함에 일정한 법칙이 있으니 크고 작은 차이가 생겼다.③ 사방에서 동류同類가 모이고 만물에서 무리를 분별하니 이는 성性과 명命이 같지 않기 때문이다.④ 하늘에 있는 것은 천체가 형상을 이루었고 땅에 있는 것은 사물이 형태를 이루었다.⑤ 이와 같이 예는 곧 천지를 구별함과 같은 것이다.⑥

天尊地卑 君臣定矣① 高卑已陳 貴賤位矣② 動靜有常 小大殊矣③ 方以類聚 物以群分 則性命不同矣④ 在天成象 在地成形⑤ 如此則禮者天地之別也⑥

① 天尊地卑 君臣定矣 천존지비 군신정의

정의 이것은 악례장樂禮章 제2단이며 예와 악이 천지의 일을 본받았음을 밝혔다. 군주는 위에 있어서 높고 신하는 아래에 있어서 낮으며, 이것은 천지가 정한 것을 본떴다는 말이다.

此樂禮章第二段也 明禮樂法天地事也 言君尊於上 臣卑於下 是象天地定矣

② 高卑已陳 貴賤位矣 고비이진 귀천위의

집해 정현이 말했다. "높고 낮음은 산과 못을 말한다. 위의位矣라 함은 존비의 자리가 산과 못을 본뜬 것이다."

鄭玄曰 高卑謂山澤也 位矣 尊卑之位象山澤

③ 動靜有常 小大殊矣 동정유상 소대수의

집해 정현이 말했다. "고요함과 움직임은 음양陰陽의 쓰임새다. 크고 작은 것은 만물이다. 크게는 항상 존재하지만 작게는 음양을 따라서 들고 난다."

鄭玄曰 動靜 陰陽用事也 小大 萬物也 大者常存 小者隨陰陽出入

④ 方以類聚 物以群分 則性命不同矣 방이류취 물이군분 즉성명부동의

집해 정현이 말했다. "방方은 벌레가 기어가는 것이고, 물物은 번식해 자라는 것을 이른다. 성性은 삶을 말한다. 명命은 삶의 길고 짧음이다."

鄭玄曰 方謂行蟲 物謂殖生者 性之言生也 命 生之長短

정의 성性은 생生이다. 만물이 각각 기호嗜好가 있어 이를 성性이라고 이른다. 명命은 길고 짧은 것으로 요절과 장수이다. 시조가 되는 사물은 이미 크고 작음의 차이가 있었다. 그러므로 성, 명, 요, 수가 동일하지 않다.

性 生也 萬物各有嗜好謂之性 命者 長短夭壽也 所祖之物既稟大小之殊 故性命夭壽不同也

⑤ 在天成象 在地成形 재천성상 재지성형

집해 정현이 말했다. "상象은 빛나는 천체다. 형形은 형체 모양이다."
鄭玄曰 象 光耀 形 體貌

정의 해, 달, 별의 광채와 풀, 나무, 새, 짐승의 형체 모양을 말한다.
言日月星辰之光耀 草木鳥獸之體貌也

⑥ 天地之別也천지지별야

정의 예의 분별이 이루어진 것이다. 이는 천지가 성聖을 밝혀서 예를 제정해 다르게 구별한 것이니, 곧 천지가 분별한 것이다. 또한 분별하여 마땅히 귀鬼에 깃들어 땅을 따랐다.
結禮之別也 此天地明聖 制禮殊別 是天地之分別也 亦別辨宜居鬼而從地也

땅의 기氣는 위로 올라가고[①] 하늘의 기는 아래로 내려오면서[②] 음과 양이 서로 비비니[③] 천지가 서로 움직인다.[④] 큰 우레가 북처럼 울리고[⑤] 비바람이 휘날리니[⑥] 네 계절이 움직이는데,[⑦] 해와 달로써 따뜻하게 하니[⑧] 만물이 일어나게 된다.[⑨] 이는 곧 악이 천지의 조화와 같은 것이다.[⑩]
地氣上隮[①] 天氣下降[②] 陰陽相摩[③] 天地相蕩[④] 鼓之以靁霆[⑤] 奮之以風雨[⑥] 動之以四時[⑦] 煖之以日月[⑧] 而百(物)化興焉[⑨] 如此則樂者天地之和也[⑩]

① 隮제

집해 정현이 말했다. "제隮는 오르는 것이다."

鄭玄曰 隮 升也

② 天氣下降천기하강

정의 예와 악이 천지의 기를 본받은 것임을 밝힌 것이다. 천지의 두 기가 오르내리면서 화합해 만물을 낳는다. 그러므로 악은 기를 땅에서 본받아 현弦과 노랫소리의 기가 오르내리며 서로 화합해 백성을 가르친다. 그리하여 기는 아래로부터 올라가고 악은 기를 본받는 것에 달려 있기 때문에 땅으로부터 시작하게 된다. 형形은 위를 높이는 것으로, 예는 형을 본받고 있기 때문에 하늘로부터 시작하게 된다.

明禮樂法天地氣也 天地二氣之升降合而生物 故樂以氣法地 弦歌聲氣升降相合 以教民也 然氣從下升(此)〔在〕樂象氣 故從地始也 形以上尊(故)禮象形〔故〕從天始也

③ 陰陽相摩음양상마

정의 두 기가 적절히 부딪혀서 만물이 발생하고, 악을 지어 또한 성聲과 기氣를 서로 부딪히게 하여 백성의 마음에 공경이 생기게 하는 것이다.

二氣切摩而萬物生發 作樂亦令聲氣切摩 使民心生敬也

④ 天地相蕩천지상탕

집해 정현이 말했다. "탕蕩은 움직임이다."

鄭玄曰 蕩 動也

정의 천지의 팔절八節이 휩쓸려 움직이는 것이다. 천지가 사물을 변화시키면 팔절이 다시 서로 감동하니, 악을 지어 또한 팔음八音으로 하여금 서로 감동하게 한다.

天地八節蕩動也 天地化物 八節更相感動 作樂亦令八音相感動也

⑤ 鼓之以雷霆고지이뢰정

정의 만물이 비록 기로써 태어나지만 사물이 피어나지 않는다. 그러므로 우레로 두드려 울리는데, 마치 음악에서 종과 북을 사용해 곡조를 일으키는 것과 같다. 큰 우레를 정霆이라고 한다.

萬物雖以氣生 而物未發 故雷霆以鼓動之 如樂用鍾鼓以發節也 大雷曰霆

⑥ 奮之以風雨분지이풍우

집해 정현이 말했다. "분奮은 재빠른 것이다."

鄭玄曰 奮 迅也

정의 만물은 모두 바람이나 비로 인해 분기한다. 마치 음악이 춤을 사용해 분발해서 그것을 본뜨는 것과 같으니, 인정人情을 발동시킨다.

萬物皆以風雨奮迅而出 如樂用儛奮迅以象之 使發人情也

⑦ 動之以四時동지이사시

정의 만물의 생장이 네 계절을 따라 움직이니, 마치 음악이 각각 뒤좇아 마음속에서 기다리는 바를 연주함과 같다.

萬物生長 隨四時而動 如樂各逐心內所須而奏之

⑧ 煖之以日月훤지이일월

정의 煖은 '훤[喧遠反]'으로 발음한다. 만물의 생김은 반드시 모름지기 해와 달이 따뜻하게 비추어주는 것처럼, 음악은 온자蘊藉가 있어서 사람으로 하여금 베풀어 밝히는 것과 같다. 온자는 노래하여 곧게 말하지 않고 긴 말로 숨을 뱉는 종류이다.

煖音喧遠反 萬物之生 必須日月煖照 如樂有蘊藉 使人宣昭也 蘊藉者 歌不直言而長言嗟歎之屬

⑨ 百物化興焉 백물화흥언

집해 정현이 말했다. "온갖 사물이 변화해 태어나는 것이다."

鄭玄曰 百物化生

⑩ 天地之和也 천지지화야

정의 악으로 어우러진 것이 이루어졌다. 이와 같다면 성인이 음악을 만든 것은 천지의 화동和同을 본받은 것이고, 이에 음악이란 천지의 화和가 된다. 또한 돈화敦和로써 신神을 이끌어 하늘을 따르는 것이다.

結樂之和也 如此則聖人作樂 法天地和同 是樂者天地之和也 亦是敦和率神而從天也

> 변화할 시기가 아니면 태어나지 못하고① 남녀가 구별이 없으면 어지러워지는데,② 이것이 천지의 이치이다.③ 대체로 예와 악은 하늘에 이르고 땅에 퍼지며④ 음陰과 양陽이 행해지고 귀신과 통하니⑤ 해와 달과 별까지 도달하고 산천을 헤아리는 데 이른다.⑥
>
> 化不時則不生① 男女無別則亂登② 此天地之情也③ 及夫禮樂之極乎天而蟠乎地④ 行乎陰陽而通乎鬼神⑤ 窮高極遠而測深厚⑥

① 化不時則不生화불시즉불생

정의 이것은 악례장 제3단이며 천지가 예와 악에 응함을 밝혔다. 앞서 성인이 이미 예와 악을 만들었으니 여기서는 천지가 악에 응함을 밝혔다. 만약 군주가 교화를 실행함에 시기를 놓치면 천지는 악기惡氣에 응해 사물을 훼손한다. 그러므로 '화불시즉불생'이라고 했다.

此樂禮章第三段 明天地應於禮樂也 前聖人既作禮樂 此明天地應樂也 若人主行化失時 天地應以惡氣毀物 故云化不時則不生也

② 亂登난등

집해 정현이 말했다. "등登은 이루어짐이다. 악을 잃으면 사물을 해치고, 예를 잃으면 사람을 어지럽힌다."

鄭玄曰 登 成也 樂失則害物 禮失則亂人

정의 이것은 천지가 예에 응함을 밝혔다. 등登은 이루어짐이다. 만약 군주가 예를 행하는데 남녀가 구별이 없으면, 천지가 응하여 어지럽게 뒤섞여 그처럼 이루어지는 것과 같다.

此明天地應禮也 登 成也 若人君行禮 男女無別 則天地應而錯亂成之也

③ 天地之情也천지지정야

정의 예와 악의 잘잘못을 따라 이루고 그에 응하니, 이것이 천지의 정이다. 그리하여 악은 기가 변화하는 것이므로 "사물을 해친다."라고 일렀고 예는 가르침을 형상한 것이므로 사람을 어지럽힌다는 말이다.

結隨禮樂得失而應之 是天地之情也 然樂是氣化 故云害物 禮是形教 故言亂人也

④ 極乎天而蟠乎地극호천이반호지

집해 정현이 말했다. "극極은 지극함이다. 반蟠은 위委(펴짐)와 같다."

鄭玄曰 極 至也 蟠猶委也

색은 '반盤'으로 발음한다. 추탄생본에는 '파播' 또는 '반蟠'으로 되어 있다.

音盤 鄒誕本作播 亦作蟠

⑤ 行乎陰陽 而通乎鬼神 행호음양 이통호귀신

정의 음과 양이 화합하고 네 계절이 순응해 예와 악에 응하면, 예와 악이 귀신과 나란히 천지를 도와 변화를 이룬다는 말이다.

言陰陽和 四時順 以應禮樂 禮樂與鬼神竝助天地而成化也

⑥ 窮高極遠而測深厚 궁고극원이측심후

집해 정현이 말했다. "고원高遠은 삼신(해, 달, 별)이다. 심후深厚는 산천이다." 예와 악의 도가 위로는 하늘에 이르고 아래로는 땅에 퍼지니, 그 사이에 가지 못할 곳이 없다는 말이다.

鄭玄曰 高遠 三辰也 深厚 山川也 言禮樂之道 上至於天 下委於地 則其間無所不之矣

> 악은 천지가 처음 형성될 때부터 드러났고[①] 예는 만물을 이루는 자리에 머무른다.[②] 밝게 드러나서 쉬지 않는 것은 하늘이고, 밝게 드러나서 움직이지 않는 것은 땅이며,[③] 한 번 움직이고 한 번 고요한 것은 천지 사이이다.[④] 그래서 성인이 예와 악을 함께 말한 것이다.[⑤]

樂著太始[①]而禮居成物[②] 著不息者天也 著不動者地也[③] 一動一靜者天地之間也[④] 故聖人曰 禮云樂云[⑤]

① 樂著太始악저태시

집해 왕숙이 말했다. "저著는 드러남이다. 명태시明太始는 하늘을 본받았다는 말이다."

王肅曰 著 明也 明太始 謂法天也

색은 저著는 드러남이다. 태시太始는 하늘이다. 악이 능히 태시에 드러났다는 것은 하늘을 본받았다는 말이다.

著 明也 太始 天也 言樂能明太始是法天

② 禮居成物예거성물

집해 성물成物은 땅을 말한다. 거居는 또한 본받는 것이다.

成物謂地也 居亦謂法也

색은 땅은 능히 만물을 이루었으므로 성물成物은 땅이라는 말이다. 거居는 또한 본받는 것이며 예는 땅을 본받는다는 말이다.

言地能成萬物 故成物謂地也 居亦法也 言禮法地也

정의 저著는 '처處'와 같다. 하늘은 만물의 시초가 되므로 태시太始라고 했다. 하늘이 푸르면 기가 변화하고 악도 기가 변화한다. 그러므로 태시에 처한다고 일렀다. 성물成物은 땅이고 체반體盤은 얇고 길어 만물을 이룬다. 땅에 달려 있는 것은 형체를 이루니, 예 또한 가르침을 형성한다. 그러므로 '거성居成'이라고도 일렀다. 땅은 낮기 때문에 '거居'라고 했고 하늘은 높기 때문에 '저著'라고 했다.

著猶處也 天爲萬物之始 故曰太始 天蒼而氣化 樂亦氣化 故云處太始也 成物地也 體盤薄長成萬物也 在地成形 禮亦形教 故云居成也 地卑 故曰居 天高 故曰著也

③ 著不息者天也 著不動者地也저불식자천야 저부동자지야

집해 정현이 말했다. "저著는 드러남과 같다. 식息은 쉼을 말한다."

鄭玄曰 著猶明白也 息謂休止也

색은 저著는 드러남을 말한다. 생겨서 운행하는 것을 드러내고 쉬지 않는 것은 하늘의 공이다. 그러므로《주역》〈건괘乾卦〉에 "하늘의 운행이 건실하니 군자는 스스로 굳세어져 쉬지 않는다."라고 했다. 만물을 길러 드러내 움직이지 않는 것은 땅의 덕이다. 그러므로《주역》〈곤괘坤卦〉에 "바른 곳에 안주하면 길하다."라고 했다.

著謂(著)明白〔著〕運生不息者 天之功也 故易乾卦云 天行健 君子以自強不息是 著養萬物不動者 地之德也 故易坤卦云 安貞吉是也

정의 이것은 예와 악이 천지와 짝하는 것을 아름답게 여긴 것이다. 저著는 또한 처處이다. 음악의 기氣가 변화하여 생겨서 운행하는 것을 드러내고 쉬지 않으니 하늘과 짝하고, 예가 제정되어 존비의 위치가 정해지고 만물을 양성해 이동하지 않으니 땅과 짝한다는 말이다.

此美禮樂配天地也 著亦處也 言樂氣化 處運生不息者 配天也 禮制尊卑定位成養萬物 處不移動者 配地也

④ 一動一靜者 天地之間也일동일정자 천지지간야

집해 정현이 말했다. "간間은 온갖 사물을 이른다."

鄭玄曰 間謂百物也

정의 이는 아름다운 예와 악이 만약 나뉘면 천지와 짝하고, 만약 합하면 곧 온갖 사물과 하나로 가지런해진다는 것이다. 온갖 사물은 하늘이 움직이고 땅이 고요한 것을 받아서 태어났다. 그러므로 온갖 사물을 '천지의 사이'라고 부른다.

此美禮樂若分則配天地 若合則與百物齊一也 (靜動而生)百物稟天動地靜而生 故呼百物爲天地之間也

⑤ 聖人曰 禮云樂云성인왈 예운악운

집해 정현이 말했다. "예와 악이 천지를 본받았다는 말이다."

鄭玄曰 言禮樂之法天地也

정의 성인聖人을 인용해 이 장을 증명했다. '성인'이라고 하여 이 1장에서 예와 악은 천지를 본받았음을 밝혔다. 그러므로 "성인왈 예운악운"이라고 했다. 악은 움직이고 예는 고요하니 그 나란한 쓰임새가 마치 천지 사이에서 사물이 움직이고 고요한 것과 같다는 말이다.

引聖證此章也 言聖人云 明此一章是禮樂法天地也 故言聖人曰 禮云樂云 樂動禮靜 其竝用事 如天地間物有動靜也

제五장

제왕이 악을 베풀다

옛날 순임금이 오현금을 만들어 〈남풍南風〉① 을 노래했고, 기夔② 가 처음 악곡樂曲을 만들어 제후의 공적을 찬양했다. 천자가 음악을 만든 까닭은 유덕한 제후에게 상을 주기 위해서였다. 덕이 성대하고 가르침이 높으며, 오곡이 때맞추어 잘 익었다면, 그런 뒤에 음악으로써 상을 내렸다.③ 이런 연고로 백성을 고생스럽게 다스린 자에게는 무인舞人들의 줄 간격을 멀게 했고,④ 백성을 편안하게 다스린 자에게는 무인들의 줄 간격을 가깝게 했다.⑤ 그래서 춤추는 행렬을 보면 그의 덕을 알았으며,⑥ 시호諡號를 들으면 그의 행적을 알았다.⑦

昔者舜作五弦之琴 以歌南風① 夔②始作樂 以賞諸侯 故天子之爲樂也 以賞諸侯之有德者也 德盛而敎尊 五穀時孰 然後賞之以樂③ 故其治民勞者 其舞行級遠④ 其治民佚者 其舞行級短⑤ 故觀其舞而知其德⑥ 聞其諡而知其行⑦

① 南風남풍

집해 정현이 말했다. "남풍은 키우고 기르는 바람이며 부모가 자신을 키우고 기른다는 말이다. 그 가사는 듣지 못했다." 왕숙이 말했다. "남풍은 백성을 기르는 시이다. 그 가사는 '남풍의 훈훈함이여, 우리 백성의 불평을 풀어주리라.'이다."

鄭玄曰 南風 長養之風也 言父母之長養己也 其辭未聞也 王肅曰 南風 育養民之詩也 其辭曰 南風之薰兮 可以解吾民之慍兮

색은 이 시의 가사는《시자》와《공자가어》에서 나왔다.

此詩之辭出尸子及家語

정의 이것은 제4장으로 '악시樂施'로 이름하고, 예와 악이 앞에서 갖춰지고 뒤에서 천하에 베풀어 펴지는 것을 밝혔다. 안에는 세 단계가 있는데, 1단계는 악을 베풀어 제후에게 주는 것을 밝혔다. 2단계는 악을 베풀 때 계절을 기다렸다가 주는데, 마땅한 계절의 이유를 밝혔다. 3단계는 예와 악이 베푼 바가 각각 근본적인 뜻과 덕이 있음을 밝혔다.

《세본》에서는 신농씨神農氏가 금琴을 만들었다고 했다. 지금 순임금이 만들었다고 이른 것은 순임금이 처음으로 만들었다는 말이 아니라, 다섯 줄로 금을 고쳐 사용해 특별히 〈남풍〉 시를 노래한 것이 순임금으로부터 처음 시작되었다는 말이다. 오현五弦에는 문文과 무武 두 줄은 없고 오직 궁, 상, 각, 치, 우 다섯 줄만 있다. 〈남풍〉은 효자의 시이다. 남풍은 만물을 기르고 효자가 그것을 노래함으로써 부모가 오래 살게 되어, 만물이 남풍을 얻은 것과 같아졌다는 말이다. 순임금은 효행이 있었다. 그러므로 오현금으로 〈남풍〉 시를 노래해 천하에 효의 이치를 가르쳤다.

此第四章名樂施 明禮樂前備後施布天下也 中有三段 一明施樂以賜諸侯也 二明施樂須節 既賜之 所以宜節也 三明禮樂所施 各有本意本德 世本神農作琴

今云舜作者 非謂舜始造也 改用五弦琴 特歌南風詩 始自舜也 五弦者 無文武二弦 唯宮商角徵羽之五弦也 南風是孝子之詩也 南風養萬物而孝子歌之 言得父母生長 如萬物得南風也 舜有孝行 故以五弦之琴歌南風詩 以教理天下之孝也

② 夔기

집해 정현이 말했다. "기夔는 순임금이 천하의 군주들과 더불어 이 음악을 같이하기를 원했다."

鄭玄曰 夔欲舜與天下之君共此樂

신주 기夔는 다리가 하나뿐인 짐승을 뜻한다. 《산해경》 〈대황경〉에서 "동해 바다 유파산流波山에 사는데, 바다로 700리를 들어가면 그 위에 짐승이 있다. 생김새는 소와 같고, 온몸이 푸른색이다. 뿔은 없고 다리가 하나뿐인데, 물에 들어가고 나올 때 반드시 비바람이 인다. 그 빛은 해와 달과 같고, 그 소리는 우레와 같은데 그 이름이 기이다. 황제가 이를 얻어 그 가죽으로 북을 만들고 우레짐승의 뼈로 북채를 만들었는데, 그 소리가 500리를 가서 그 위세가 천하에 퍼졌다."라고 했다.

그러나 《사기》 〈악서〉에서 말하는 기는 음악을 맡은 신하이다. 《한비자》 〈외저설좌 하〉에서는 애공哀公이 공자에게 "나는 기가 발이 하나라고 들었는데, 믿을 만합니까?"라고 묻자 공자는 "기는 사람입니다. 어찌 발이 하나이겠습니까. 그는 사람과 다르지 않습니다. 그러나 오직 홀로 소리에 정통했습니다. 요임금이 말하기를 '기 한 명이면 족하니 악정樂正으로 삼을 것이다.'라고 했습니다. 그래서 군자가 말하기를 '기는 한 사람이면 족하다.'라고 말한 것이지 발이 하나라는 뜻이 아닙니다."라고 말했다.

③ 德盛而教尊～然後賞之以樂덕성이교존～연후상지이악

정의 그 합당한 상을 나열했다. 만약 제후가 효도의 덕이 밝고 성대하며 가르침이 높고 명령이 엄하며, 해마다 곡식이 풍성하게 익었다면, 그런 연고로 천자가 음악을 상으로 주어서 천하에서 따라서 이를 본받게 했다.

陳其合賞也 若諸侯孝德明盛 教令尊嚴 年穀豐稔 故天子賞樂也 天下因而法之也

④ 治民勞者 其舞行級遠치민로자 기무항급원

정의 行은 '항[胡郎反]'으로 발음하고 級은 '쥐[子衛反]'로 발음한다. 본本은 어떤 본에는 '철綴'로 되어 있고 발음은 동일하다. 이것은 비록 음악을 하사받았더라도 공덕의 우열에 따라 춤추는 자리의 행렬을 밝힌 것이다. 철綴은 찬열纘列(줄과 열)을 이른다. 만약 제후가 백성을 괴롭게 다스릴 경우 군주의 박덕함으로 말미암아 왕이 음악으로써 상을 줄 때 춤추는 사람을 줄이면 가득 차지가 않아 줄의 간격이 멀어지는 것이다.

行音胡郎反 級音子衛反 本 或作綴 音同 此明雖得樂賜 而隨功德優劣(也)〔爲〕舞位行列也 綴謂纘列也 若諸侯治民勞苦 由君德薄 王賞之以樂 則舞人少 不滿 將去纘疏遠也

⑤ 治民佚者 其舞行級短치민일자 기무항급단

집해 왕숙이 말했다. "멀리함은 백성이 행하는 고생을 상징하고, 가까이함은 백성이 행하는 편안을 상징한다."

王肅曰 遠以象民行之勞 近以象民行之逸

정의 佚 발음은 '일逸'이다. 만약 제후가 백성들을 한가하고 편안하게 다스려, 그 군주의 성대한 덕으로 인하여 왕이 상으로 무인을 많이 주어

가득 차게 한다면, 이것은 장차 줄을 제거해서('늘려서'를 잘못한 듯함) 더욱 가깝게 하려는 것이다. 유위지가 말했다. "이것은 우虞(순)와 하夏나라의 예이다. 우虞는 순淳과 같다. 그러므로 공에 따라 음악을 하사했다. 은나라와 주나라는 점점 삭막해져 쉽게 분노하고 원망하며 오히려 우열이 있는 것이 마땅하지 않아, 이 때문에 제도를 같이하여 제후는 육일六佾이었다. 그러므로《주례》와 동일하지 않다."

佚音逸 言若諸侯治民暇逸 由君德盛 王賞舞人多 則滿 將去纘促近也 庾蔚之云 此爲虞夏禮也 虞猶淳 故可隨功賜樂 殷周漸澆 易生忿怨 不宜猶有優劣 是以同制 諸侯六佾 故與周禮不同也

신주 육일六佾은 가로세로 여섯 명, 도합 서른여섯 명이 추는 춤을 뜻한다.《논어》〈팔일〉에서 공자가 계씨季氏에게 "팔일무八佾舞를 뜰에서 추었는데, 이를 참을 수 있다면 무슨 일을 참을 수 없으리오."라고 말했다. 가로세로 여덟 명씩 예순네 명이 추는 팔일무는 천자만이 추게 할 수 있는데, 사일무四佾舞를 추어야 할 대부가 팔일무를 춘 것이 참람하다는 뜻이다.《춘추좌전》은공 5년에는 은공이 중중衆仲에게 춤추는 사람의 숫자를 묻자 중중이 "천자는 팔八을 사용하고, 제후는 육六을 사용하고, 대부는 사四를 사용하고, 사士는 이二를 사용합니다."라고 답한 기록이 있다.

⑥ 觀其舞而知其德관기무이지기덕

정의 춤추는 사람의 자리가 많고 적음을 살펴 철綴의 멀고 가까운 것을 제거하면 곧 그 군주의 덕이 얇은지 두터운지를 안다.

觀其儛位人多少 去綴近遠 即知其君德薄厚也

⑦ 聞其諡而知其行문기시이지기행

집해 정현이 말했다. "시호는 행동의 자취이다."

鄭玄曰 諡者行之迹

정의 行은 '행[胡孟反]'으로 발음한다. 군주가 죽으면 그 덕에 따라 시호諡號를 제정한다. 그러므로 시호를 들으면 살아 있을 때의 행동을 안다. 이 한 구절은 그의 춤에 비교한 것이다.

行音胡孟反 制死諡隨君德 故聞死諡則知生行 此一句比擬其舞也

> 대장大章이라는 악곡은 빛난다는 뜻이고①, 함지咸池②라는 악곡은 베푼다는 뜻이다. 소韶③는 계승한다는 뜻이고, 하夏④는 위대하다는 뜻이며, 은나라와 주나라 음악은 다한다는 뜻이다.⑤
>
> 大章 章之也① 咸池② 備也 韶③ 繼也 夏④ 大也 殷周之樂盡也⑤

① 大章 章之也대장 장지야

집해 정현이 말했다. "요임금의 음악명은 요의 덕이 매우 밝다는 말이다."

鄭玄曰 堯樂名 言堯德章明

정의 이미 살아 있을 때는 춤으로 덕을 알고, 죽어서는 시호를 듣고 행적을 안다. 그러므로 죽은 뒤에 음악을 다시 들으면 행사를 풀이해 안다. 대장大章은 요의 악이다. 장章은 명明이다. 백성들은 요임금의 덕이 크게 밝은 것을 즐거워했다. 그러므로 악의 이름을 '대장大章'이라고 했다. 뒷사람이 대장大章을 들으면 요임금이 살아 있을 때 덕이 크게 밝은 것을 안다. 앞의 '장章'은 요임금의 덕이 밝은 것이고, 뒤의 '장章'은 후세에 요임금의 덕을 밝힌 것이다. 《백호통》에서는 "대장大章은 대명大明 천지의 도道이다."라고 했다.

既生時舞則知德 死則聞謚驗行 故更引死後聞樂則知行事解之也 大章 堯樂也 章 明也 民樂堯德大明 故名樂曰大章 後人聞大章則知堯生時德大明 上章是堯德之明 下章是後明於堯德 白虎通云大章 大明天地之道

② 咸池함지

집해 정현이 말했다. "황제가 지은 음악의 이름을 요임금이 더하고 고쳐 사용했다. 함咸은 '모두'이다. 지池는 시施로 덕이 베풀어지지 않음이 없다는 말이다." 왕숙이 말했다. "포용하고 스며들어 변화가 생겨 다 그러해진다. 그러므로 '비備'라고 한다."

鄭玄曰 黃帝所作樂名 堯增脩而用之 咸 皆也 池之言施也 言德之無不施也 王肅曰 包容浸潤行化皆然 故曰備也

③ 韶소

집해 정현이 말했다. "순임금의 음악 이름이다. 능히 요임금의 덕을 계승했다는 말이다."

鄭玄曰 舜樂名 言能繼堯之德

신주 소악韶樂은 순임금의 음악이라는 뜻이다. 소악은 시와 음악과 무용이 하나가 되는 종합고전예술이다. 소韶 음악에 대해서는 《죽서기년》, 《여씨춘추》 〈고악〉, 《사기》 〈효문제본기〉, 《한서》 〈예악지〉 등에 실려 있다. 《논어》 〈술이〉와 《사기》 〈공자세가〉에서는 공자가 제나라에 있을 때 소악을 듣고 석 달 동안 고기맛을 알지 못했다는 내용이 나온다. 《논어》 〈팔일〉에서는, 공자는 순임금의 소악에 대해서는 "극도로 아름답고 또 극도로 선하다.[盡美矣 又盡善也]"라고 평했지만 주나라 무왕의 무악武樂에 대해서는 "극도로 아름답지만 극도로 선하지는 않다.[盡美矣 未盡善也]"라고 평했다. 순임금의 음악은 진선진미盡善盡美하지만 무왕은 자신이 임금으로 섬겼던 은나라 주紂를 죽였기 때문에 극도로 착하지는 않다고 말한 것이다. 옛사람들의 음악에는 정사의 내용이 그대로 담겨 있었다는 뜻이다.

④ 夏하

집해 정현이 말했다. "우임금의 음악 이름이다. 우임금이 요와 순의 덕을 위대하게 한 것을 말한다."

鄭玄曰 禹樂名 言禹能大堯舜之德

신주 사실 하夏는 '크다'는 뜻이다. 후대 유학자들에 의해 고전 본래의 뜻이 많이 왜곡되어 해석된 감이 많다.

⑤ 殷周之樂盡矣은주지악진의

집해 정현이 말했다. "사람의 일을 다했다는 말이다. 《주례》에서는 '은나라는 대호大濩, 주나라는 대무大武라고 했다.'라고 했다."

鄭玄曰 言盡人事也 周禮曰 殷曰大濩 周曰大武

천지의 도는 추위와 더위가 때에 맞지 않으면 질병이 생기고,① 비와 바람이 절기에 맞지 않으면 굶주리게 된다.② 악의 교화는③ 백성에게 추위와 더위 같아서 교화하는 데 시기가 맞지 않으면 세상을 해친다.④ 사업은 백성에게 비바람 같아서 일하는 데 계절을 잃으면 공이 없다.⑤ 그런즉 선왕들이 음악을 만든 것은 잘 다스리는 것을 본받기 위해서이니⑥ 정치를 잘하면 (백성이) 군주의 덕을 본받아 행동하기 때문이다.⑦

天地之道 寒暑不時則疾① 風雨不節則饑② 教③者 民之寒暑也 教不時則傷世④ 事者 民之風雨也 事不節則無功⑤ 然則先王之爲樂也 以法治也⑥ 善則行象德矣⑦

① 天地之道 寒暑不時則疾천지지도 한서불시즉질

정의 이것은 악시장樂施章 제2단이며 음악을 베풀 때 계절을 기다리는 것을 밝혔다. 이미 계절을 기다려야 했으므로 비유를 이끌어 예를 들었다. 추위나 더위는 천지의 기운으로 만약 추위나 더위가 때에 맞지 않으면 백성에게 질병이 많게 된다.

此則樂施章第二段 明施樂須節也 既必須節 故引譬例 寒暑 天地之氣也 若寒暑不時 則民多疾疫也

② 風雨不節則饑풍우부절즉기

정의 풍우는 하늘의 일이다. 바람과 비는 소리의 형상이다. 그런 까닭에 일이 된다. 만약 비바람이 뿌리고 찬바람이 몰아치는데 제때 계절이 아니면 곡식은 줄고 백성은 굶주린다.

風雨 天事也 風雨有聲形 故爲事也 若飄灑凄厲 不有時節 則穀損民饑也

③ 敎교

집해 정현이 말했다. "교敎는 악을 이른다."

鄭玄曰 敎謂樂也

④ 敎不時則傷世교불시즉상세

정의 춥고 더운 것이 때에 맞지 않으면 이미 백성은 질병으로 고통을 받는다. 음악의 가르침이 때를 놓치면 풍속의 교화를 손상한다.

寒暑不時 旣爲民疾苦 樂敎不時 則傷世俗之化也

⑤ 事者～則無功사자～즉무공

정의 바람과 비가 계절에 맞지 않으면 백성은 굶주리고, 예의 일에 알맞지 않으면 다스림에 공로가 없다.

風雨不節 則民饑饉 禮事不節 則治無功也

⑥ 以法治也이법치야

집해 왕숙이 말했다. "음악을 짓는 것은 그 다스림이 행해지는 것을 본받게 하기 위해서이다."

王肅曰 作樂所以法其治行也

⑦ 善則行象德矣선즉행상덕의

집해 왕숙이 말했다. "군주가 선을 행하면 곧 신하도 행하여 모두 군주의 덕이 나타난다."

王肅曰 君行善 即臣下之行皆象君之德

정의 이는 악이 계절을 기다리는 까닭을 넓혔을 뿐이다. 선왕이 음악을 만들고 반드시 다스림을 본받는데, 잘 다스리면 곧 신하의 행함이 모두 군주의 덕으로 나타난다는 말이다.

此廣樂所以須節已 言先王爲樂必以法治 治善則臣下之行皆象君之德也

> 무릇 돼지를 기르고 술을 빚어서 마시는 일은[①] 그것으로 화를 일으키려는 것이 아닌데[②] 옥사와 송사訟事가 더욱 번거롭게 되니 곧 술의 유폐로 생긴 재앙이다.[③]
>
> 이런 까닭으로 선왕들이 주례酒禮를 만들었다. 한 잔의 술을 주고받는 예에도 주인과 손님이 많은 절을 하게 해서[④] 하루 종일 술을 마셔도 취하지 않게 했다. 이는 선왕들이 술로 인한 재앙에 대비했기에 술 마시는 일이 뭉쳐 즐겁게 된 까닭이다.[⑤]
>
> 夫豢豕爲酒[①] 非以爲禍也[②] 而獄訟益煩 則酒之流生禍也[③] 是故先王因爲酒禮 一獻之禮 賓主百拜[④] 終日飮酒而不得醉焉 此先王之所以備酒禍也 故酒食者 所以合歡也[⑤]

① 豢豕爲酒 환시위주

집해 정현이 말했다. "곡식을 개나 돼지에게 먹이는 것이 환豢이다. 위爲는 만드는 것이다."

鄭玄曰 以穀食犬豕曰豢 爲 作也

② 非以爲禍也비이위화야

정의 이것은 예에 절도가 필요하다는 말이다. 환豢은 기르는 것이다. 예전 왕들이 개나 돼지를 기르고 술을 만든 일은 본래 하늘과 땅에 예로써 제사지내기 위해서였다. 빈객을 맞이하고 친족과 화목하며, 어질고 능력 있는 이를 예우하는 것은 진실로 백성들에게 재앙을 만들기 위해서가 아니다.

此言禮須節也 豢 養也 言前王豢犬豕及作酒之事 本以爲禮祀神祇 設賓客 和親族 禮賢能 而實非爲民作禍災也

③ 獄訟益煩～生禍也옥송익번～생화야

집해 정현이 말했다. "소인이 술을 마시면 술잔을 잘 돌려서 옥사와 송사에 이른다."

鄭玄曰 小人飮之善酬 以致獄訟

정의 이것은 예의 일이다. 백성이 술을 마시자는 꼬임을 당하면 다시 절제하는 한도가 없고, 마침내는 술주정에 빠져 다투고 살상함에 이르러 형옥刑獄이 더욱 번거로워진다. 곧 이것은 술이 해로움을 흘려서 그 재앙을 낳는다는 말이다.

此禮事也 言民得豢酒 無復節限 卒至沈酗鬬爭殺傷 而刑獄益生煩多 則是酒之流害生其禍也

④ 一獻之禮 賓主百拜일헌지례 빈주백배

집해 정현이 말했다. "일헌一獻은 사인士人이 술을 마시는 예이다. 백배

百拜는 많음을 비유한 말이다."
鄭玄曰 一獻 士飮酒之禮 百拜 以喻多也

⑤ 所以合歡也소이합환야

정의 이것은 절제의 공을 이룬 것이다. 이미 술의 재앙을 방지했으므로 술을 마셔도 취해 다투지 않고, 특히 뭉쳐 즐거워하는 것이 적당하다.
此結節功也 旣防酒禍 故飮不醉爭 以特合歡適也

악은 덕을 본받고[①] 예는 음란을 막게 한다.[②] 이런 까닭에 선왕들은 상사喪事가 있으면 반드시 예를 지녀 슬퍼하고[③] 큰 복이 있으면 반드시 예로써 즐거워해서[④] 슬퍼하고 즐거워하는 분수는 모두 예로써 마친다.[⑤]
樂者 所以象德也[①] 禮者 所以閉淫也[②] 是故先王有大事 必有禮以哀之[③] 有大福 必有禮以樂之[④] 哀樂之分 皆以禮終[⑤]

① 樂者 所以象德也악자 소이상덕야

정의 이것은 악시장 제3단으로 예와 악을 베푸는 데에는 각각 본뜻이 있고, (그 본뜻은) 덕을 본받는 데 있음을 밝힌 것이다. 이것은 악의 뜻을 말한다. 악이 사람에게 베푸는 바는 본래 화애和愛하는 덕에 있다는 말이다.
此樂施章第三段 明禮樂之所施各有本意 在於象德也 此言樂意也 言樂之所施於人 本有和愛之德

② 禮者 所以閉淫也 예자 소이폐음야

정의 이것은 예의 뜻을 말한다. 예가 사람에게 베푸는 바는 본래 사특함과 음란함과 과실을 막는다는 말이다.

此言禮意也 言禮之所施於人(大)〔本〕止邪淫過失也

③ 大事 必有禮以哀之 대사 필유례이애지

집해 정현이 말했다. "대사大事는 죽어 상을 치르는 것을 이른다."

鄭玄曰 大事謂死喪

정의 백성 중에 상喪이 있을 경우 선왕들이 최마衰麻(상복)를 입고 곡하며 읍하는 예절을 제정한 것은 그들로 하여금 각각 슬픈 정을 통하여 예로써 슬픔을 표하게 하기 위해서이다.

民有喪則先王制衰麻哭泣之禮以節之 使其各遂哀情 是禮以哀之也

④ 大福 必有禮以樂之 대복 필유례이낙지

정의 樂은 '낙洛'으로 발음한다. 대복大福은 경사스러운 제사이다. 백성의 경사에는 반드시 가무歌舞와 음식이나 서수庶羞(반찬)의 예가 지나치지 않게 해서 각각 환락을 마친다. 이에 그 즐거움이 있게 한다.

樂音洛 大福 祭祀者慶也 民慶必歌舞飮食 庶羞之禮使不過 而各遂歡樂 是有以樂之也

⑤ 哀樂之分 皆以禮終 애락지분 개이례종

정의 分은 '분[扶問反]'으로 발음한다. 두 가지 일을 이룬다. 슬픔과 즐거움은 비록 반대이지만 모두 예절을 사용해 각각 그 분수를 마친다. 그러므로 "모두 예로써 마친다."라고 일렀다.

分 扶問反 結二事 哀樂雖反 皆用禮節 各終其分 故云皆以禮終

악은 베풀고 예는 보답하는 것이다.① 악은 그 스스로 생긴 바를 즐기고,② 예는 그 스스로 시작한 곳으로 돌아온다.③ 그래서 악은 덕을 밝히고④ 예는 정情에 보답해서 처음으로 돌아온다.⑤
이른바 대로大路라는 것은 천자의 수레이고,⑥ 용기龍旂와 구류九旒는 천자의 깃발이며,⑦ 푸르고 검은 가선을 두른 것은 천자의 보귀葆龜이다.⑧ 소와 양의 무리를 따르게 해서 곧 제후에게 예물로 주었다.⑨
樂也者 施也 禮也者 報也① 樂 樂其所自生② 而禮 反其所自始③ 樂章德④ 禮報情反始也⑤ 所謂大路者 天子之輿也⑥ 龍旂九旒 天子之旌也⑦ 青黑緣者 天子之葆龜也⑧ 從之以牛羊之群 則所以贈諸侯也⑨

① 樂也者 施也 禮也者 報也악야자 시야 예야자 보야

집해 정현이 말했다. "악은 나와서 돌아가지 않지만 예는 왕래가 있다는 말이다."

鄭玄曰 言樂出而不反 而禮有往來

정의 施는 발음이 '시[式豉反]'이다. 이는 제6단인데, 악상법장樂象法章 제5단이 질서 없이 어지럽게 이 단에 올라 있다. 여기서는 예와 악의 용도가 다름을 밝혔다. 유위지가 말했다. "악이란 네 기운을 널리 펴는 까닭에 이끌어 정성情性에 도달해 공로가 사물에 이르러도 그 보답하는 바를 알지 못한다. 곧 이는 나가서 돌아오지 않기 때문에 베푼다고 한다. 예는 상대방과 뜻을 통하는 까닭이다. 그러므로 가는 게 있으면 반드시 오는 것이 있기 때문에 갚는다고 했다."

施 式豉反 此第六段 樂象法章第五段 不以次第而亂升在此段 明禮樂用別也 庾蔚之云 樂者 所以宣暢四氣 導達情性 功及物而不知其所報 即是出而不反 所以謂施也 禮者 所以通彼之意 故有往必有來 所以謂報也

② 樂其所自生낙기소자생

집해 정현이 말했다. "자自는 말미암는 것이다."

鄭玄曰 自 由也

정의 이것은 널리 베푸는 것이다. 음악의 명칭이 생긴 것은 백성이 아랫사람의 마음으로 말미암아 즐거움이 생기게 하는 데 있지, 보답하는 데에 있지 않다.

此廣施也 樂名所起 由民下之心所樂生 非有所報也

③ 反其所自始반기소자시

정의 이것은 널리 보답하는 것이다. 반反은 '보답하다'와 같다. 예가 생기면 명칭은 없고 다만 일일 뿐이다. 때를 따라 바탕을 꾸미는 일을 얻어서 갚는 것이다.

此廣報也 反猶報也 禮生無名 但是事耳 隨時得質文之事而報之

④ 樂章德악장덕

정의 이름을 듣고 덕을 아는 것이 대장大章과 같다.

聞名知德 若大章是也

⑤ 禮報情 反始也예보정 반시야

집해 손염이 말했다. "음악을 만드는 자는 백성이 자신의 덕에서 즐기는 것에 따라 짓는다. 순임금의 백성이 요임금을 계승한 것을 즐기고, 주周나라의 백성이 주紂를 정벌한 것을 즐겨서 소韶와 무武를 만든 것과 같다. 예를 제정하는 자는 본래 자신이 민심을 얻은 데 연유한다. 은나라에서 질質을 숭상하고 주나라에서 문文을 숭상한 것이 이것이다."

孫炎曰 作樂者緣民所樂於己之德 若舜之民樂其紹堯 (也)周之民樂其伐紂 而作韶 武也 制禮者本己所由得民心 殷尙質 周尙文是也

정의 예는 인정에 보답해서 제정되고 바탕과 문채의 근원을 따른다.

禮報人情而制 隨質文之始也

⑥ 大路者 天子之輿也대로자 천자지여야

정의 이 이하는 예가 실체의 일에 보답함을 널리 말한 것이다. 여輿는 수레이다. 대로大路는 천자의 수레이다. 제후가 천자에게 조회하고 그 직공職貢을 닦아 만약 공로가 있으면 천자가 대로를 하사했다.

此以下廣言禮以報爲體之事 輿 車也 大路 天子之車也 諸侯朝天子 脩其職貢 若有勳勞者 天子賜之大路也

⑦ 龍旂九旒 天子之旌也용기구류 천자지정야

정의 유위지가 말했다. "용기와 구류는 상공上公의 깃발이다."

庾蔚之云 龍旂九旒 上公之旌

⑧ 靑黑緣者 天子之葆龜也청흑연자 천자지보귀야

집해 《공양전》에서는 '귀청연龜靑緣'이라고 했는데, 하휴가 주석하여

"연緣은 갑염甲顩(거북이의 수염)이다. 1,000세가 된 거북의 푸른 수염으로, 길하고 흉한 것을 밝혀준다."라고 했다.

公羊傳曰 龜青緣 何休曰 緣 甲顩 也 千歲之龜青顩 明乎吉凶也

[색은] 보葆는 보寶와 동일한데《사기》에서는 이 글자를 많이 썼다.《공양전》에서는 '보귀청연寶龜青緣'이라고 했다. 하휴는, 연緣은 갑염甲顩이라고 하는데 1,000세가 된 거북의 푸른 수염으로, 길흉을 밝히는 데 쓴다고 했다. 顩은 '엄[耳占反]'으로 발음한다.

葆與寶同 史記多作此字 公羊傳寶龜青緣 何休以緣爲甲顩 千歲之龜青顩 明于吉凶 顩音耳占反

[정의] 緣은 '연[以絹反]'으로 발음한다.

緣 以絹反

[신주] 지금의《공양전》에서는 노정공 8년에 '귀청순龜青純'으로 되어 있다. 또 주석에서는 '청색으로 띠를 두른 푸르고 큰 거북'이라고 한다.

⑨ 牛羊之群 則所以贈諸侯也우양지군 즉소이증제후야

[집해] 정현이 말했다. "'증제후'란 조회에 왔다가 장차 떠나갈 때 예로써 보내는 것이다."

鄭玄曰 贈諸侯 謂來朝將去 送之以禮也

[정의] 앞의 모든 일을 결합해보니 모두 천자가 제후를 송별하는 예이다. 5등 제후(공, 후, 백, 자, 남)가 조회를 마치고 돌아갈 때 천자가 대로, 용기, 보귀를 주고, 또 소나 양 무리를 보낸다는 말이다.

合結上諸事 皆是天子送諸侯禮也 言五等諸侯朝畢反去 天子贈之大路龍旂寶龜 又送之以牛羊之群也

제六장

예와 악은 천지의 정情이다

악이란 정으로 변할 수 없는 것이고,① 예란 도리로 바뀔 수 없는 것이다.② 음악은 같이 화합하게 하고③ 예는 존비를 분별하게 하니④ 예와 악이 말하는 바는 인정人情을 관통한다.⑤ 따라서 근본을 연구하고 변화를 아는 것이 악의 정이고⑥ 정성을 나타내고 허위를 버리는 것이 예의 이치이다.⑦
樂也者 情之不可變者也① 禮也者 理之不可易者也② 樂統同③ 禮別異④ 禮樂之說貫乎人情矣⑤ 窮本知變 樂之情也⑥ 著誠去偽 禮之經也⑦

① 樂也者 情之不可變者也악야자 정지불가변자야

정의 이것은 제7장으로 악의 정情은 그와 함께 부신符信이 귀신에게 이르게 해 합해도 변하지 않음을 밝혔다. 그 가운데 세 단계가 있다. 1단계는 예와 악의 정이 귀신에게 이르는 것을 밝혔다. 2단계는 예와 악이 귀신의 일에 도달하는 것을 증명했다. 3단계는 예와 악의 근본을 알면 높일 수 있음을 밝혔다. 앞의 제6장에서는 상象을 밝혔다. 상象에는 반드시 정情이 나타난다. 그러므로 음악으로써 정을 주관한다. 음악이 변하면 정도 변한다. 그러므로 정은 변해서는 안 된다고 했다.

此第七章明樂之情 與之符達鬼神 合而不可變也 中有三段 一明禮樂情達鬼神也 二證禮樂達鬼神之事 三明識禮樂之本可尊也 前第六章明象 象必見情 故以樂主情 樂變則情變 故云情之不可變也

② 禮也者 理之不可易者也 예야자 이지불가역자야

집해 정현이 말했다. "이理는 사事(섬김)와 같다."

鄭玄曰 理猶事也

정의 예가 일을 주관해서 예는 분별이 있다. 그러므로 "일은 바뀔 수 없는 것이다"라고 일렀다.

禮主事禮別也 故云事之不可易者也

③ 樂統同 악통동

정의 정情을 풀어보면 변하지 않는 것이다. 통統은 영領이다. 동同은 화합의 정이다.

解情不變也 統 領也 同 和合之情者也

④ 禮別異 예별이

집해 정현이 말했다. "통동統同은 함께 화합하는 것이다. 변이辨異는 높고 낮은 자리에 차이가 있다."

鄭玄曰 統同 同和合也 辨異 異尊卑之位

정의 사事를 풀어도 바꿀 수 없는 것은, 예는 존비의 일로 분별하기 때문이다.

解事不可易也 禮別於尊卑之事也

⑤ 禮樂之說貫乎人情矣 예악지설관호인정의

정의 관貫은 통通과 같다. 인정人情은 같고 다른 것에 허물이 없다. 그리고 예와 악은 같이 어울리거나 차이가 있으므로 그 설의 도리가 능히 인정과 통한다는 말이다.

貫猶通也 言人情莫過於同異 而禮樂能統同辨異 故其說理能通人情

⑥ 窮本知變 樂之情也 궁본지변 악지정야

정의 유위지가 말했다. "악은 능히 성분性分(마음을 구성하는 요소)을 화합하고 통하게 해 각각 그 있는 곳을 잃지 않게 하니 이것은 스스로 그러하는 근본을 다한 것이다. 사람이 그의 지키는 바를 잃지 않게 하니, 이것은 변화하고 통하는 정을 아는 것이다."

庾蔚之云 樂能通和性分 使各不失其所 是窮自然之本也 使人不失其所守 是知變通之情也

⑦ 著誠去僞 禮之經也 저성거위 예지경야

정의 著는 '저[竹慮反]', 去는 '겨[丘呂反]'로 발음한다. 저著는 드러나는 것이다. 경經은 항상성이다. 성신誠信을 밝게 나타내고 거짓을 멀리하고 버리는 것이 예의 일상적 행동이다.

著 竹慮反 去 丘呂反 著 明也 經 常也 著明誠信 違去詐僞 是禮之常行也

예와 악은 천지의 진실함을 따르고[①] 신명神明의 덕에 이르며[②] 상하의 신이 나와서 강림하게 한다.[③] 그래서 세상의 온갖 크고 작은 일들을 뭉치게 하고 아버지와 아들, 임금과 신하를 절도에 맞도록 다스려준다.[④] 이런 까닭에 대인大人이 예와 음악을 거행하면 천지가 장차 밝아질 것이다.[⑤]

禮樂順天地之誠[①] 達神明之德[②] 降興上下之神[③] 而凝是精粗之體 領父子君臣之節[④] 是故大人擧禮樂 則天地將爲昭焉[⑤]

① 禮樂見天地之情예악현천지지정

정의 見은 발음이 '현[胡練反]'이다. 예와 악을 합쳐 밝혔다. 예는 땅에서 나와 존비의 차례가 있으니 이것은 땅의 정을 나타낸다. 악은 하늘에서 나와 멀고 가까운 것을 화합시키니 이것은 하늘의 정을 나타낸다.

見 胡練反 合明禮樂也 禮出於地 尊卑有序 是見地之情也 樂出於天 遠近和合 是見天之情也

신주 정의의 주석은 '禮樂見天地之情예악현천지지정'으로 기술했으나 원문은 '禮樂順天地之誠예악순천지지성'이다.

② 達神明之德달신명지덕

정의 달達은 통通이다. 예와 악을 잃지 않으면 하늘이 단 이슬을 내리고 땅은 단술의 샘을 낸다. 이것이 신명의 덕과 통하는 것이다.

達 通也 禮樂不失 則天降甘露 地出醴泉 是通於神明之德也

③ 降興上下之神강흥상하지신

집해 정현이 말했다. “강降은 내려오는 것이다. 흥興은 나오는 것과 같다.”

鄭玄曰 降 下也 興猶出也

정의 음악이 여섯 번 변화하면 천신이 내려오고, 여덟 번 변화하면 지신이 나온다. 이것이 상하의 신이 내려오고 일어나는 것이다.

樂六變 天神下 八變 地祇出 是興降上下之神

④ 凝是精粗之體 領父子君臣之節응시정조지례 영부자군신지절

집해 정현이 말했다. “응凝은 이루어짐과 같다. 정조精粗는 만물의 크고 작은 것을 이른다. 영領은 도리로 다스리는 것과 같다.”

鄭玄曰 凝猶成也 精粗謂萬物大小也 領猶理治也

⑤ 是故大人擧禮樂 則天地將爲昭焉시고대인거예악 즉천지장위조언

정의 爲는 ‘위[于僞反]’, 昭는 ‘조照’로 발음한다. 이것은 악정장樂情章 제2단이며 예와 악이 능히 귀신의 일에 도달한 것을 밝혔다. 앞에서 이미 귀신에 능히 통했다고 했으므로 이곳에서 그 일을 밝혔다. 대인과 성인은 천지와 덕을 합한다. 그러므로 예와 악을 들어 가르침으로 삼으면 천지가 이에 따라 크게 밝아진다.

爲 于僞反 昭音照 此樂情章第二段 明禮樂能通達鬼神之事 前既云能通鬼神 此明其事也 大人聖人與天地合德 故擧禮樂爲教 而天地從之大明也

천지가 기쁘게 합치고 음과 양의 기氣가 서로 조화해서① 따뜻한 기운으로 만물을 감싸고 기른다.② 그런 뒤에 풀과 나무가 무성해지는데, 굽은 싹과 곧은 싹이 나오고③ 새들이 날개를 퍼덕이며 뿔이 있는 짐승들이 활동하고④ 월동하던 벌레들이 깨어난다.⑤ 나는 새들이 알을 품고 털 가진 짐승들이 새끼를 낳아서 기른다.⑥ 짐승은 태胎에서 죽지 않고 새는 알을 깨뜨리지 않는다.⑦ 이렇게 되면 음악의 도道로 귀결된 것이다.⑧

天地欣合 陰陽相得① 煦嫗覆育萬物② 然後草木茂 區萌達③ 羽翮奮 角觡生④ 蟄蟲昭穌⑤ 羽者嫗伏 毛者孕鬻⑥ 胎生者不殰而卵生者不殈⑦ 則樂之道歸焉耳⑧

① 天地欣合 陰陽相得 천지흔합 음양상득

정의 흔欣은 희喜이다. 합合은 증蒸(찌다)과 같다. 예와 악의 변화가 행해지므로 하늘의 기가 내려오고 땅의 기는 오르면서 합치는데, 음과 양이 사귀어 만났으므로 서로 얻은 것이다. 체體를 논하면 천지라고 이르고 기氣를 논하면 음양이라고 이른다.

欣 喜也 合猶蒸也 禮樂化行 故天氣下 地氣蒸合 陰陽交會 故相得也 論體謂之天地 論氣謂之陰陽也

② 煦嫗覆育萬物 후구복육만물

집해 정현이 말했다. "기氣는 후煦(데움)라고 하고 체體는 구嫗(안아서 따뜻하게 함)라고 한다."

鄭玄曰 氣曰煦 體曰嫗

신주 후구煦嫗의 후煦는 김을 불어 데우는 것이고, 구嫗는 체온으로 데우는 것이다.

③ 草木茂 區萌達초목무 구맹달

집해 정현이 말했다. "굽어 나오는 것을 구區라고 한다."

鄭玄曰 屈生曰區

정의 區의 음은 '구句'이다. 초목은 그 몸체의 무성함에 의지하고 굽어 나온 싹은 그 새싹에 의지한다. 그러므로 달達이라고 했다. 달達은 출出과 같다. 굽어서 나오는 것을 구區라고 하는데 콩의 종류이다. 곧게 나오는 것을 맹萌이라고 하는데 벼나 피 종류이다.

區音句 草木據其成體之茂 區萌據其新牙 故曰達 達猶出也 曲出曰區 菽豆之屬 直出曰萌 稻稷之屬也

④ 羽翮奮 角觡生우핵분 각격생

집해 정현이 말했다. "뿔이 없는 것을 격觡이라고 한다."

鄭玄曰 無鰓曰觡

색은 소나 양 등 뿔이 있는 것을 각角이라고 하고, 사슴 등 뿔이 없는 것을 격觡이라고 한다.

牛羊有鰓曰角 麋鹿無鰓曰觡

정의 觡은 '객[加客反]'으로 발음한다. 우핵羽翮은 새이다. 각격角觡은 짐승이다. 새와 짐승은 하늘과 땅이 덮어서 기르고 따뜻하게 해 준다. 그러므로 나는 것은 날개깃을 퍼덕이게 하고 달리는 것은 뿔을 돋아나게 한다.

觡 加客反 羽翮 鳥也 角觡 獸也 鳥獸得天地覆育煦嫗 故飛者則奮翅翮 走者則生角觡也

⑤ 蟄蟲昭蘇칩충소소

집해 정현이 말했다. "소昭는 효曉이다. 무릇 잠자는 벌레가 나오면 새벽이 되고 다시 쉬면 휴식이 된다."

鄭玄曰 昭 曉也 凡蟄蟲以發出爲曉 更息曰蘇

정의 칩충蟄蟲이 음양의 조화로 따뜻하게 함을 얻으면 모두 땅 위로 나와, 밤이 새벽을 얻는 것과 같고 죽음에서 다시 기氣가 생기는 것과 같다.

蟄蟲得陰陽煦嫗 故皆出地上 如夜得曉 如死更有氣也

⑥ 羽者嫗伏 毛者孕鬻우자구복 모자잉육

집해 정현이 말했다. "잉孕은 새끼를 배는 것이다. 육鬻은 생生이다."

鄭玄曰 孕 任也 鬻 生也

정의 伏은 '부[房富反]'로 발음한다. 우羽는 새이다. 모毛는 짐승이다. (음양의) 두 기가 교합하면 만물이 태어나 길러진다. 그러므로 새는 알을 낳고 품으며 짐승은 새끼를 배고 낳아서 기른다.

伏 房富反 羽 鳥也 毛 獸也 二氣既交 萬物生乳 故鳥生卵嫗伏之 獸懷孕而生育之也

⑦ 胎生者～不殈태생자～불혁

집해 정현이 말했다. "안에서 무너지는 것은 독殰(낙태)이다. 혁殈은 열裂(깨짐)과 같다."

鄭玄曰 內敗曰殰 殈猶裂也

정의 殰은 '독', 殈은 '혁[呼覓反]'으로 발음한다. 태에서 나는 것은 짐승이고 알에서 나는 것은 새이다. 회임했는데 안에서 죽은 것을 '독'이라고 한다. 알이 깨져 새끼가 되지 못하는 것은 '혁'이라고 한다. 지금 기가 화락해서 낙태하거나 알이 깨지지 않는다.

殰音讀 殈音呼覓反 胎生 獸也 卵生 鳥也 懷任在內而死曰殰 卵坼不成子曰殈 今和氣不殰殈也

⑧ 樂之道歸焉耳악지도귀언이

집해 손염이 말했다. "음악이 음양을 조화한다. 그러므로 이에 돌아간다는 것이다."

孫炎曰 樂和陰陽 故歸此也

정의 유위지가 말했다. "천지의 두 기로 인해 만물이 각각 알맞은 곳을 얻어 이에 음악으로 돌아간다고 한결같이 논했을 따름이다."

庾蔚之云 一論天地二氣 萬物各得其所 乃歸於樂耳

음악은 황종黃鐘과 대려大呂의 율에 맞춰 현을 연주하고 노래를 부르며 간월干鉞을 잡고 춤추는 것을 말하는 것이 아니다.① 그런 것들은 음악의 말단이므로② 어린아이에게 춤을 추게 한다.③ 자리를 펴서 술그릇과 제기를 진열하고 제기에 제수를 늘어놓거나 당상으로 오르내리는 것들은④ 예의의 말단이다.⑤ 그러므로 유사가 그것을 관장한다.⑥

樂者 非謂黃鍾大呂弦歌干揚也① 樂之末節也② 故童者舞之③ 布筵席陳樽俎 列籩豆 以升降爲禮者④ 禮之末節也⑤ 故有司掌之⑥

① 樂者～干揚也악자～간양야

집해 정현이 말했다. “양揚은 도끼이다.”

鄭玄曰 揚 鉞也

색은 정현이 말했다. “간干은 방패이다. 양揚은 도끼이다.” 곧 양揚은 양鍚(방패 뒤의 장식)과 같다. 황간이 양揚을 거擧라고 한 것은 잘못된 듯하다.

鄭玄曰 干 楯也 揚 鉞也 則揚與鍚同 皇侃以揚爲擧 恐非也

정의 이것은 악정장樂情章 제3단이며, 예와 악의 근본을 아는 자는 높고 예와 악의 말단을 아는 자는 낮은 것을 밝혔다. 황종이나 대려 무리는 그러므로 일컫지 않는다고 했다. 양揚은 거擧이고, 방패를 들어 춤추는 것을 이른다.

此樂情章第三段 明識禮樂本者爲尊 識末者爲卑 黃鍾大呂之屬 故云非謂也 揚擧也 謂擧楯以舞也

② 樂之末節也악지말절야

정의 황종 이하는 악의 말단이다.

黃鍾已下 是樂之末節也

③ 童者舞之동자무지

정의 말단의 일은 쉽고 귀중하지 않다. 그러므로 동자나 어린아이를 시켜 춤추거나 연주하게 한다.

末事易之 不足貴重 故使童子小兒儛奏之也

④ 布筵席～以升降爲禮者포연석～이승강위례자

정의 이것은 또한 말단을 밝힌 것이다. 예를 사용하는 근본은 정성을 나타내고 거짓을 버려 위를 편안하게 하고 백성을 다스리는 데 있지, 자리를 펴고 술그릇과 제기를 올려놓거나 예에 관한 일을 하기 위해 오르내리는 데 있지 않다.

此亦明末也 用禮之本在著誠去僞 安上理民 不在鋪筵席樽俎 升降爲禮之事也

⑤ 禮之末節也 예지말절야

정의 포연 이하는 예의 말단이다.

布筵以下 是禮之末節也

⑥ 有司掌之 유사장지

집해 정현이 말했다. "예와 악의 근본이 군주로부터 나오는 것을 말한다. 예의 근본은 정성을 나타내고 거짓을 버리는 것이며, 악의 근본은 근본을 연구해 변화를 아는 것이다."

鄭玄曰 言禮樂之本由人君也 禮本著誠去僞 樂本窮本知變

정의 유사는 예를 맡은 하급 관리이다. 말절末節은 일이 쉽게 풀려 중요하게 되지 않는 것이다. 그러므로 낮은 관직에서 그 일을 맡는다.

有司 典禮小官也 末節事易解 不爲可重 故小官掌其事也

악사樂師는 소리나 시가에 두루 미치지만 북면하는 낮은 위치에서 현악기를 연주하고,[①] 종축宗祝은 종묘의 예의에 두루 미치지만 시동尸童 뒤에 자리하며,[②] 상축商祝은 상례에 두루 미치지만[③] 주인의 뒤에 자리한다.[④] 이런 까닭에 덕을 이룬 사람은 당상堂上을 차지하고[⑤] 기예技藝를 이룬 사람은 당하堂下를 차지하며,[⑥] 덕행이 뛰어난 사람은 앞자리를 차지하고[⑦] 일에 능한 사람은 뒷자리를 차지한다.[⑧] 이런 까닭에 선왕들은 위아래가 있고 앞뒤가 있게 한 후에 천하를 통제할 수 있었다.[⑨]

樂師辯乎聲詩 故北面而弦[①] 宗祝辯乎宗廟之禮 故後尸[②] 商祝辯乎喪禮[③] 故後主人[④] 是故德成而上[⑤] 藝成而下[⑥] 行成而先[⑦] 事成而後[⑧] 是故先王有上有下 有先有後 然後可以有制於天下也[⑨]

① 樂師辯乎聲詩 故北面而弦악사변호성시 고북면이현

집해 왕숙이 말했다. "단지 소리와 시를 분별하나 그 뜻을 알지 못한다. 그러므로 북면하여 현악기를 연주한다." 정현이 말했다. "현弦은 금과 비파를 연주하는 것을 이른다."

王肅曰 但能別聲詩 不知其義 故北面而弦 鄭玄曰 弦謂鼓琴瑟

정의 이것은 다시 일을 인용해서 악사가 음악을 깨닫고 소리와 시를 분별함을 증명한 것이다. 성聲은 노래이다. 악사가 비록 노래와 시를 구별할 수 있더라도 아울러 끝단의 일이다. 그러므로 북면하고 낮은 데 앉는다는 말이다.

此更引事證樂師曉樂者辯別聲詩 聲謂歌也 言樂師雖能別歌詩 竝是末事 故北面 言坐處卑也

② 宗祝辯乎宗廟之禮 故後尸종축변호종묘지례 고후시

집해 정현이 말했다. "후시後尸란 뒤에 있으면서 예의를 돕는다는 것이다. 이것은 근본을 아는 자는 높고 말단을 아는 자는 낮다는 말이다."

鄭玄曰 後尸 居後贊禮儀也 此言知本者尊 知末者卑

정의 이것은 예의 일이다. 종축과 태축은 곧 유사의 무리이다. 비록 능히 바르게 종묘의 예를 분별하지만, 시尸를 도우니 공경의 주인이 아니라 낮게 되어 시동의 뒤에 자리한다.

此禮事也 宗祝 太祝 即有司之屬也 雖能分別正宗廟之禮 然佐於尸而非爲敬之主 爲卑 故在尸後也

③ 商祝辯乎喪禮상축변호상례

집해 정현이 말했다. "상축은 상나라 예의에 익숙한 축祝(제사 때 축문을 외는 사람)인데, 상나라 사람은 공경히 신에 접하도록 가르쳤다."

鄭玄曰 商祝 祝習商禮者 商人教以敬於接神

신주 상축은 상나라의 예를 주관하는 제관이다.

④ 後主人후주인

정의 상축은 은상殷商(상을 은이라고도 함)의 신축神祝이고 상나라 가정의 신례神禮를 익혀 상사를 도왔다. 그러므로 상례에 두루 미친다고 했다. 그가 비록 상사를 관장했으나 발상하는 주인은 아니다. 그러므로 주인의 뒤에 있어 낮은 곳에 섰다는 말이다.

商祝者 殷商之神祝 習商家神禮以相佐喪事 故云辯喪禮 其雖掌喪事而非發喪之主 故在主人後 言立處賤也

⑤ 德成而上덕성이상

정의 상上은 당상을 이른다. 덕의 완성은 군주의 예와 악의 덕이 이루어져 군주가 되는 것을 말한다. 그러므로 당상에 거처해 남면하여 높인다.

上謂堂上也 德成謂人君禮樂德成則爲君 故居堂上 南面 尊之也

⑥ 藝成而下예성이하

정의 하下는 당하이다. 예성藝成이란 악사의 기예가 비록 성취되었으나 단지 예와 악의 말단을 아는 것을 이른다. 그러므로 당하에 자리해 북면하여 낮춘다.

下 堂下也 藝成謂樂師伎藝雖成 唯識禮樂之末 故在堂下 北面 卑之也

⑦ 行成而先행성이선

정의 行은 '행[胡孟反]'으로 발음한다. 선先은 전前과 같으며 시동과 상주이다. 행성行成은 시동을 높여서 인효함을 이른 것이다. 그러므로 행성이라 한다.

行 胡孟反 先猶前也 尸及喪主也 行成謂尸尊而人孝 故爲行成

⑧ 事成而後사성이후

집해 정현이 말했다. "덕은 삼덕이다. 행은 삼행이다. 예는 재기才伎이다. 선先은 자리가 위에 있는 것을 이른다. 후後는 자리가 아래에 있는 것을 이른다."

鄭玄曰 德 三德也 行 三行也 藝 才伎也 先謂位在上也 後謂位在下也

정의 일은 열등하다. 그러므로 종축과 상축 두 축관이 있게 되고, 시동과 주인의 뒤에 있게 됨을 아는 것이다.

事爲劣 故爲在宗商二祝也 識尸及主人後也

⑨ 以有制於天下也이유제어천하야

집해 정현이 말했다. "존비가 갖추어지면 (예악을) 제작해서 다스림으로 삼는다는 말이다."

鄭玄曰 言尊卑備 乃可制作以爲治

정의 그러므로 선왕이 상하 전후 존비를 구분하여 예를 제정하고 악을 만들어 천하에 반포했다. 주공周公이 6년 동안 예를 만든 것과 같다.

故先王使上下前後尊卑分 乃可制禮作樂 以班於天下也 如周公六年乃爲禮也

> 음악은 성인이 즐기는 것이니[①] 백성의 마음을 선하게 할 수 있고, 사람을 깊이 감동시켜서 풍속을 옮기고 바꿀 수 있었다. 그러므로 선왕들은 그 교화를 드러냈다.[②]
>
> 樂者 聖人之所樂也[①] 而可以善民心 其感人深 其風移俗易 故先王著其教焉[②]

① 樂者 聖人之所樂也악자 성인지소락야

정의 이는 악시장樂施章 제3단의 뒤이다. 잘못되어 이곳에 있다. '폐음閉淫' 뒤에 또 이 장章을 사용해 널리 그 덕을 본받게 했다. 그러므로 성인이 덕을 관찰하는 것이라 한다.

此樂施章第三段後也 誤在此 閉淫之後 又用此章廣爲象其德 故云聖人之所以觀德也

신주 '樂者 所以象德也 禮者 所以閉淫也'로 시작하는 '악시' 제3단 뒤

에 이 문구가 있어야 한다는 말이다.

② 著其教焉 저기교언

집해 정현이 말했다. "'악을 맡은 관리를 세운' 이하는 국가의 자식들을 교육하게 한 것을 이른다."

鄭玄曰 謂立司樂以下 使教國子也

제七장

음악은 깊은 뜻이 있는 말이다

대개 사람에게는 혈기와 심지心知의 본성①이 있어서 슬프고 즐겁고 기쁘고 노하는 정에는 항상성이 없다.② 외물에 감응해서 마음이 움직이고,③ 그 후에 생각하는 바가 나타난다.④ 이런 까닭에 자잘하고 좁고 줄어드는 음이 만들어지면⑤ 백성의 생각이 우울해진다.⑥ 느긋하고 자부하며 화려하면서도 간략한 음이 만들어지면 백성이 안락해진다.⑦ 씩씩하고 드날리며 떨치고 드넓은 음이 만들어지면⑧ 백성이 강하고 굳세어진다.⑨

夫人有血氣心知之性① 而無哀樂喜怒之常② 應感起物而動③ 然後心術形焉④ 是故志微焦殺之音作⑤ 而民思憂⑥ 嘽緩慢易繁文簡節之音作 而民康樂⑦ 粗厲猛起奮末廣賁之音作⑧ 而民剛毅⑨

① 血氣心知之性 혈기심지지성

정의 이 제5장의 이름은 '악언樂言'이며 음악이 귀착되는 지점의 일을 밝혔다. 그 가운데 세 단계가 있다. 1단계는 사람의 마음은 왕의 음악을 따른다는 말이다. 2단계는 선왕들이 바른 음악을 제정해 백성을 교화한 것을 밝혔다. 3단계는 사특한 음악은 백성을 교화하지 못한다는 말이다. 앞에서 이미 사람에게 베풀면 사람이 반드시 응하니 그 귀착되는 지점을 말했다. 이 말은 사람의 마음이 왕의 음악에 따른다는 것이다. 대저 사람이 태어나지 않으면 그만이지만, 이미 태어났다면 반드시 혈기와 심지心知의 본성이 있다.

此第五章名樂言 明樂歸趣之事 中有三段 一言人心隨王之樂也 二明前王制正樂化民也 三言邪樂不可化民也 前既以施人 人必應之 言其歸趣也 此言人心隨王之樂也 夫人不生則已 既已生 必有血氣心知之性也

② 無哀樂喜怒之常무애락희로지상

정의 성性은 오상五常(오륜)의 행동에 부합하여 기뻐하고 화내고 슬퍼하고 즐거워하는 분수가 있다. 다만 그 일어남은 일정하지 않고 때로 바깥과의 접촉에 따른다. 그러므로 또한 일정하지 않다.

性合五常之行 有喜怒哀樂之分 但其發無常 時隨外境所觸 故亦無常也

③ 應感起物而動응감기물이동

정의 (희, 로, 애, 락) 네 가지 일의 연유를 풀이했다. 외물이 오는 것에 연유하여 마음에서 느끼고, 마음은 그 느낌이 온 것에 접촉하여 일어나 움직여 응한다. 그러므로 위의 네 가지 일이 있다.

解所有四事之由也 緣外物來感心 心觸感來 起動應之 故有上四事也

④ 心術形焉심술형언

집해 정현이 말했다. "느끼는 바에 달려 있다는 말이다. 술術은 '말미암은 것'이다. 형形은 '나타남'과 같다."

鄭玄曰 言在所以感之也 術 所由也 形猶見也

⑤ 志微焦殺之音作지미초쇄지음작

집해 정현이 말했다. "지미志微는 '뜻이 자잘한 것'이다. 오나라 공자 찰札이 이르기를 '그 세심함이 심하다.'라고 했다."

鄭玄曰 志微 意細也 吳公子札曰 其細已甚

정의 오나라 공자 찰札은 계찰季札이라 한다. 춘추시대 오나라 왕 수몽壽夢의 넷째 아들로 고대의 현인으로 추앙받는다.

⑥ 而民思憂이민사우

정의 殺은 '쇄[所界反]'와 또 '쇄[色例反]'로, 思는 '시[先利反]'로 발음한다. 이 아래는 모두 마음으로 음악을 느끼고 밖의 일에 응하여 나타난다는 말이다. 만약 군주가 자질구레해서 정과 뜻이 미세하고 용렬하면, 그의 음악이 초조하고 슬프고 줄어들고 급해져서 느긋하지 않다. 음악이 이미 촉박해졌으므로 백성이 그에 응하여 우울해진다.

殺音所界反 又色例反 思音先利反 此以下皆言心樂感而應見外事也 若人君叢脞 情志細劣 其樂音噍戚殺急 不舒緩也 音既局促 故民應之而憂也

⑦ 嘽緩慢易繁～而民康樂탄완만이번～이민강락

집해 정현이 말했다. "간절簡節은 적고 쉬운 것이다."

鄭玄曰 簡節少易也

정의 嘽은 '찬[昌單反]', 易는 '이[以豉反]'로, 樂은 '낙洛'으로 발음한다. 찬嘽은 너그럽고, 완緩은 온화하고, 만慢은 소탈하고, 번繁은 화려하다는 것이다. 강康은 온화함이고 낙樂은 편안함이다. 군주의 도덕이 너그럽고 온화하며 소탈하고 쉬우면, 음악의 문채와 연주가 간략한 것이 많아서 백성들이 편안해한다는 말이다.

嘽 昌單反 易 以豉反 樂音洛 嘽 綽也 緩 和也 慢 疎也 繁 文多也 康 和 樂 安也 言人君道德綽和疎易 則樂音多文采與節奏簡略 而下民所以安

⑧ 粗厲猛起奮末廣賁之音作 조려맹기분말광분지음작

집해 왕숙이 말했다. "조려粗厲는 씩씩함이다. 맹기猛起는 드날리는 것이다. 분말奮末은 가라앉는 것이다. 광분廣賁은 드넓은 것이다."

王肅曰 粗厲 亢厲 猛起 發揚 奮末 浸疾 廣賁 廣大也

신주 왕숙의 주석에서 역시 분말奮末을 침질浸疾이라 하여 원래의 뜻과는 정반대로 해석했다. 奮은 奔 또는 忿과 통하는 것으로, 떨치거나 내뻗거나 내달린다는 뜻이다.

⑨ 而民剛毅 이민강의

정의 粗는 발음이 '추麤'이고, 賁은 '분[房粉反]'이며 또 발음은 '분墳'이다. 추粗는 생략함이다. 여厲는 씩씩함이다. 맹猛은 굳셈이다. 기起는 움직임이다. 말末은 지체支體이다. 광廣은 큰 것이다. 분賁은 기가 충만한 것이다. 군주가 만약 성품이 거칠고 엄하며 굳세고 활발하여 팔다리가 떨쳐서 뛰면, 음악은 가득하고 커져서 백성이 응하여 강하고 굳세게 되는 까닭이라는 말이다.

粗音麤 賁 房粉反 又音墳 粗 略也 厲 嚴也 猛 剛 起 動也 末 支體也 廣 大也 賁 氣充也 言人君若性麤嚴剛動而四支奮躍 則樂充大 民應之 所以剛毅也

곧고 굳세며 힘차고 발라[①] 엄숙하고 성실한 음조가 만들어지면 백성들이 삼가 존경한다.[②] 너그럽고 여유로우며 넓고 아름다워[③] 순하고 화하게 움직이는 음조가 만들어지면, 백성이 자애하게 된다.[④] 편벽되어 사특함으로 흐르고 적인狄人처럼 산만하여 방탕하고 분수에 넘치는 음조가 만들어지면[⑤] 백성이 음란해진다.[⑥]

廉直經正[①]莊誠之音作 而民肅敬[②] 寬裕肉好[③]順成和動之音作 而民慈愛[④] 流辟邪散狄成滌濫之音作[⑤] 而民淫亂[⑥]

① 廉直經正 염직경정

집해 손염이 말했다. "경經은 법이다."

孫炎曰 經 法也

색은 손염이 말했다. "경은 법이다." 지금 《예본》에는 '경勁'으로 되어 있다.

孫炎曰 經 法也 今禮本作勁

② 莊誠之音作 而民肅敬 장성지음작 이민숙경

정의 經은 '경勁'으로 발음한다. 군주가 청렴하고 곧으며 굳세면 강하고 바르게 되어, 곧 음악은 씩씩하고 엄숙하며 성실하고 믿음직스러워 백성이 응해서 삼가고 존경하게 된다는 말이다.

經音勁 言人君廉直勁而剛正 則樂音矜嚴而誠信 民應之 所以肅敬也

③ 寬裕肉好 관유육호

집해 왕숙이 말했다. "육호肉好는 음이 매우 아름답다는 말이다."

王肅曰 肉好 言音之洪美

색은 왕숙이 말했다. "육호는 음이 매우 매끄럽다는 말이다."

王肅曰 肉好 言音之洪潤

④ 順成和動之音作 而民慈愛순성화동지음작 이민자애

정의 肉은 '우[仁救反]', 好는 '호[火到反]'로 발음한다. 육肉은 살 오른 것이다. 음악이, 고기가 살진 것 같은 것을 이른다. 인군이 관용하여 풍만한 것을 좋아하면, 음악은 순하게 이루어져서 어울려 움직이게 되어, 백성이 응하여 자애롭게 된다는 말이다.

肉 仁救反 好 火到反 肉 肥也 謂音如肉之肥 言人君寬容肥好 則樂音順成而和動 民應之 所以慈愛也

⑤ 流辟邪散狄成滌濫之音作유벽사산적성척람지음작

집해 왕숙이 말했다. "적성狄成은 이룬 것이 이적夷狄의 음악과 비슷한 것을 말했다. 척滌은 방탕함이다. 남濫은 분수에 넘치는 것이다."

王肅曰 狄成 言成而似夷狄之音也 滌 放盪 濫 僭差也

색은 왕숙이 말했다. "적성은 이룬 것이 이적의 음악과 비슷한 것을 말한다."

王肅曰 狄成 言成而似夷狄之音也

⑥ 而民淫亂이민음란

정의 辟은 '벽[疋亦反]', 邪는 '사斜', 狄은 '척惕'으로 발음한다. 적狄과 척滌은 다 왕래가 빠른 것이다. 왕래가 빨리 이루어지므로 '적성狄成'이라고 일렀다. 왕래가 빠르면 분수에 넘치게 된다. 그러므로 '척람滌濫'이라고 일렀다. 군주가 위에서 음란하고 사특한 것에 흐르면, 그 (영향이) 돌아와 사특함이 퍼지니, 즉 음악이 재빨리 왕래하여 분수에 넘치는 영향이 있게 된다. 그러므로 백성이 그에 응하여 음란해진다. 마음에는 본래 이 여섯 가지의 일이 없는데, 음악을 따라서 일어난다는 말이다.

辟 疋亦反 邪音斜 狄音惕 狄滌皆往來疾速也 往來速而成 故云狄成 往來疾而僭濫 故云滌濫也 言君上流淫縱僻 回邪放散 則樂音有往來速疾僭差之響 故民應之而淫亂也 心本無此六事 由隨樂而起也

이런 까닭에 선왕들은 사람의 정성情性을 근본으로 하고① 천지의 도수度數를 헤아려 예의로써 제재해서② 생기의 조화에 어울리고, 오상五常의 흐름에 따르게 했다.③ 그리하여 양陽은 흩어지지 않고 음陰은 촘촘하지 않도록 하여④ 억센 기운이 노하지 않고 부드러운 기운이 두려워하지 않으며,⑤ (음양과 강유) 네 기氣가 안에서 엇갈려 펼쳐지고 밖에서 나타나 지어져서,⑥ 모두 그 위치에서 편안하고 서로 빼앗지 않도록 했다.⑦

是故先王本之情性① 稽之度數 制之禮義② 合生氣之和 道五常之行③ 使之陽而不散 陰而不密④ 剛氣不怒 柔氣不懾⑤ 四暢交於中而發作於外⑥ 皆安其位而不相奪也⑦

① 先王本之情性선왕본지정성

정의 이것은 악언장樂言章 제2단이다. 앞의 말은 백성이 음악의 변화에 따르는 것이고, 여기의 말은 선왕이 바른 음악을 제정해 백성을 교화하는 것이다. 성인이 음악을 제정하는 것은 반드시 사람의 성정에 근본을 둔다는 말이다.

此樂言章第二段也 前言民隨樂變 此言先王制正樂化民也 言聖人制樂 必本人之性情也

② 稽之度數 制之禮義계지도수 제지례의

정의 계稽는 '헤아림'이다. 음악을 제정할 때 또 천지의 도수를 헤아려야 하며, 이는 율려律呂가 12개월에 응하고 팔음八音이 팔풍八風에 응하는 종류와 같다.

稽 考也 制樂又考天地度數爲之 如律呂應十二月 八音應八風之屬也

신주 도수度數는 5음 12율을 가리킨다. 5음은 궁, 상, 각, 치, 우인데 음의 고저를 정해서 나타내는 명칭이다. 궁은 서양 7음계의 도, 상은 레, 각은 미, 치는 솔, 우는 라이다. 12율은 황종黃鍾, 대려大呂, 태주太簇, 협종夾鍾, 고선姑洗, 중려仲呂, 유빈蕤賓, 임종林鍾, 이칙夷則, 남려南呂, 무역無射, 응종應鍾인데, 각 음계의 명칭이다. 〈율서〉에 자세하게 기록했다.

③ 合生氣之和 道五常之行합생기지화 도오상지행

집해 정현이 말했다. "생기生氣는 음양이다. 오상은 오행이다."

鄭玄曰 生氣 陰陽也 五常 五行也

정의 道는 '도導', 行은 '행[胡孟反]'으로 발음하고, 합合은 '호응하다'이다.

道音導 行 胡孟反 合 應也

④ 使之陽而不散 陰而不密사지양이불산 음이불밀

집해 정현이 말했다. "밀密이라는 말은 막히는 것이다."

鄭玄曰 密之言閉也

정의 양陽은 양기陽氣가 많은 사람에게 주어짐을 이른다. 양기가 퍼져 흩어지고 사람이 양을 많이 받으면 사치를 한다. 음기陰氣가 밀폐되어 사람이 음기를 많이 받으면 촘촘해진다. 지금 음악으로써 둘을 통하게 하여 모두 중화中和한다. 그러므로 양은 흩어지지 않고 음은 촘촘해지지 않는다.

陽謂稟陽氣多人也 陽氣舒散 人稟陽多則奢 陰氣閉密 人稟陰多則縝密 今以樂通二者之性 皆使中和 故陽者不散 陰者不密也

⑤ 剛氣不怒 柔氣不懾강기불노 유기불섭

집해 정현이 말했다. "섭懾은 '두려움'과 같다."

鄭玄曰 懾猶恐懼也

정의 懾은 '접[之涉反]'으로 발음하며, 두렵다는 뜻이다. 성품이 굳센 자는 잘 노하고 부드러운 자는 잘 두려워한다. 지금 음악의 조화로써 각각 알맞은 자리를 얻게 해 노여움과 두려움에 이르지 않게 한다.

懾 之涉反 懼也 性剛者好怒 柔者好懼 今以樂和 使各得其所 不至怒懼也

⑥ 四暢交於中而發作於外사창교어중이발작어외

정의 네 가지는 음양과 강유이다. 창暢은 통하는 것이다. 교交는 엇갈림이다. 중中은 심心이다. 지금 음악으로 조화하여 네 가지가 통해 마음 안에서 서로 엇갈려 펼쳐지고 밖에서 발현하여 쓰여 행해지면, 흩어지고 촘촘해지며 노여움과 두려움에 이르지 않는다.

四 陰陽剛柔也 暢 通也 交 互也 中 心也 今以樂調和四事 通暢交互於中心 而行用擧動發於外 不至散密怒懾者也

⑦ 皆安其位而不相奪也 개안기위이불상탈야

정의 이는 음악이 본래 정성情性의 일로 맺어지는 것이니, 양陽을 닫고 음陰을 열며 억셈을 억제하고 부드러움을 당겨 다 중용으로 만든다. 그러므로 천하는 그의 자리에서 편안하고 다시 서로 침략하고 빼앗지 않는다.
此結樂爲本情性之事也 閉陽開陰 抑剛引柔 悉使中庸 故天下安其位 無復相侵奪之也

그러한 뒤에 배우는 데 차등을 세워① 그 절주節奏를 넓히고 그 문채를 생략하여② 두터운 덕을 본받는다.③ 크고 작은 악기를 12율律에 맞추고,④ 5음으로 마치고 시작하는 차례를 정해⑤ 일을 행함을 상징하게 했다.⑥ 이로써 친소와 귀천 및 장유長幼와 남녀의 도리를 모두 음악으로 표현해 나타내게 했다.⑦ 그러므로 "음악이란 그 깊이를 관찰하는 것이다."⑧라고 말한 것이다.
然後立之學等① 廣其節奏 省其文采② 以繩德厚也③ 類小大之稱④ 比終始之序⑤ 以象事行⑥ 使親疏貴賤長幼男女之理皆形見於樂⑦ 故曰樂觀其深矣⑧

① 立之學等 입지학등

집해 정현이 말했다. "등等은 차이이다. 각각 그 재주의 차등을 사용해 배운다."

鄭玄曰 等 差也 各用其材之差學之也

정의 먼저 음악을 사용해 정을 어울려 펼치게 만든 연후에, 악어樂語와 악무樂舞 두 가지 일을 가르침으로써 백성이 각각 자신의 성품과 재능의 차등에 따라 배워서 갖추고 구분하게 한다.

前用樂陶情和暢 然後乃以樂語樂舞二事教之 民各隨己性才等差而學之 以備分也

② 廣其節奏 ~文采광기절주 ~ 문채

집해 정현이 말했다. "광廣은 '익히는 것을 늘리는 것'이다, 성省은 '살피는 것'과 같다. 문채는 절주節奏의 합을 말한다."

鄭玄曰 廣 增習之也 省猶審(習之)也 文采謂節奏合也

③ 以繩德厚也이승덕후야

집해 정현이 말했다. "승繩은 '헤아림'과 같다." 왕숙이 말했다. "승繩은 법이다. 그 두터운 덕을 본받는다."

鄭玄曰 繩猶度也 王肅曰 繩 法也 法其德厚也

④ 類小大之稱유소대지칭

집해 손염이 말했다. "크고 작은 악기를 만들어 12율에 알맞게 한다."

孫炎曰 作樂器大小稱十二律

색은 유類는 지금의 《예기》에는 '율律'로 되어 있다. 손염이 말했다. "작고 큰 악기를 만들어서 12율에 알맞게 한다."

類 今禮作律 孫炎曰 作樂器小大稱十二律也

⑤ 比終始之序비종시지서

[집해] 정현이 말했다. "궁에서 시작해 우에서 끝마친다."

鄭玄曰 始於宮 終於羽

⑥ 以象事行이상사행

[집해] 정현이 말했다. "궁은 군주가 되고 상은 신하가 된다."

鄭玄曰 宮爲君 商爲臣

⑦ 使親疎貴賤～形見於樂사친소귀천～형현어악

[정의] 이것은 사람의 정에 근본을 두어 맺어지니, 아래에서 근본에 연유해서 친소親疎를 가르치는 것이다. 이하의 이치는 모두 악의 공로를 빛내 드러내서 살피는 자로 하여금 모두 알게 하며 화목한 정을 나타내는 것이다.

此結本人之情 以下緣本而教親疎 以下之理悉章著樂功 使間者皆知而見輯睦情也

⑧ 樂觀其深矣악관기심의

[정의] 이것은 옛말을 인용해 사람의 깊이를 느껴 관찰하는 증거로 했다.

此引古語證觀感人之深矣

흙이 피폐하면 풀과 나무가 자라지 못하고, 물이 요동치면 물고기와 자라가 크지 못한다.① 원기가 쇠약하면 생물이 성장하지 못하고,② 세상이 어지러우면 예의가 황폐해지고 음악이 음란해진다.③ 이런 까닭으로 그 소리는 슬퍼져 장중하지 못하며, 즐겨도 편안하지 못하다.④ 산만하고 늘어져서 절도를 범하며,⑤ 흐름에 빠져들어 근본을 잊게 된다.⑥
음조가 완만하면 간사한 것을 용납하고⑦ 급박하면 욕망을 생각하며,⑧ 방탕한 기운에 감응하여 평화로운 덕德을 없앤다.⑨ 이 때문에 군자는 이러한 음악을 천하게 여긴다.⑩
土敝則草木不長 水煩則魚鼈不大① 氣衰則生物不育② 世亂則禮廢而樂淫③ 是故其聲哀而不莊 樂而不安④ 慢易以犯節⑤ 流湎以忘本⑥ 廣則容姦⑦ 狹則思欲⑧ 感滌蕩之氣而滅平和之德⑨ 是以君子賤之也⑩

① 土敝則草木～則魚鼈不大토폐즉초목～즉어별부대

정의 이것은 악언장樂言章 제3단으로 사특한 음악은 백성을 교화하지 못한다는 말이다. 장차 사특한 음악에 말미암는다는 말이다. 그러므로 이 앞에서는 하늘과 땅으로 비유했고 여기에서는 땅으로 비유했다. 폐敝는 '너무 익히는 것'과 같고 번煩은 '자주 어지럽게 움직이는 것'과 같다. 흙이 지나치게 익고 물이 지나치게 요동치면 풀과 나무 및 물고기와 자라가 크게 자라지 않는다.
此樂言章第三段 言邪樂不可化民 將言邪樂之由 故此前以天地爲譬 此以地爲譬也 敝猶勞熟 煩猶數攪動也 土過勞熟 水過撓動 則草木魚鼈不長大也

② 氣衰則生物不育기쇠즉생물불육

정의 이것은 하늘로써 비유한 것이다. 기氣는 천시天時의 기이다. 기가 쇠약하면 생물이 다시 자라지 못한다.

此以天譬也 氣者 天時氣也 氣者衰微 則生物不復成遂也

③ 世亂則禮廢而樂淫세란즉례폐이악음

정의 이것은 비유에 합한 것이다. 세世는 시時이다. 세상이 어지러우면 예가 갖추어지지 않고 악이 절제되지 않는다. 그러므로 도가 지나치게 음란으로 흐른다. 물과 흙이 피폐해지면 풀과 나무, 물고기, 자라가 크게 자라지 않는다. 이는 마치 세상의 탁하고 어지러운 예와 악은 교화가 불가한 것과 같다.

此合譬也 世謂時 世亂其禮不備樂不節 故流淫過度 水土勞敝 則草木魚鼈不長大 如時世濁亂之禮樂 不可爲化矣

④ 聲哀而～不安성애이～불안

정의 낙樂은 '낙洛'으로 발음한다. 이것은 음악의 음란한 일을 증명한 것이다. 음란한 음악은 소리가 애처롭고 씩씩함이 없다. 그러므로 비록 연주해서 스스로 즐기더라도 반드시 위태함에 기울어 이르니 스스로 편안한 도가 아니다. 그러므로 즐거우나 편안하지 않다고 하였다. 〈관저關雎〉 같이 즐거우나 음란하지 않고 애처로우나 마음 상하지 않으니, 이에 엄숙하고 공경함을 지녀서 편안해진다.

樂音洛 此證樂淫之事也 淫樂則聲哀而無莊 故雖奏以自樂 必致傾危 非自安之道 故云樂而不安 若關雎樂而不淫 哀而不傷 則是有莊敬而安者也

⑤ 慢易以犯節만이이범절

정의 易는 '이[以豉反]'로 발음한다. 엄숙하고 공경함이 없는 것을 만이慢易라고 말했다. 절주節奏(절제된 연주)가 없으므로 '범절'이라고 일렀다. 곧 이것은 슬프고 엄숙하지 않은 것이다.

易 以豉反 言無莊敬〔也〕慢易(也)無節奏 故云犯節也 即是哀而不莊也

⑥ 流湎以忘本유면이망본

정의 湎은 '면沔'으로 발음한다. 휩쓸리고 다함이 없어 끝과 그침을 잃어버린다. 그러므로 근본을 잊는다는 말이니, 곧 악이 편안하지 못하다는 뜻이다.

湎音沔 靡靡無窮 失於終止 故言忘本 即樂而不安之義也

⑦ 廣則容姦광즉용간

정의 음란하고 사특한 예와 악이라 소리에 절도가 없다는 말이다. 광廣은 소리가 늘어진 것이다. 용容은 받아들이는 것이다. 소리가 늘어지면, 곧 간사하고 거짓됨을 받아들인다.

言淫慝禮樂 聲無節也 廣 聲緩也 容 含也 其聲緩者 則含容姦偽也

⑧ 狹則思欲협즉사욕

집해 왕숙이 말했다. "그 음이 넓고 커지면, 간사하고 거짓된 것을 받아들인다. 소리가 좁으면 사람들에게 이욕利欲을 생각하게 한다."

王肅曰 其音廣大 則容姦偽 其狹者 則使人思利欲也

정의 협狹은 급한 소리이다. 그 소리가 급하면 곧 공격하고 싶은 욕심이 생각난다.

狹 聲急也 其聲急者 則思欲攻之也

⑨ 感滌蕩之氣而滅平和之德감척탕지기이멸평화지덕

정의 감感은 동動이다. 이는 나쁜 음악이 착한 사람을 능히 움직여 착한 기운을 씻어내 그의 자리를 잃게 만들고, 선인善人의 평화로운 덕을 없앤다는 말이다.

感 動也 言此惡樂能動善人滌蕩之善氣 使失其所 而滅善人平和之德也

⑩ 君子賤之也군자천지야

정의 군자는 음악을 사용해 조화한다. 이러한 까닭에 평화의 기를 움직여 없애는 것을 천하게 여긴다.

君子用樂調和 是故賤於動滅平和之氣也

음악이 나타나는 모습

무릇 간사한 소리가 사람을 감동시키면 거스르는 기운이 이에 응하고,① 거스르는 기운이 형상을 이루면② 음란한 음악이 일어난다.③ 바른 소리가 사람을 감동시키면 순한 기운이 이에 응하고, 순한 기운이 형상을 이루면 조화로운 음악이 일어난다.④ 노래 불러서 화답하면 응함이 있어서⑤ 되돌아와 삿되고 굽고 곧은 것이 각각 제 분수로 돌아가서,⑥ 만물의 이치가 같은 종류끼리 서로 작용한다.⑦

凡姦聲感人而逆氣應之① 逆氣成象②而淫樂興焉③ 正聲感人而順氣應之 順氣成象而和樂興焉④ 倡和有應⑤ 回邪曲直各歸其分⑥ 而萬物之理以類相動也⑦

① 凡姦聲感人而逆氣應之 범간성감인이역기응지

정의 이 제6장의 이름은 '악상樂象'이다. 본래 제8장인데 차례를 잃었다. 군주가 음악을 만들면 천지가 반드시 본받아 응하는 것을 밝혔다. 그 가운데 다섯 단계가 있다. 1단계는 음란한 음악과 바른 음악이 함께 능히 상象을 이룰 수 있음을 밝혔다. 2단계는 군자는 바른 음악을 따르는 것을 밝혔다. 3단계는 삿되고 바른 것이 다 근본을 지녀서 거짓이 아님을 밝혔다. 4단계는 3단계에 근본을 두어 거짓되지 않다는 이유를 증명했다. 5단계는 예와 악의 쓰임을 밝혔다. 앞에서 증명했으므로 여기서는 그 쓰임새의 구분을 밝혔다. 지금 여기서는 음란하고 바른 두 음악이 함께 능히 상象을 이룰 수 있음을 밝혔다. 그러므로 먼저 음란한 음악이 인사人事에 응해 익숙해진다는 말이다. 군주가 간사한 소리의 음악을 연주시켜 인민에게 느껴 움직이게 하면, 천지가 그에 응해 역란逆亂의 기를 발생시킨다는 말이다.
此第六章名樂象也 本第八 失次也 明人君作樂 則天地必法象應之 中有五段 一明淫樂正樂俱能成象 二明君子所從正樂 三明邪正皆有本 非可假僞 四證第三段有本不僞之由 五明禮樂之用 前有證 故明其用別也 今此明淫正二樂俱能成象 故先言淫樂爲習應人事也 言君奏姦聲之樂以感動人民 則天地應之而生逆亂之氣也

② 逆氣成象 역기성상

집해 정현이 말했다. "성상成象은 사람이 음악을 익히는 것을 이른다."
鄭玄曰 成象謂人樂習之也

③ 淫樂興焉 음악흥언

정의 흥興은 생기는 것이다. 만약 역기逆氣가 세상에 유행하면 백성이 또 익혀서 본받는다. 그러므로 '성상'이라고 일렀다. 이미 어지러운 것을 익혀 본받았으므로 백성의 음악소리는 음란하고 일탈한 것에서 발생한다.
興 生也 若逆氣流行於世而民又習之爲法 故云成象 既習亂爲法 故民之樂聲生於淫佚也

신주 성상成象에 대해 《주역》 〈계사전 상〉에서 "하늘에는 성상이 있고,

땅에는 성형成形이 있어서 변화를 볼 수 있다."라고 말했다. 한강백韓康伯은 그 주석에서 "상象은 일월성신日月星辰의 형상이다."라고 말했고, 공영달은 "상象은 현상懸象(하늘에 있는 여러 물상)이다. 일월성신이다."라고 말했다. 《순자》 〈악론〉에서는 "무릇 간사한 소리는 사람을 감응시켜 역기逆氣에 응하게 한다. 역기가 성상을 하면 어지러운 것이 일어난다."라고 말했다. 여기에서 성상은 가무歌舞의 형상을 뜻한다.

④ 正聲感人～和樂興焉정성감인～화락흥언

정의 순기順氣가 유행하면 백성이 익혀 법을 이룬다. 그러므로 음악소리가 또한 조화로움에서 발생한다는 말이다.

言順氣流行 民習成法 故樂聲亦生於和也

⑤ 倡和有應창화유응

정의 倡은 '창[昌尙反]', 和는 '화[胡臥反]'로 발음한다. 군주가 부르면 천지가 화답하고 백성이 응한다. 그러므로 '창화유응唱和有應'이라고 일렀다.

倡音昌尙反 和 胡臥反 君唱之 天地和之 民應之 故云唱和有應也

⑥ 回邪曲直各歸其分회사곡직각귀기분

정의 分은 '분[房問反]'으로 발음한다. 이것도 응함이 있는 것이다. 회사回邪는 바르지 않은 것이다. 곡曲은 굽은 것이다. 직直은 기울지 않은 것이다. 서로가 응하고 조화하니, 겉이 곧으면 그림자는 바르고, 겉이 굽으면 그림자도 기울어 각각 그의 분수로 돌아간다는 말이다.

分 房問反 此是有應也 回邪 不正也 曲 折也 直 不邪也 言相應和 表直影正 表曲影邪 各歸其分也

⑦ 以類相動也이류상동야

정의 간사한 소리는 사특한 것에 이르고 바른 울림은 순리를 부른다. 이 때문에 천하 만물의 이치는 각각 군주의 선악을 따르며 끼리끼리 서로 어울린다.

姦聲致慝 正響招順 是以天下萬物之理 各隨君善惡 以類而相動也

이러한 까닭에 군자는 정에 되돌려 자신의 뜻을 조화롭게 하고① 무리에 견주어 자신의 행동을 이룬다.② 그래서 간사한 소리나 어지러운 색채가 총명함에 머무르지 못하게 하고, 음란한 음악과 폐지된 예가 마음의 도리에 접하지 못하게 한다. 태만하고 사벽한(마음이 간사하고 한쪽으로 치우친) 기운이 몸에 배지 않게 하고③ 귀, 눈, 코, 입, 마음으로 하여금 온몸에 알게 해서 모두 바른 도리에 말미암게 하여 그 의를 행한다.④

그런 뒤에 음성으로 노래를 부르고 금슬琴瑟로써 장식한다.⑤ 방패와 도끼를 가지고 춤추거나 새깃과 소꼬리로 장식하고, 퉁소와 관악기로 반주해 따르게 한다.⑥ 지극한 덕의 광채를 떨치며⑦ 네 기氣를 조화롭게 움직여⑧ 만물의 이치를 나타낸다.⑨

是故君子反情以和其志① 比類以成其行② 姦聲亂色不留聰明 淫樂廢禮不接於心術 惰慢邪辟之氣不設於身體③ 使耳目鼻口心知百體皆由順正 以行其義④ 然後發以聲音 文以琴瑟⑤ 動以干戚 飾以羽旄 從以簫管⑥ 奮至德之光⑦ 動四氣之和⑧ 以著萬物之理⑨

① 君子反情以和其志군자반정이화기지

집해 정현이 말했다. "반反은 바탕과 같다."

鄭玄曰 反猶本也

정의 이것은 악상장樂象章 제2단이며 군자는 바른 음악을 따름을 밝혔다. 군자는 인군人君이다. 반反은 바탕과 같다. 백성이 아래에서 익힌 바는 이미 군주를 따른다는 것이다. 그러므로 군주는 마땅히 정情에 근본을 두어, 방탕함으로 흐르지 않게 하여 그의 뜻을 조화롭고 편안하게 해야 한다.

此樂象章第二段也 明君子從正樂也 君子 人君也 反猶本也 民下所習既從於君 故君宜本情 不使流宕 以自安和其志也

② 比類以成其行비류이성기행

정의 行은 '행[胡孟反]'으로 발음한다. 만물의 이치는 종류끼리 서로 움직인다. 그러므로 군자는 바른 종류에 비교해서 자신의 행동을 이룬다.

行 胡孟反 萬物之理以類相動 故君子比於正類以成己行也

③ 姦聲亂色～不設於身體간성란색～불설어신체

정의 이 이하는 모두 정성情性으로 돌아가는 종류의 일이다. 술術은 도道이다. 이미 정에 근본을 두어 뜻을 조화하고 또 종류에 견주어 행동을 이루었으므로, 간사한 소리나 음란한 색채를 보고 듣는 것에 머물지 않는다. 음란한 음악이나 더러운 예는 마음의 도와 서로 접하지 못하게 하고, 태만함과 사벽邪僻함은 자신의 몸에 두지 않는다. 소리와 색채는 곧 일이기 때문에 '총명聰明'이라 하고, 기는 형상이 없기 때문에 몸에 베푸는 것이 된다고 일렀다.

此以下皆反情性之類事也 術 道也 既本情和志 又比類成行 故姦聲亂色不留視聽 淫樂穢禮不與心道相接 惰慢邪僻不設置己身也 聲色是事 故云聰明 而氣無形 故於身爲設也

④ 以行其義이행기의

정의 백체百體는 신체의 모든 마디를 이른다. 이미 간사하고 음란한 이하의 여러 일을 하지 않았다. 그러므로 능히 여러 행위를 아울러 바르게 함으로써 그 덕을 행하게 하여 천하를 아름답게 변화시킨다. 총명이 간사한 음악이나 어지러운 색채에 머물지 않게 함으로써 귀와 눈이 바름을 따르게 된다. 마음의 도리를 쓸 때 음란하고 나쁜 예와 악에 접하지 않도록 함으로써 마음의 지혜가 바름을 따르게 된다. 자신을 사벽한 것에 두지 않음으로써 온몸으로 바름을 따르게 된다. 코와 입을 말하지 않은 것은 즐기는 것이 한결같지 않으니, 또한 그래서 냄새와 맛을 조심하여 바름을 따르려는 것이다.

百體謂身體百節 既不行姦亂已下諸事 故能使諸行竝由順正以行其德 美化其天下也 不留聰明於姦聲亂色 故耳目得順正也 不用心術接淫慝禮樂 故心知得順正也 不設身於邪僻 故百體得順正也 不言鼻口者 嗜不一也 亦因戒臭味順正也

⑤ 文以琴瑟문이금슬

정의 그 자신이 이미 바른 연후에 음악을 제정해서 교화하는 것이다. 그러므로 노래의 음성을 사용해 안으로 자신의 덕을 펼치고, 금슬琴瑟의 울림을 사용해 밖으로 자신의 행동을 펼친다. 노래하는 자가 위에 있는데, 이는 당상의 음악이므로 먼저 드러냈다.

其身已正 故然後乃可制樂爲化 故用歌之音聲內發己之德 用琴瑟之響外發己之行 歌者在上 此是堂上之樂 故前明之也

⑥ 動以干戚～從以簫管동이간척～종이소관

정의 또 방패와 도끼, 깃과 깃발, 통소와 관악기를 사용하고 따라서 퍼지게 했다. 사죽絲竹(실과 대나무를 사용하는 현악기와 관악기)은 아래에 있는데, 이는 당하의 음악이므로 뒤에 드러냈다.

又用干戚羽旄簫管 從而播之 絲竹在下 此是堂下之樂 故後明之也

⑦ 奮至德之光분지덕지광

집해 손염이 말했다. "분奮은 떨치는 것이다. 지극한 덕의 광채는 천지의 도이다."

孫炎曰 奮 發也 至德之光 天地之道也

색은 손염이 말했다. "지극한 덕의 광채는 천지의 도이다."

孫炎曰 至德之光 天地之道也

⑧ 四氣之和사기지화

색은 손염이 말했다. "사기四氣의 조화는 네 계절의 변화이다."

孫炎曰 四氣之和 四時之化

⑨ 以著萬物之理이저만물지리

집해 손염이 말했다. "저著는 정성과 같다."

孫炎曰 著猶誠也

이런 까닭에 (음악의) 청명함은 하늘을 상징하고, 광대함은 땅을 상징하며, 시작과 끝마침은 사시四時를 상징하고, 선회하며 춤추는 모습은 비와 바람을 상징한다.① 이에 오색이 꾸밈을 이루되 어지럽지 않고, 팔풍八風(팔방의 바람)이 율에 따르되 간여하지 않으며, 일월이 그 도수를 얻어서 일정한 원리가 있게 된다.② 작고 큰 것이 서로 이루고③ 마침과 시작이 서로 낳으며,④ 창은 청탁을 조화하여 서로 이어서 길을 만든다.⑤
그러므로 음악이 행해지면 인륜이 맑아지고⑥ 귀와 눈이 총명해지며,⑦ 혈기가 화평해지고⑧ 풍속이 바뀌어 천하가 모두 편안해진다.⑨ 그러므로 "음악이란 즐거운 것이다."⑩라고 했다.
是故淸明象天 廣大象地 終始象四時 周旋象風雨① 五色成文而不亂 八風從律而不姦 百度得數而有常② 小大相成③ 終始相生④ 倡和淸濁 代相爲經⑤ 故樂行而倫淸⑥ 耳目聰明⑦ 血氣和平⑧ 移風易俗 天下皆寧⑨ 故曰 樂者樂也⑩

① 淸明象天～周旋象風雨청명상천～주선상풍우

집해 왕숙이 말했다. "청명하고 광대하고 종시 주선하는 것은 모두 음악의 절주節奏와 모습의 발동이다."
王肅曰 淸明廣大 終始周旋 皆樂之節奏容儀發動也

정의 음악이 능히 천지와 통하는 까닭을 엮어 해설했다. "노랫소리가 청명한 것은 하늘의 기를 상징하고, 광대함은 종과 북이 형질을 지닌 것을 일렀으니 땅의 형태를 상징한다. 노래를 두루 연주하고 다시 시작하는 것은 마치 네 계절의 순환과 같음을 일렀으니 음악이 여섯 번 변화하고 아홉 번 변화하는 것과 같다. 춤추는 사람이 선회하는 것은 바람과 비가 하늘로부터 내리는 것과 같음을 이른다."

歷解樂所以能通天地 言歌聲清明 是象天氣也 廣大謂鍾鼓有形質 是象地形也 謂奏歌周而復始 如四時循環也 若樂六變九變是也 謂舞人迴旋 如風雨從天而下

② 五色成文～而有常오색성문～이유상

집해 정현이 말했다. "오색五色은 오행이다. 팔풍八風은 율을 따르고 지극한 절도에 응한다. 백도百度는 백각百刻이다. 일월日月과 밤낮은 정확함을 잃지 않는다는 말이다." 왕숙이 말했다. "음악의 극에 이르면 이렇게 될 수 있다."

鄭玄曰 五色 五行也 八風從律 應節至也 百度 百刻也 言日月晝夜不失正也 王肅曰 至樂之極 能使然耳

③ 小大相成소대상성

정의 대소大小는 그믐에 달이 작아졌다가 커지는 것이 서로 통해서 한 해를 이루는 것을 이른다. 하탕이 말했다. "12개월 율은 서로 궁과 우가 되어 서로 이룬다."

大小謂月晦小大相通以成歲也 賀瑒云 十二月律互爲宮羽而相成也

④ 終始相生종시상생

정의 한 해의 달이 끝나면 다시 시작한다. 하탕이 말했다. "오행의 궁상은 번갈아 끝마치고 시작한다."

歲月終而更始也 賀瑒云 五行宮商 迭相爲終始也

⑤ 倡和清濁 代相爲經창화청탁 대상위경

집해 정현이 말했다. "청淸은 유빈에서 응종에 이르는 것을 말한다. 탁濁은 황종에서 중려에 이르는 것을 말한다."

鄭玄曰 清謂蕤賓至應鍾也 濁謂黃鍾至仲呂也

정의 대代는 경更이다. 경經은 상常이다. 해와 달이 반년에 음과 양이 서로 번갈아 드는 것이 당연한 것으로 즉 돌아와서 서로 궁宮이 된다.

代 更也 經 常也 日月半歲陰陽更相爲常也 即還相爲宮也

신주 '小大'에서 '終始'를 거쳐 이곳에 이르기까지 삼가주석 설명이 약간 어렵다. 간단히 하면 천지자연의 대소와 시종처럼 음악 역시 청탁이 서로 이어서 법칙이나 길(經)을 만들어 조화를 이룬다는 뜻이다. 대代는 원래 '잇는다'는 뜻이다.

⑥ 樂行而倫清악행이륜청

집해 정현이 말했다. "윤倫은 인도를 이른다."

鄭玄曰 倫謂人道也

정의 위에서 바른 음악이 행해짐을 일렀으니, 아래에서 일이 펼쳐진 바탕을 이른 것이다. 곧 음악이 행해진 일이다. 바른 음악이 이미 행해짐으로 말미암아 인륜의 도가 맑아진 것이다.

謂上正樂之行也 謂下事張本也 即樂行之事也 由正樂既行 故人倫之道清也

⑦ 耳目聰明이목총명

정의 간사하고 어지러운 것을 보고 듣지 않으므로 총명함을 보고 듣는다.

不視聽姦亂 故視聽聰明

⑧ 血氣和平 혈기화평

정의 입과 코와 마음의 지혜 같은 온갖 체가 모두 바름을 따르므로, 혈기가 화평하다.

口鼻心知百體皆由從正 故血氣和平

⑨ 移風易俗 天下皆寧 이풍역속 천하개령

정의 이미 모두 바름을 따르는 데 말미암아 그 의를 행하므로 풍속이 바뀌어 천하의 음과 양이 모두 편안해진다. 이移는 곧 옮긴다는 의미이며, 역易은 고치고 바꾸는 것을 가리킨다. 문왕文王의 나라에는 저절로 문왕의 풍습이 있고, 걸주桀紂의 나라에는 또한 걸주의 풍습이 있다. 걸주의 뒤에 문왕의 풍습이 주紂의 백성에게 미쳐서 지난날의 나쁜 습속을 바꾸고 지금의 선한 습속을 따르는 것이다. 위에서 행해지는 것을 풍風이라고 하고 아래에서 익히는 것을 속俗이라고 한다.

既皆由從正以行其義 故風移俗革 天下陰陽皆安寧 移是移徙之名 易是改易之稱也 文王之國自有文王之風 桀紂之邦亦有桀紂之風 桀紂之後 文王之風被於紂民 易前之惡俗 從今之善俗 上行謂之風 下習謂之俗

⑩ 樂者樂也 악자낙야

정의 옛말의 악명樂名을 인용해 앞의 일을 널리 증명했다. 앞의 일에서 삿되고 바른 음악이 비록 다르지만 아울러 그 사람들이 즐기는 것이라고 했다. 그러므로 "즐거운 것이다."라고 이름했다.

引舊語樂名 廣證前事也 前事邪正之樂雖異 竝是其人所樂 故名曰樂也

군자는 음악으로 도를 터득하고,[①] 소인은 음악에서 욕구를 얻는다.[②] 도로써 욕구를 제어制御하면 음악을 즐기되 어지럽지 않고,[③] 욕구로써 도를 망각하면 미혹에 빠져 즐기지 못한다.[④] 이런 까닭으로 군자는 정情에 되돌려 그 뜻을 조화하고[⑤] 음악을 널리 펴서 교화를 이룬다.[⑥] 음악이 행해지면 백성이 바른 길로 가며[⑦] 군자의 덕을 관찰할 수 있다.[⑧]

君子樂得其道[①] 小人樂得其欲[②] 以道制欲 則樂而不亂[③] 以欲忘道 則惑而不樂[④] 是故君子反情以和其志[⑤] 廣樂以成其教[⑥] 樂行而民鄕方[⑦] 可以觀德矣[⑧]

① 君子樂得其道군자악득기도

정의 비록 그 사람이 즐거워하는 바를 '악樂'이라고 이름 지었지만 사람의 마음은 같지 않다. 그러므로 즐기는 데에도 다른 것이 있어 이름이 통하게 했다. 그러므로 모두 '악'이라고 이름했다. 군자는 요임금과 순임금이다. 도道는 인의仁義를 이른다. 그러므로 악을 제정하는 것 또한 인의이다.

雖其人所樂而名爲樂 而人心不同 故所樂有異(有異)而名通 故皆名樂 君子 堯舜也 道謂仁義 故制樂亦仁義也

② 小人樂得其欲소인악득기욕

정의 소인은 '걸주桀紂'이다. 인욕人慾은 삿되고 음란한 것이다.

小人 桀紂也 人欲 邪淫也

③ 以道制欲～而不亂이도제욕～이불란

정의 만약 군자가 위에 있고 소인이 아래에 있으면 군자는 음악에 인의를 사용해 소인의 욕심을 제어하니, 천하는 안락해져 감히 어지러워지지 않는다.
若君子在上 小人在下 君子樂用仁義以制小人之欲 則天下安樂而不敢爲亂也

④ 以欲忘道 則惑而不樂이욕망도 즉혹이불락

집해 정현이 말했다. "도道는 인의를 이르고 욕欲은 사특하고 음란함을 이른다."
鄭玄曰 道謂仁義也 欲謂邪淫也

정의 만약 소인이 위에 있고 군자가 아래에 있으면 소인이 그의 욕심을 멋대로 해 바른 도를 잊고, 천하는 변화를 따라 모두 현혹되어 어지러워져서 안락을 얻지 못한다.
若小人在上 君子在下 則小人肆縱其慾 忘正道 而天下從化 皆爲亂惑 不得安樂

⑤ 反情以和其志반정이화기지

정의 만약 도로써 욕심을 제어하면 이는 군자이다. 욕심 때문에 도를 망각하면 소인이 된다. 그러므로 군자 된 사람은 정에 바탕을 두고 성에 따라 그 뜻을 조화하고, 욕심을 따라 도를 잊지 않게 하여, 정에 되돌아와 그 행함에 이른다.
若以道制欲則是君子 以欲忘道則爲小人 故君子之人本情脩性以和其志 不使逐欲忘道 反情以至其行也

⑥ 廣樂以成其教광악이성기교

정의 안으로는 정情에 바탕을 두어 뜻을 조화하고 밖으로는 또 음악에 널리 통해 그의 가르침을 이룬 연후에, 성음聲音으로 펼쳐 만물의 이치를 나타낸다.

內本情和志而外又廣於樂 以成其教 然後發以聲音 以著萬物之理也

⑦ 樂行而民鄕方악행이민향방

집해 정현이 말했다. "방方은 도와 같다."

鄭玄曰 方猶道也

정의 군주는 위에서 안으로 뜻과 행동을 조화하고 음악을 가르쳐 유행시킨다. 그러므로 백성이 모두 군자의 도로 향해 곧 인의로 욕심을 제어한다. 그러므로 음악이 행해지고 윤리가 맑게 되어 천하가 평안함에 이른다.

君上內和志行 樂教流行 故民皆向君子之道 即仁義制欲者 故樂行而倫清 以至天下安寧也

⑧ 觀德矣관덕의

정의 음악이 사람으로 하여금 위의 일을 알게 한다. 그러므로 그의 덕을 살펴 안다고 결론지은 것이다.

結樂使人知上之事 故觀知其德也

덕이란 본성本性의 단서이고[①] 음악이란 덕의 꽃이며,[②] 금석사죽金石絲竹은 음악의 도구이다.[③] 시詩는 그 뜻을 말로 표현하고,[④] 노래는 그 소리로 읊조리며,[⑤] 춤은 그 모습을 동작으로 나타낸다.[⑥]

이 세 가지는 마음에 바탕을 둔 뒤에야 음악의 기氣가 따른다.⑦ 이런 까닭에 정이 깊으면 문리가 드러나고,⑧ 기가 왕성하면 신처럼 영묘하며,⑨ 온화함이 안으로 쌓이면 아름다움이 밖으로 피어나므로, 오직 음악은 거짓으로 표현할 수 없다.⑩

德者 性之端也① 樂者 德之華也② 金石絲竹 樂之器也③ 詩 言其志也④ 歌 詠其聲也⑤ 舞 動其容也⑥ 三者本乎心 然後樂氣從之⑦ 是故情深而文明⑧ 氣盛而化神⑨ 和順積中而英華發外 唯樂不可以爲僞⑩

① 德者 性之端也덕자 성지단야

정의 이것은 악상장樂象章 제3단으로, 사邪와 정正에는 근본이 있어 모두 거짓되지 않음을 밝혔다. 덕德은 이치를 얻은 것이다. 성性의 실마리는 본本이다. 사람이 태어나서 받은 것은 모두 이치를 얻어서 근본이 된다는 말이다.

此樂象章第三段 明邪正有本 皆不可僞也 德 得理也 性之端 本也 言人稟生皆以得理爲本也

② 樂者 德之華也악자 덕지화야

정의 이치를 안에서 얻으니 음악은 밖이 된다. 그러므로 "덕이 핀 꽃이 악樂이다."라고 일렀다.

得理於內 樂爲外 故云德華也

③ 金石絲竹 樂之器也금석사죽 악지기야

정의 꾸미는 데 필요한 것을 엮어 설명했다. 음악이 덕을 피우기 위해서 쓸 것이 없는 것과 같으므로 금석의 악기들을 필요로 한다.

歷解飾所須也 樂爲德華 若莫之能用 故須金石之器也

④ 詩 言其志也시 언기지야

정의 앞에서 금석으로 악기를 만들었으나 그 뜻을 서술하고 펴기 위해서는 모름지기 시詩를 사용한다. 뜻이 마음에 있어도 서술하지 않으면 펴지 못하므로 시를 사용해 서술한다.

前金石爲器 須用詩述申其志 志在心 不術不暢 故用詩述之也

⑤ 歌 詠其聲也가 영기성야

정의 만약 곧바로 그 뜻을 서술한다면 함축하는 아름다움이 없다. 그러므로 또 말을 길게 하여 노래하고 읊조려서 성음聲音의 아름다움을 들을 수 있게 했다.

若直述其志 則無醞藉之美 故又長言歌詠 使聲音之美可得而聞之也

⑥ 舞 動其容也무 동기용야

정의 만약 곧바로 노래만으로 읊조린다면 다 펴지 못하기 때문에 손을 올리고 발을 굴러 그의 모습을 움직인다.

若直詠歌未暢 故又擧手蹈足以動其形容也

⑦ 三者本乎心 然後樂器從之삼자본호심 연후악기종지

정의 세 가지는 뜻과 소리와 모습이다. 음악의 기氣는 시詩, 가歌, 무舞이다. 군자는 먼저 삼덕을 가지고 마음에 근본으로 삼으니, 뒤에 시, 가,

무를 볼 수 있다. 이 때문에 "그런 뒤에야 음악의 기가 따른다."라고 일렀다.

三者 志聲容也 樂氣 詩歌舞也 君子前有三德爲本乎心 後乃詩歌舞可觀 故云然後樂氣從之也

⑧ 情深而文明정심이문명

정의 덕은 성性의 근본이 된다. 그러므로 정情이 깊다고 했다. 악은 덕을 피우므로 "꾸밈새가 드러난다."라고 일렀다.

德爲性本 故曰情深也 樂爲德華 故云文明

⑨ 氣盛而化神기성이화신

정의 가歌, 무舞, 도蹈에는 음악의 기가 따른다. 그러므로 "기가 왕성하면 천하가 모두 편안하므로 영묘해진다."라고 했다.

歌舞蹈 樂氣從之 故云氣盛 天下咸寧 故曰化神也

⑩ 和順積中～不可以爲僞화순적중～불가이위위

집해 정현이 말했다. "세 가지 근본은 지志, 성聲, 용容이다. 이 근본이 안에 없다면 음악이 될 수 없을 뿐이라는 말이다."

鄭玄曰 三者 本志也聲也容也 言無此本於內 則不能爲樂耳

정의 안팎이 부합하면 헛된 거짓이 있을 수 없어 거짓되지 않은 것이다.

內外符合而無有虛假不可以爲僞也

음악은 마음의 움직임이고,① 소리는 음악의 형상이며,② 문채文采와 절주節奏는 소리의 꾸밈이다.③ 군자는 그 근본을 움직이고④ 그 형상을 악으로 표현한⑤ 후에 그 꾸밈을 닦는다.⑥
樂者 心之動也① 聲者 樂之象也② 文采節奏 聲之飾也③ 君子動其本④ 樂其象⑤ 然後治其飾⑥

① 樂者 心之動也악자 심지동야

정의 이것은 악상장 제4단이며, 앞의 제3단 악본樂本의 일을 증명하여 밝혔다. 앞의 경우 즐길 수 있으므로 마음이 움직여 응한다. 그러므로 "음악은 마음의 움직임이다."라고 일렀다.
此樂象章第四段也 明證前第三段樂本之事 緣有前境可樂 而心動應之 故云樂者心之動也

② 聲者 樂之象也성자 악지상야

정의 상象은 법이다. 음악과 춤에 소리가 없으면 나타나지 않으므로 소리는 음악의 법이 된다.
象 法也 樂舞無聲則不彰 故聲爲樂之法也

③ 文采節奏 聲之飾也문채절주 성지식야

정의 마치 곧바로 소리는 있는데 법도가 없는 것과 같다. 그러므로 모름지기 문채와 절주는 소리가 격식에 의해 꾸며지는 것이다.
若直有聲而無法度 故須文采節奏 聲之儀飾也

④ 君子動其本군자동기본

정의 본本은 덕德이다. 마음의 움직임은 반드시 덕에 응한다.

本 德也 心之動必應德也

⑤ 樂其象악기상

정의 덕행德行은 반드시 법法에 응한다.

德行必應法也

⑥ 治其飾치기식

정의 꾸밈은 문채文采와 절주節奏이다. 먼저 마음을 움직이는 데 덕이 있고 다음은 음악을 행하는 데 법이 있은 연후에 그 꾸밈을 닦는 것이다.

飾 文采節奏也 前動心有德 次行樂有法 然後乃理其文飾也

그런 까닭에 먼저 북을 쳐서 경계시키고[①] 세 번 발을 들어 형세를 보이다가[②] 다시 시작해서 간 것을 나타냈고,[③] 난세를 극복하고 정돈하여 돌아오는 내용이다.[④] 떨쳐 신속했지만 뽑히지 않는 것과 같았으며,[⑤] 지극히 그윽하면서도 숨기지 않았다.[⑥]

是故先鼓以警戒[①] 三步以見方[②] 再始以著往[③] 復亂以飭歸[④] 奮疾而不拔[⑤] (也)極幽而不隱[⑥]

① 先鼓以警戒선고이경계

집해 정현이 말했다. "장차 음악을 연주하는데 먼저 북을 쳐서 대중을 경계시킨다."

鄭玄曰 將奏樂 先擊鼓以警戒衆也

정의 이것은 주나라 무왕武王이 은나라 주紂를 토벌한 일을 인용해서, 앞서 덕이 있고 뒤에 꾸밈이 있는 것을 증명했다. 무왕은 성인이고 이는 앞서 덕이 있는 것이다. 여기에서 절주를 사용한 것은 뒤에 꾸밈새가 있는 것이다. 앞서 북을 친 것은, 무왕이 주紂를 정벌하기 위하여 싸우기 전에 가죽으로 만든 북으로 경계시키려고 울려서 군대에서 맞서 준비하게 했다. 지금 무악武樂을 만든 것은 연주하기 전에 사람들에게 알리려고 가죽으로 만든 북을 울려서 미리 악기를 갖추게 한 것이며, 이는 뒤에 일이 있다는 뜻을 밝힌 것이다.

此引武王伐紂之事 證前有德後有飾也 武王聖人 是前有德也 而用此節奏 是後有飾也 先鼓者 爲武王伐紂 未戰之前 鳴皮鼓以警戒 使軍衆逆備也 今作武樂者 未奏之前鳴皮鼓以敕人 使豫備具也 是明志後有事也

② 三步以見方삼보이현방

집해 정현이 말했다. "장차 춤추면 반드시 먼저 세 번 발을 들어 그 춤이 점점 나아감을 나타낸다." 왕숙이 말했다. "무악武樂을 추면 삼보三步가 일절一節이 되어 정벌할 도를 나타낸다."

鄭玄曰 將舞必先三擧足 以見其舞之漸也 王肅曰 舞武樂三步爲一節者 以見伐道也

정의 見은 '현[胡練反]'으로 발음한다. 삼보는 발을 세 번 뗀 것이다. 현방見方은 바야흐로 싸우는 것을 이른다. 무왕이 주紂를 정벌하는데 싸우기에 앞서 병사들에게 음악으로 그 용기를 떨치게 하고자, 군진軍陣을 내면서 먼저 세 걸음 떼어 바야흐로 싸우려는 용기를 보였다. 지금 그것을 〈악상〉으로 지었다. 줄 서기를 마치면 춤추는 자는 춤을 추기 위해 먼저 발을 세 번 가지런히 들어 걷고 바야흐로 춤추려는 자세를 나타낸다.

見 胡練反 三步 足三步也 見方謂方戰也 武王伐紂 未戰之前 兵士樂奮其勇 出軍陣前三步 示勇氣方將戰也 今作樂象之 纘列畢而儛者將欲儛 先擧足三頓爲步 以表方將儛之勢也

③ 再始以著往재시이저왕

집해 정현이 말했다. "무무武舞는 다시 고쳐 시작함으로써 주를 정벌할 때 거듭 간 것을 밝혔다."

鄭玄曰 武舞再更始 以明伐紂時再往也

정의 著는 '저[竹慮反]'로 발음한다. 재시再始는 두 번에 걸쳐 시작한 것을 이른다. 저著는 '드러내는 것'이다. 문왕이 천명을 받은 지 11년에 무왕武王이 상복을 벗었다. 이때 군대가 맹진孟津에 이르자 군사를 관찰하고 이르기를 "주를 아직 정벌하지 못한다."라고 하고 이에 군사를 돌렸는데, 이것이 한 번 시작한 것이다. 13년에 이르러 다시 군사를 일으켜 정벌한 것이 다시 시작한 것이다. 지금 무武를 추는 자가 먼저 줄을 이루어 추려다가 추지 않는 것이 '한 번 시작한 것'이다. 돌아갔다가 다시 온 것이 곧 '두 번에 걸쳐 시작한 것'으로, 무왕이 다시 간 것을 본떠서 밝힌 것이다. 그러므로 "다시 시작해서 간 것을 나타냈다."라고 일렀다.

著 竹慮反 再始謂兩過爲始也 著 明也 文王受命十一年 而武王除喪 軍至孟津觀兵曰 紂未可伐也 乃還師 是一始也 至十三年 更興師伐之 是再始也 今舞武者 前成列將欲舞而不儛 是一始也 去復更來 是二過始 明象武王再往 故云再始著往也

④ 復亂以飭歸복란이칙귀

집해 정현이 말했다. "징을 울려서 물러남을 이르는데, 정돈해서 돌아간 것을 밝혔다."

鄭玄曰 謂鳴鐃而退 明以整歸也

정의 복復은 복伏이다. 飭은 음이 '칙勅'이다. 복란復亂은 주紂의 흉하고 어지러움을 편안한 것으로 극복한 것이다. 칙귀飭歸는 무왕이 주를 정벌해 승리하고 징을 울려 군사들을 정돈해서 돌아간 것이다. 정벌하러 가면서 가죽으로 만든 북을 치고 돌아가면서 쇠로 만든 징을 치는 것이니, 가죽은 문文이고 쇠는 무武이다. 처음에는 문덕文德을 보여서 주로 하여금 스스로 고치게 해서 정벌하지 않으려 했는데, 주가 고치지 않았기 때문에 군사를 사용했다. 군사를 이미 사용했으므로 쇠로 만든 징을 울려 돌아가면서, 이미 끝마친 것을 보였다. 지금 무무武舞를 연주하는데, 처음에는 가죽으로 만든 북을 쳐서 군중들을 추스르게 하고, 끝에는 징을 울려서 돌아가게 하니, 주를 정벌하는 일을 이미 끝마친 것을 상징한다. 요鐃는 등탁鐙鐸(매단 징)이다.

復者 伏也 飭音勅 復亂者 紂凶亂而安復之 飭歸者 武王伐紂勝 鳴金鐃整武而歸也 以去奏皮鼓 歸奏金鐃者 皮 文也 金 武也 初示文德 使紂自改之則不伐 紂既不改 因而用兵 用兵既竟 故鳴金鐃而歸 示用已竟也 今奏武儛 初皮鼓警衆 末鳴鐃以歸 象伐紂已竟也 鐃 鐙鐸也

신주 삼가주석에서 장황하게 설명했지만, 군사를 낼 때 북을 치고 군사를 물릴 때 징을 쳐서 모은다. 이미 '북'과 '징' 또 고鼓와 요鐃에 그 뜻이 다 들어있다. 북은 문文을 상징하고 징은 무武를 상징한다는 것은 지극히 유가적인 해설일 뿐이다.

⑤ 奮疾而不拔분질이불발

집해 왕숙이 말했다. "춤추면서 비록 신속하면서도 절도를 잃지 않는 것은 마치 나무가 세찬 바람을 맞아도 뽑히지 않는 것과 같다."

王肅曰 舞雖奮疾而不失節 若樹木得疾風而不拔

정의 춤추는 형태를 이른다. 분奮은 신迅이다. 질疾은 속速이다. 발拔은 넘어지는 것이다. 주紂를 정벌할 때에 사졸들이 기뻐서 분발하고 급속하게 위세를 높임으로써 사나워도 넘어지지 않았다. 지금 무무武舞에서 또한 급하고 빠르게 해도 기울어지거나 넘어지지 않는 형상이다.

謂舞形也 奮 迅 疾 速也 拔 傾側也 伐紂時士卒歡喜 奮迅急速 以尙威勢 猛而不傾側也 今武舞亦奮迅急而速 不傾倒象

⑥ 極幽而不隱극유이불은

집해 정현이 말했다. "극유는 노래를 이른다."

鄭玄曰 極幽謂歌也

정의 모두 문채와 절주를 이른 것이다.

皆謂文采節奏也

신주 이상은 무악武樂에 대한 설명이다.《논어》〈팔일〉에서 공자는 순임금의 소악韶樂에 대해서는 "극도로 아름답고 또 극도로 착하다.[盡美矣 又盡善也]"라고 평했지만 이 무악에 대해서는 "극도로 아름답지만 극도로 착하지는 않다.[盡美矣 未盡善也]"라고 평했다. 이에 대해 정자程子는 "성탕이 걸을 쫓아낼 때 부끄러워하는 덕이 있었는데, 무왕도 그러했으니 극도로 착하지는 않은 것이다. 요堯, 순舜, 탕湯, 무武의 법도는 하나이니, 정벌은 하고 싶어서 한 것이 아니라 만난 때가 그러했을 뿐이다.[成湯放桀 惟有慚德 武王亦然 故未盡善 堯舜湯武 其揆一也 征伐非其所欲 所遇之時然爾]"라고 말했다.

홀로 그 뜻을 즐기더라도 그 도에 싫증 내지 않고,[①] 그 도를 갖추어 받들고 욕구를 사사로이 하지 않는다.[②] 이 때문에 정情이 나타나고 의리가 확립되며,[③] 음악이 종료되면 덕德이 높아진다.[④] 군자는 그것으로써 선善을 좋아하고, 소인은 그것으로써 잘못을 그칠 수 있다.[⑤] 그러므로 "백성을 살리는 길은 음악이 제일 위대하다."[⑥] 라고 말했다.

獨樂其志 不厭其道[①] 備擧其道 不私其欲[②] 是以情見而義立[③] 樂終而德尊[④] 君子以好善 小人以息過[⑤] 故曰 生民之道 樂爲大焉[⑥]

① 獨樂其志 不厭其道독락기지 불염기도

집해 왕숙이 말했다. "음악은 능히 어진 사람들로 하여금 홀로 그 뜻을 즐기게 하고, 그 도에 싫증 내지 않게 한다."

王肅曰 樂能使仁人獨樂其志 不厭倦其道也

정의 무왕의 여러 장수마다 기뻐하여 무왕을 본받아 덕이 있고, 천하의 뜻이 아울러 인의仁義인 군신간의 도에 싫증 내지 않는다는 말이다.

言武王諸將 人各忻悅 象武王有德 天下之志竝無厭(干戈)〔仁義〕君臣之道

② 備擧其道 不私其欲비거기도 불사기욕

정의 사람들끼리 싫어하지 않으므로 음악을 만든 자는 일일이 법으로 삼았다. 무왕의 도를 갖추어 세우려고 한 것일 뿐 사사로운 정에서 하고자 함이 아니었다.

緣人人不厭 故作樂者事事法之 欲備擧武王之道耳 非爲私情之所欲也

③ 情見而義立정현이의립

정의 무왕의 도를 싫어하지 않아 그 정이 이미 나타났는데, 곧 그 욕심을 탐하지 않았으며 또한 의가 세워졌다.

不厭武王之道 其情既見 則不私其欲 義亦立也

④ 樂終而德尊악종이덕존

정의 음악의 다스림이 이미 끝나면 이것은 덕의 일을 본받은 것이고, 그의 덕 또한 높이 나타난다.

爲樂之理既終 是象德之事 其德亦尊顯也

⑤ 君子以好善 小人以息過군자이호선 소인이식과

정의 음악의 다스림이 두루 족해서 덕을 본떠 높일 수 있고, 이것으로 세상을 가르친다면 어디를 가든지 불가하겠는가. 군자가 들으면 선을 좋아하고 소인이 들으면 허물을 고친다.

樂理周足 象德可尊 以此教世 何往而不可 君子聞之則好善 小人聞之則改過也

⑥ 生民之道 樂爲大焉생민지도 악위대언

정의 이것은 지난날의 말을 인용해 음악의 도가 크다고 결론한 것이다.

此引舊語 結樂道之爲大

제
九
장

음악으로 교화하다

군자가 말한다. 예와 악은 잠시라도 몸에서 떼어놓으면 안 된다.[①] 악에 도달하여 마음을 다스리면[②] 화평하고 정직하며 자애롭고 어진 마음이 저절로 솟아나온다.[③] 화평하고 정직하며 자애롭고 어진 마음이 생기면 즐겁고, 즐거우면 편안하고, 편안하면 오래 지속되고, 오래 지속되면 하늘과 같게 되고, 하늘과 같게 되면 신神이 된다. 하늘과 같으면 말하지 않아도 믿고, 신이 되면 노여워하지 않아도 위엄이 있다.[④] 악에 도달하는 것은 마음을 다스리는 것이며,[⑤] 예에 도달하는 것은 몸을 다스리는 것이다.[⑥] 몸을 다스리면 장중하고 공경하며, 장중하고 공경하면 엄숙하고 위엄이 있다.[⑦]

君子曰 禮樂不可以斯須去身[①] 致樂以治心[②] 則易直子諒之心 油然生矣[③] 易直子諒之心生則樂 樂則安 安則久 久則天 天則神 天則不言而信 神則不怒而威[④] 致樂 以治心者也[⑤] 致禮 以治躬者也[⑥] 治躬則莊敬 莊敬則嚴威[⑦]

① 君子曰～斯須去身군자왈～사수거신

정의 이는 제10장의 명칭으로 악화장樂化章 제10인데, 백성을 교화하기 때문에 '빈모가賓牟賈' 다음에 제10장을 이루었다. 이 장 안에서는 음악으로 기쁘게 교화함은 모두 좋은 것이라는 말이다. 총 네 단계가 있다. 1단계는 사람이 태어나 항상 예와 악을 자신과 더불어 함께하는 것을 밝혔다. 2단계는 예와 악이 한편만 사용될 수 없고, (그렇게 한다면) 각각 하나를 잃게 된다는 것을 밝혔다. 3단계는 성인이 예를 제정하고 음악을 만든 이유를 밝혔다. 4단계는 성인이 예를 제정하고 음악을 만들어 천하가 복종하는 것을 밝혔다. 이것은 처음 단계로, 사람이 태어나 항상 예와 악을 자신과 더불어 함께하는 것이다. 항상 있으므로 능히 교화하고, 교화하므로 앞에 두었으며 군자의 말을 인용해 근본을 편 것이다. 사수斯須는 잠시 동안이다. 잃어버리면 죽으므로, 잠시라도 몸에서 떠날 수 없다는 것이다.

此第十章名爲樂化章第十 以化民 故次賓牟賈成第十也 其章中皆言樂陶化爲善也 凡四段 一明人生禮樂恆與己俱也 二明禮樂不可偏用 各有一失也 三明聖人制禮作樂之由也 四明聖人制禮作樂 天下服從 此初段 人生禮樂恆與己俱也 恆故能化 化故在前也 引君子之言以張本也 斯須 俄頃也 失之者死 故俄頃不可去身者也

② 致樂以治心치악이치심

집해 정현이 말했다. "치治는 깊이 살피는 것과 같다. 음악은 속으로부터 나왔다. 그러므로 마음을 다스리는 것이다."

鄭玄曰 致猶深審也 樂由中出 故治心也

③ 則易直～油然生矣즉이직～유연생의

집해 왕숙이 말했다. "이易는 평이한 것이다. 직直은 정직한 것이다. 자량子諒은 아끼고 믿는 것이다." 정현이 말했다. "유油는 새로이 태어나는 좋은 모양이다."

王肅曰 易 平易 直 正直 子諒 愛信也 鄭玄曰 油 新生好貌

신주 《논어》 〈학이〉에서 자공은 "부자께서는 온화하고, 어질고, 공손하고, 검소하고, 겸손하여 그것을 얻으시니.[夫子溫良恭儉讓以得之]"라고 했는데, 주자의 주석에서 양良을 '평이하고 곧음'으로 풀이하고 있다. 또《주자어류》 권22에서 "자량子諒은 '자량慈良'이다."라고 했다.

④ 樂則安～則不怒而威낙즉안～즉불노이위

집해 정현이 말했다. "만약 좋은 마음이 생기면 이욕利慾이 적고 이욕이 적으면 즐겁다. 뜻이 밝고 행동을 이루면 말하지 않아도 믿음을 보여 하늘과 같다. 노여워하지 않고 두려움을 나타내면 신과 같다."

鄭玄曰 若善心生則寡於利欲 寡於利欲則樂矣 志明行成 不言而見信 如天也 不怒而見畏 如神也

⑤ 致樂 以治心者也치악 이치심자야

정의 그 말미암는 바를 맺고 있다. 위엄이 있고 믿음직스러운 것은 음악을 깊이 살펴서 마음에 맺기 때문이다.

結所由也 有威信 由於深審樂以結心之故

⑥ 致禮 以治躬者也치례 이치궁자야

정의 앞에서 음악이 마음을 다스리는 것을 밝혔고, 지금은 예에서 행적을 점검하는 것을 밝혔다. 만약 예를 깊이 살펴서 몸을 다스리면 장중하고 공경하게 된다. 정현이 말했다. "예는 밖으로부터 일어나므로, 몸을 다스리는 것이다."

前明樂治心 今明禮檢迹 若深審於禮以治身 則莊敬也 鄭玄云 禮自外作 故治身也

⑦ 治躬則莊敬 莊敬則嚴威치궁즉장경 장경즉엄위

집해 정현이 말했다. "예는 밖으로부터 일어나므로 몸을 다스리는 것이다."

鄭玄曰 禮自外作 故治身也

정의 이미 자신이 장중하고 공경하며 엄격하면 사람들이 바라보고 두려워하는데, 이것이 위엄威嚴이다. 안을 다스리는 것은 보기 어려워 악의 구절에서 깨달아 밝힌 것이 많지만, 밖을 다스리는 것은 보기 쉬워 예의 구절에서 깨달아 밝힌 것이 적으며, 또 결론짓고 있다.

既身莊敬儼然 人望而畏之 是威嚴也 治內難見 發明樂句多 治外易觀 發明禮句少 而又結也

마음속이 잠시라도 온화하거나 즐겁지 않으면 비루하고 거짓된 마음이 들어온다.① 겉모습이 잠시라도 장중하거나 공경하지 않으면 태만한 마음이 들어온다.② 그러므로 악은 안에서 움직이는 것이고, 예는 밖에서 움직이는 것이다. 악은 조화를 극진히 하고 예는 순종을 극진히 한다. 안으로 조화롭고 밖으로 순종하면 백성은 그 얼굴색을 보고 서로 다투지 않으며, 그 용모를 보고 백성은 가볍고 태만함을 기르지 않는다.

덕德이 안에서 찬란하게 움직이면 백성은 명을 받들지 않는 자가 없으며, 도리가 밖에서 펼쳐지면 백성이 순종하여 받들지 않는 자가 없다.[③] 그래서 "예와 악의 도를 알고 그것을 들어 천하에 사용하면 어려운 일이 없다."[④]라고 했다.

心中斯須不和不樂 而鄙詐之心入之矣[①] 外貌斯須不莊不敬 而慢易之心入之矣[②] 故樂也者 動於內者也 禮也者 動於外者也 樂極和 禮極順 內和而外順 則民瞻其顏色而弗與爭也 望其容貌而民不生易慢焉 德煇動乎內而民莫不承聽 理發乎外而民莫不承順[③] 故曰 知禮樂之道 擧而錯之天下無難矣[④]

① 心中斯須～心入之矣 심중사수～심입지의

집해 정현이 말했다. "이욕利慾이 생겨남을 이른 것이다."

鄭玄曰 謂利欲生也

② 外貌斯須～心入之矣 외모사수～심입지의

집해 정현이 말했다. "이易는 가볍고 쉬운 것이다."

鄭玄曰 易 輕易也

③ 德煇動乎～不承順 덕휘동호～불승순

집해 정현이 말했다. "덕휘德煇는 안색이 윤택한 것이다. 이理는 나아가고 멈추는 모양이다." 손염이 말했다. "덕휘는 밝은 은혜이다. 이理는 언행이다."

鄭玄曰 德煇 顔色潤澤也 理 容貌進止也 孫炎曰 德煇 明惠也 理 言行也

④ 擧而錯之天下無難矣거이조지천하무난의

정의 錯는 '초[七故反]'로 발음한다. 지난날을 인용해 백성이 명을 받들지 않음이 없고 받들어 순종하지 않음이 없는 것을 증명했다. 성왕들이 능히 예와 악의 도를 지극하게 자세히 살피고 이것을 들어 천하에 사용하니, 천하가 모두 따라서 어렵게 여기지 않는다는 것이다.

錯 七故反 引舊證民莫不承聽 莫不承順也 聖王有能詳審極致禮樂之道 擧而措之於天下 天下悉從 無難爲之事也

악이란 안에서 움직이고, 예란 밖에서 움직인다.① 그러므로 예는 겸손을 주로 하고,② 음악은 채움을③ 주로 한다. 예가 겸손하면 나아가고, 나아감으로써 아름다워진다.④ 악이 채워지면 되돌아오고, 돌아옴으로써 아름다워진다.⑤ 예가 겸손하되 나아가지 않으면 흐트러지고, 악이 채워지되 돌아오지 않으면 방종으로 흐른다.⑥ 그러므로 예는 보답이 있고,⑦ 악은 되돌아옴이 있다.⑧ 예가 그 보답을 얻으면 즐겁고, 악이 그 되돌아옴을 얻으면 편안하다. 예의 보답과 악의 되돌아옴은 그 뜻이 하나이다.⑨

樂也者 動於內者也 禮也者 動於外者也① 故禮主其謙② 樂主其盈③ 禮謙而進 以進爲文④ 樂盈而反 以反爲文⑤ 禮謙而不進 則銷 樂盈而不反 則放⑥ 故禮有報⑦而樂有反⑧ 禮得其報則樂 樂得其反則安 禮之報 樂之反 其義一也⑨

---

① 樂也者～動於外者也악야자～동어외자야

정의 이것은 악화장樂化章의 제2단계이다. 예와 악이 한편으로만 사용되는 것은 불가하고 각각 하나를 잃는 것이 있음을 밝혔다. 이미 잃는 바를 밝혔으므로 앞에서 다시 안팎에서 그 발동하는 바를 말하여 같지 않다고 했다. 동動은 또한 만져서 느끼는 것이다.

此樂化章第二段也 明禮樂不可偏用 各有一失 既方明所失 故前更言其所發外內不同也 動亦感觸

② 禮主其謙예주기겸

집해 정현이 말했다. "사람이 움츠리는 바이다." 왕숙이 말했다. "스스로 겸손한 것이다."

鄭玄曰 人所倦也 王肅曰 自謙損也

색은 왕숙이 말했다. "스스로 낮춰 삼가는 것이다."

王肅曰 自謙愼也

③ 樂主其盈악주기영

집해 정현이 말했다. "사람이 기뻐하는 바이다." 왕숙이 말했다. "기와 뜻이 충만한 것이다."

鄭玄曰 人所懽也 王肅曰 充氣志也

④ 禮謙而進 以進爲文예겸이진 이진위문

집해 정현이 말했다. "진進은 스스로 힘써 강하게 되는 것을 말하고, 문文은 아름다움과 같고 착한 것이다." 왕숙이 말했다. "예는 스스로 덜어내니, 덕으로 나아가고 사업을 닦는 까닭이다."

鄭玄曰 進者謂自勉強也 文猶美也 善也 王肅曰 禮自減損 所以進德修業也

⑤ 樂盈而反 以反爲文악영이반 이반위문

집해 정현이 말했다. "반反은 스스로 억지하는 것을 이른다." 왕숙이 말했다. "음악은 기와 뜻을 채워서 근본으로 돌아간다."

鄭玄曰 反謂自抑止也 王肅曰 樂充氣志而反本也

⑥ 禮謙而～則放예겸이～즉방

집해 정현이 말했다. "성악聲樂에 멋대로 음란해지면 능히 중지하지 못한다."

鄭玄曰 放淫於聲樂 不能止也

⑦ 禮有報예유보

집해 손염이 말했다. "보報는 예가 왕래하는 것을 숭상하여 권장해 나아감이다." 왕숙이 말했다. "예는 스스로 덜어내니, 나아가는 것을 보답으로 삼는다."

孫炎曰 報謂禮尙往來 以勸進之 王肅曰 禮自減損 而以進爲報也

⑧ 樂有反악유반

집해 손염이 말했다. "반反은 곡조가 끝나면 돌아와 다시 시작하는 것을 이른다."

孫炎曰 反謂曲終還更始

색은 손염이 말했다. "반反은 곡조가 끝나면 돌아와 다시 시작하는 것을 이른다."

孫炎曰 反謂曲終還更始也

⑨ 其義一也기의일야

집해 정현이 말했다. "함께 가운데서 일어나서 사라지지도 않고 멋대로 하지도 않는다."

鄭玄曰 俱起立於中 不銷不放

대저 악은 즐거운 것이니 인정으로 벗어날 수 없다.① 악은 반드시 여러 성음에서 나오고 동정動靜으로 형상화되니 사람의 도리이다.② 성음과 동정, 그리고 본성과 술수의 변화는 여기에서 다한다.③ 그러므로 사람은 즐거움이 없을 수 없으니, 악은 형상이 없을 수 없다.④

형상으로 나타내는데 도로써 하지 않으면 어지러워지지 않을 수 없다. 그래서 선왕들은 그 어지러움을 싫어했으므로 아雅나 송頌의⑤ 악곡樂曲을 그 도리로 만들었다. 그 소리는 족히 즐거우면서 흘러넘치지 않게 했고, 그 꾸밈은 족히 순서가 있으면서 그치지 않게 했으며,⑥ 그 굽고 곧고 복잡하고 간단하고 빼고 더한 절제된 연주로⑦ 족히 사람들의 선한 마음을 감동시키기에 충분하게 했을 뿐, 방심하거나 사악한 기운이 접근하지 못하게 했다. 이것이 선왕들이 음악을 세우는 방도이다.⑧

夫樂者樂也 人情之所不能免也① 樂必發諸聲音 形於動靜 人道也② 聲音動靜 性術之變 盡於此矣③ 故人不能無樂 樂不能無形④ 形而不爲道不能無亂 先王惡其亂 故制雅頌之⑤聲以道之 使其聲足以樂而不流 使其文足以綸而不息⑥ 使其曲直繁省廉肉節奏⑦ 足以感動人之善心而已矣 不使放心邪氣得接焉 是先王立樂之方也⑧

① 夫樂者～不能免也부악자～불능면야

정의 이것은 악화장樂化章 제3단계이다. 성인이 음악을 만든 이유는 사람들이 가무歌舞를 즐기기 때문임을 밝혔다. 성인이 음악을 만들어 화락하게 하였으므로 "음악은 즐기는 것이다."라고 일렀다. 다만 환락은 사람이 탐하는 바로, 탐하는 것은 스스로 중지하지 못하므로 '인정'이라고 일렀다.

此樂化章第三段也 明聖人所以制樂 由人樂於歌舞 故聖人制樂以和樂之 故云樂者樂也 但懽樂是人所貪 貪不能自止 故云人情也

② 樂必發諸聲音～人道也악필발제성음～인도야

집해 정현이 말했다. "인도는 사람이 하는 바이다."

鄭玄曰 人道 人之所爲也

③ 聲音動靜～盡於此矣성음동정～진어차의

집해 정현이 말했다. "가히 지나치지 못하는 것이다."

鄭玄曰 不可過

④ 形형

집해 정현이 말했다. "형은 성음과 동정이다."

鄭玄曰 形 聲音動靜也

⑤ 雅頌아송

신주 아송雅頌은 《시경》의 악곡 분류의 명칭인데, 아雅는 조정의 모임이나 연회에 사용하던 음악이나 가사이고, 송頌은 종묘에서 제사지낼 때 사용하던 음악이다. 즉 아송이란 정통적인 아악을 말한다. 《시경》에는 〈국풍〉과 〈소아〉와 〈대아〉가 있고, 〈주송〉, 〈노송〉, 〈상송〉이 있다. 《시경》은 크게 풍風과 〈소아〉, 〈대아〉 및 송 네 부분으로 나뉘어 있는 것이다. 아송은 성세盛世의 음악과 묘당廟堂의 음악을 지칭한다. 《예기》 〈악기〉에 "선왕이 어지러움을 부끄럽게 여겨서 아와 송의 소리를 만들어 인도했다…… 그래서 그 아송의 소리를 들으면 그 뜻을 얻는 것이 광대해진다.[先王恥其亂 故制雅頌之聲以道之……故聽其雅頌之聲 志意得廣焉]"라는 구절이 있다. 이 구절에 한나라 공영달孔穎達이 주석하기를 "아는 바른 도를 펴는 것이고, 송은 성공을 돕는 것이다. 만약 그 소리를 들으면 음사陰邪가 들어오지 못하므로 그 뜻을 얻는 것이 광대해지는 것이다."라고 했다.

⑥ 文足以綸而不息문족이륜이불식

집해 정현이 말했다. "문은 말을 엮은 것이다. 식은 그치는 것이다."

鄭玄曰 文 篇辭也 息 銷也

⑦ 曲直繁省廉肉節奏곡직번성렴육절주

정의 정현이 말했다. "곡직은 노래의 곡절이다. 번성렴육繁省廉肉은 소리의 크고 작음이다."

鄭玄曰 曲直 歌之曲折 繁省廉肉 聲之洪殺也

⑧ 方방

집해 정현이 말했다. "방方은 길이다."

鄭玄曰 方 道也

이런 까닭에 악이 종묘 안에 있으면서 군신君臣과 상하上下가 함께 들으면 화합하고 공경하지 않을 수 없고, 일족의 어른이 향리 안에 있으면서 어른과 어린이가 함께 들으면 화순和順하지 않을 수 없으며, 가정 안에 있으면서 부자와 형제가 함께 들으면 화친하지 않을 수 없다. 그러므로 음악은 하나로 살펴 조화를 정하고 악기에 맞추어 박자를 꾸며서, 마디의 연주가 합해져 꾸밈을 이루니① 부자와 군신을 화합하게 하는 까닭이다. 만민을 덧붙여 친하게 하니, 이것이 선왕들이 음악을 세운 방도이다.
그러므로 아雅와 송頌의 악곡을 들으면 뜻이 넓어진다.② 방패와 도끼를 잡고 굽어보고 우러러보고 펴고 굽히는 동작을 익히면 모습이 장엄해진다. 춤추는 줄을 맞추고③ 그 마디의 연주를 모으면④ 행렬이 반듯해지고 진퇴가 가지런해진다. 그러므로 음악은 천지를 가지런하게 하고, 조화를 맞추는 벼리이기 때문에,⑤ 인정이 벗어날 수 없다.
是故樂在宗廟之中 君臣上下同聽之 則莫不和敬 在族長鄕里之中 長幼同聽之 則莫不和順 在閨門之內 父子兄弟同聽之 則莫不和親 故樂者 審一以定和 比物以飾節 節奏合以成文① 所以合和父子君臣 附親萬民也 是先王立樂之方也 故聽其雅頌之聲 志意得廣焉② 執其干戚 習其俯仰詘信 容貌得莊焉 行其綴兆③ 要其節奏④ 行列得正焉 進退得齊焉 故樂者天地之齊 中和之紀⑤ 人情之所不能免也

① 審一以定和～節奏合以成文 심일이정화～절주합이성문

집해 정현이 말했다. "심일審一은 그 사람의 소리를 살피는 것이다. 비물比物은 금혁토포金革土匏의 악기를 섞어서 꾸밈을 이루고, 오성과 팔음이 화합해서 서로 응하여 조화로운 것을 이른다."

鄭玄曰 審一 審其人聲也 比物謂雜金革土匏之屬以成文 五聲八音克諧 相應和也

② 雅頌之聲 志意得廣焉아송지성 지의득광언

정의 앞에서는 선왕이 제정한 성음聲音이 동정動靜에 나타나는 것을 말했다. 그러므로 여기서는 그 일을 증명했다. 이는 곧 성음에서 발동한 것이니, 백성이 바른 소리를 듣고 성대한 덕의 아름다움을 더하여 얻음으로써 뜻이 광대해지는 것이다.

前云先王制之聲音 形於動靜 故此證其事也 此是發於聲音也 民聽正聲 得益盛德之美 志意得廣大也

③ 綴兆철조

집해 정현이 말했다. "철綴은 표表이며 행렬에서 나타나는 것이다."

鄭玄曰 綴 表也 所以表行列也

신주 열을 지어 춤추는 것으로 철조綴兆는 고대부터 있었던 춤의 형식 중 하나이다. 《예기》 〈악기〉에서 "종고관경鍾鼓管磬과 우약간척羽籥干戚은 악의 기구이며, 굴신부앙屈伸俯仰과 철조서질綴兆舒疾은 악의 문식이다."라고 한 데서 춤의 형식임을 알 수 있다.

④ 要요

집해 정현이 말했다. "요는 모은 것과 같다."

鄭玄曰 要猶會也

⑤ 紀기

집해 정현이 말했다. "기는 합하여 추스르는 명칭이다."

鄭玄曰 紀 總要之名

무릇 음악은 선왕들이 기쁨을 표현하는 방법이었으며,① 군대의 부월은 선왕들이 노여움을 나타내는 방법이었다. 그래서 선왕들은 기뻐하고 노여워하는 것이 모두 가지런하고 질서가 있으니, 기뻐하면 천하가 화평하고 노여워하면 난폭한 자도 두려워했다. 선왕의 도인 예와 악이 성대했다고 이를 만하다.

夫樂者 先王之所以飾喜也① 軍旅鈇鉞者 先王之所以飾怒也 故先王之喜怒皆得其齊矣 喜則天下和之 怒則暴亂者畏之 先王之道禮樂可謂盛矣

① 夫樂者～以飾喜也부악자～이식희야

정의 이것은 악화장樂化章 제4단계이다. 음악은 오직 성인聖人이 위에 있을 때 제작해서 천하가 이에 복종하는 것을 밝혔다. 안에 기쁨이 있을 때는 밖으로 노래와 춤으로 꾸민다. 그러므로 이르기를 "선왕은 음악으로써 기쁨을 꾸민다."라고 했다.

此樂化章第四段也 明樂唯聖人在上者制作 天下乃從服也 若內有喜 則外歌舞以飾之 故云先王以樂飾喜也

제十장

위문후가 음악에 대해 묻다

위나라 문후文侯가 자하子夏에게 물었다.①

"나는 현의玄衣에 면관冕冠을 쓰고 옛 음악을 들으면② 그저 졸음이 오는데, 정나라나 위나라의 음악을 들으면 싫증을 느끼지 않습니다. 감히 묻건대 옛 음악을 들으면 저와 같은 것은 무엇 때문이며, 새로운 음악을 들으면 이와 같은 것은 무엇 때문입니까?"

魏文侯問於子夏曰① 吾端冕而聽古樂② 則唯恐臥 聽鄭衛之音則不知倦 敢問古樂之如彼 何也 新樂之如此 何也

① 魏文侯問於子夏曰 위문후문어자하왈

정의 이것은 제8장이며 문후가 질문한 것을 밝혔다. 문후는 옛 진晉나라 대부였던 필만畢萬의 후예이며, 자하를 만나서 악에 대해 물었다.

此章第八 明文侯問也 文侯故晉大夫畢萬之後 見子夏而問於樂也

신주 필만畢萬은 희성姬姓으로 씨는 필畢이고, 이름은 만萬이다. 주나라 문왕의 서자인 고高의 후예로 춘추시대 진국晉國의 대신이었다. 진나라 헌공이 재위 16년(서기전 661) 위魏, 경耿, 곽霍을 멸했다. 처음으로 조숙趙夙을 경나라에, 필만을 위나라에 봉했는데, 여기에서 비롯되었다. 서기전 403년 위나라 문후가 주왕周王의 명으로 제후에 봉해져서 위국魏國을 세우면서 진국은 공식적으로 망했다. 자하는 공자의 제자인 복상卜商이다.

② 端冕而聽古樂단면이청고악

집해 정현이 말했다. "단端은 현의(검은 옷)이다. 고악古樂은 선왕의 정악이다."

鄭玄曰 端 玄衣也 古樂 先王之正樂

정의 이것은 문후가 질문한 일이다. 단면端冕은 현면玄冕(검은 면류)을 이른다. 무릇 면복을 만들어 그 바른 폭은 소매가 2자 2치이다. 그러므로 '단'이라고 일컬었다. 현면의玄冕衣는 현단玄端과 함께 같은 색으로 드러낸다. 그러므로 단면하고 옛 음악을 듣는다고 했다. 이것은 당시 사당 안에서 음악을 듣는 것에 해당한다. 현면은 제사 때 입는 옷이다.

此文侯問事也 端冕謂玄冕 凡冕服 其制正幅袂二尺二寸 故稱端也 著玄冕衣與玄端同色 故曰端冕聽古樂也 此當是廟中聽樂 玄冕 祭服也

신주 위나라 문후와 자하의 문답은《사기》〈위세가〉와 〈육국연표(서기전 407)〉에도 나온다. 그러나 양옥승의《사기지의》에 따르면 자하의 나이는 공자보다 44세 적다. 이를 감안하면 이때 자하의 나이는 101세가 된다. 이 내용은 자하 문하생들이나 후대에 만들어진 이야기일 가능성이 있다.《고사변》 학파들이 중국 상고사는 유학자들이 만들어 낸 이야기가 많다고 주장했는데, 이 역시 그런 한 사례일 것이다.

자하가 대답했다.

"이제 옛 음악은 (춤추는 사람들이) 함께 나아가고 함께 물러남에① (곡조는) 조화롭고 바르게 퍼지니② 현포생황弦匏笙簧의 악기는 모두 부拊와 고鼓가 울릴 때를 기다립니다.③ 문文(북)으로 연주를 시작하고 무武(징)로 어지러움을 그치게 하며④ 상相으로 어지러움을 수습하고 아雅로 빠름을 알립니다.⑤ 군자가 이에 말하여 옛 음악을 도道로 삼아 자기의 몸과 집안을 닦고 천하를 고르게 했으니, 여기서 옛 음악이 일어났습니다.

子夏答曰 今夫古樂 進旅而退旅① 和正以廣② 弦匏笙簧合守拊鼓③ 始奏以文 止亂以武④ 治亂以相 訊疾以雅⑤ 君子於是語 於是道古 修身及家 平均天下 此古樂之發也

① 進旅而退旅진려이퇴려

[집해] 정현이 말했다. "여旅는 함께하는 것과 같다. 함께 나아가고 함께 물러가는 것이 하나로 가지런하다는 말이다."

鄭玄曰 旅猶俱也 俱進俱退 言其齊一也

[정의] 자하의 대답은 무릇 세 가지가 있다. 처음에는 옛 예를 거론한 것이고, 다음에는 새 음악으로 응대해서 뜻을 물은 것이고, 또 따로 나누어 설명하는 것으로 문후를 유인함으로써 다시 질문하게 한 것이다. 이는 옛 음악의 정을 서술해서 답한 것이다. 여旅는 중衆이다.

子夏之答凡有三 初則擧古禮 次新樂以酬問意 又因更別說以誘引文侯 欲使更問也 此是答述古樂之情 旅 衆也

② 和正以廣화정이광

집해 정현이 말했다. "간사한 소리가 없는 것이다."

鄭玄曰 無姦聲也

③ 弦匏笙簧合守拊鼓현포생황합수부고

집해 정현이 말했다. "합合은 모두이다. 무리가 다 북을 치는 것을 기다려 일어나는 것을 말한다. 부拊는 가죽으로 겉을 만들고 속에 겨를 채워 꾸민 것이다."

鄭玄曰 合 皆也 言衆皆待擊鼓乃作也 拊者 以韋爲表 裝之以糠也

정의 拊 음은 '부[敷武反]'이다. 부拊는 다른 이름으로 상相이다. 또한 옛 생악笙樂을 연주하는 것이다. 현弦은 금琴이다. 포匏는 '박'의 종류이며 46개 황篁(대나무 피리)이다. 생笙은 19에서 13황에 이른다. 황簧은 포생匏笙의 관 끝에서 부는 것이다. 합合은 모으는 것이다. 수守는 기다림이다. 부拊는 가죽으로 만들어 겨를 채운 가죽부대 같은 것이며, 손으로 두드려 사용하는 북이다.

현포생황을 사용해 연주할 때는, 만약 당상堂上에서 음악을 연주하게 시키려면 부拊를 두드리고, 당상의 악공은 부를 두드리는 소리를 듣고 현악기를 타고 노래한다. 만약 당하에서 음악을 연주하게 시키려면 북을 치고, 당하의 악공은 북소리를 듣고 관악기를 불어 음악이 퍼지게 한다. 현포생황弦匏笙簧은 모두 부拊를 기다려 절도로 삼는 것을 말하므로 "모여 부와 북을 기다린다."라고 말한 것이다.

拊音敷武反 拊 一名相 亦奏古笙樂也 弦 琴也 匏 瓠屬也 四十六簧 笙十九至十三簧也 簧 施於匏笙之管端者也 合 會也 守 待也 拊者 皮爲之 以糠實如革囊也 用手撫之鼓也 言奏弦匏笙簧之時 若欲令堂上作樂則撫拊 堂上樂工聞撫拊

乃弦歌也 若欲令堂下作樂則擊鼓 堂下樂工聞鼓乃吹管播樂也 言弦匏笙簧皆待拊爲節 故言會守拊鼓也

신주 부拊는 음악과 관련이 깊은 단어다. 연주하는 것을 부악拊樂이라고 한다. 악기를 치는 것을 부박拊搏이라고 하고, 비파를 타는 것을 부현拊弦이라고 하고, 북을 치는 것을 부고拊鼓라고 하고, 박자를 맞추는 것을 부절拊節이라고 하고, 장구를 치는 것을 부부拊缶라고 한다.

④ 以文 止亂以武이문 지란이무

집해 정현이 말했다. "문文은 북을 말하고 무武는 쇠(징)를 말한다."
鄭玄曰 文謂鼓 武謂金也

⑤ 治亂以相 訊疾以雅치란이상 신질이아

집해 손염이 말했다. "그 어지러워진 행동을 정돈하여 상相으로써 절도가 있게 한다. 적에게 신속하게 달려가고 아雅로써 奚아간다." 정현이 말했다. "상相은 곧 부拊이며 절도 있는 음악이다. 아雅는 악기 이름이며 모양이 칠통漆筩(옻칠한 대나무통) 같고 속에는 송곳이 있다."
孫炎曰 整其亂行 節之以相 赴敵迅疾 趨之以雅 鄭玄曰 相即拊也 亦以節樂 雅亦樂器名 狀如漆筩 中有椎

지금 무릇 새로운 음악은 나아갈 때 구부리고 물러날 때도 구부리는데[①] 간사한 소리는 음란하기 때문에 빠져들면 그칠 수 없습니다.[②] 예인(優)이나 어릿광대(侏儒)는[③] 원숭이들이 새끼들과 섞여 노는 것처럼 부자 사이를 알지 못합니다.[4] 이 음악은 말로써 끝내 설명할 수 없고 도의 옛 것으로 봐도 불가하기 때문에 여기에서 새 음악이 일어난 것입니다.[5] 지금 군주께서 물은 것은 악樂에 대한 것이나 좋아하는 것은 음音입니다.[6] 무릇 악과 음은 서로 가깝지만 똑같지 않습니다."[7]

今夫新樂 進俯退俯[1] 姦聲以淫 溺而不止[2] 及優侏儒[3] 獶雜子女 不知父子[4] 樂終不可以語 不可以道古 此新樂之發也[5] 今君之所問者樂也 所好者音也[6] 夫樂之與音 相近而不同[7]

① 進俯退俯진부퇴부

집해 정현이 말했다. "부俯는 구부리는 것과 같다. 하나로 가지런하지 않다는 말이다."

鄭玄曰 俯猶曲也 言不齊一也

정의 이것은 제2단계로 잡악雜樂을 기술했다. 부俯는 구부리는 것이다. 새로운 음악의 행렬이 가지런하지 않아서 나아가고 물러날 때 구부러진다.

此第二述雜樂也 俯 曲也 新樂行列不齊 進退曲也

② 姦聲以淫 溺而不止간성이음 닉이부지

집해 왕숙이 말했다. "간사한 소리는 음란해서 사람이 그 속에 빠져들어서 능히 스스로 중지할 수 없게 한다."

王肅曰 姦聲淫 使人溺而不能自止

③ 及優侏儒급우주유

집해 왕숙이 말했다. "남녀 예인과 몸이 작은 자(어릿광대)이다."

王肅曰 俳優短人也

④ 獿雜子女 不知父子노잡자녀 부지부자

집해 정현이 말했다. "노獿는 원숭이이다. 춤추는 자가 원숭이와 노니는 것처럼 남녀의 존비를 어지럽힌다는 말이다."

鄭玄曰 獿 獮猴也 言舞者如獮猴戲 亂男女尊卑也

⑤ 新樂之發也신악지발야

정의 여기서 새로운 음악의 대답으로 끝을 맺었다.

此結新樂答也

⑥ 所好者音也소호자음야

정의 이것은 제3단계이며 문후를 유인해서 다시 앞의 설에 대해서 질문하게 한 것이 이 구절이다. 문후가 질문한 것은 악樂이지만 좋아하는 것은 갱쟁鏗鎗(금석金石의 소리)의 음이니, 이는 율려律呂가 조화된 바른 음악이 아니라는 말이다.

此第三段 誘引文侯更問前故說此句 言文侯所問乃是樂 而好鏗鎗之音 非律呂克諧之正樂也

⑦ 相近而不同상근이부동

집해 정현이 말했다. "갱쟁鏗鎗의 종류는 모두 음이지만, 율律에 응하면 악이 된다."

鄭玄曰 鏗鎗之類皆爲音 應律乃爲樂

문후가 물었다.

"감히 묻건대 악과 음은 어떻게 다릅니까?"①

자하가 대답했다.

"옛날에는 하늘과 땅이 화순하고 네 계절도 순서를 잃지 않았습니다.② 백성에게 덕이 있고 곡식이 풍성했으며, 전염병이 생기지 않고 요상한 이변도 없었는데, 이를 일러 '대당大當'이라 합니다.③ 그런 뒤에 성인이 부자와 군신들의 예를 만들어 기강紀綱으로 삼았는데 그 기강이 이윽고 바르게 지켜져서 천하가 크게 안정되었습니다. 그런 뒤에 육률六律을 바로잡고 오성을 조화시켰으며, 시詩와 송頌을 현弦에 맞추어 노래하니, 이를 덕음德音이라고 하고 그 덕음을 악이라고 했습니다.

《시경》에서 '덕음을 조용히 하니 그 덕은 더욱 밝았어라. 더욱 밝고 더욱 분별하며 더욱 어른답고 더욱 임금다우시어 이 큰 나라의 왕이 되셨도다. (백성은) 더욱 순종하고 더욱 낮추어④ 문왕에게 낮추니 그 덕은 쓰러지지 않아 하늘에서 내린 복을 받아 자손에게 베풀었네.'⑤라고 했으니, 이것이 덕음을 말한 것입니다. 지금 군주께서 좋아하시는 음은 참으로 관능적인 음악이군요!"⑥

文侯曰 敢問如何① 子夏答曰 夫古者天地順而四時當② 民有德而五穀昌 疾疢不作而無祆祥 此之謂大當③ 然後聖人作爲父子君臣以爲之紀綱 紀綱既正 天下大定 天下大定 然後正六律 和五聲 弦歌詩頌 此之謂德音 德音之謂樂 詩曰 莫其德音 其德克明 克明克類 克長克君 王此大邦 克順克俾④ 俾於文王 其德靡悔 既受帝祉 施于孫子⑤ 此之謂也 今君之所好者 其溺音與⑥

① 敢問如何감문여하

집해 정현이 말했다. “음악의 다른 뜻을 알고자 한 것이다.”

鄭玄曰 欲知音樂異意

② 古者天地順而四時當고자천지순이사시당

정의 當은 ‘장[丁浪反]’으로 발음한다. 이는 옛 음악의 유래에 대해 답한 것이다. 하늘과 땅이 따르고 네 계절이 합당한 것은 성인이 위에 있기 때문이다.

當丁浪反 此答古樂之由也 天地從 四時當 聖人在上故也

③ 大當대당

집해 정현이 말했다. “당當은 그가 있어야 할 곳을 잃지 않은 것이다.”

鄭玄曰 當謂不失其所也

④ 詩曰～克順克俾시왈～극순극비

집해 정현이 말했다. “덕이 바르고 조화에 응하는 것은 막莫이다. 사방에 다다라 비추는 것은 명明이다. 부지런히 베풀어 사사로움이 없는 것은 유類이다. 가르침을 게을리하지 않는 것은 장長이다. 경사에는 상을 주고 형벌은 위엄으로 하는 것은 군君이다. 사랑으로 화합하여 두루 복종하는 것은 순順이다. 비俾는 마땅히 비比이니, 선을 가려서 따르는 것을 비比라고 한다.”

鄭玄曰 德正應和曰莫 照臨四方曰明 勤施無私曰類 教誨不倦曰長 慶賞刑威曰君 慈和徧服曰順 俾當爲比 擇善而從之曰比

신주 《시경》〈대아 황의皇矣〉 시이다. 현재의 《시경》에는 막莫이 맥貊으로 되어 있는데 그 뜻은 '맑고 고요하다'는 것이다.

⑤ 施于孫子시우손자

[집해] 정현이 말했다. "시施는 이어지는 것이다. 문왕의 덕이 모두 능히 이와 같으므로 하늘의 복을 받고 후세에까지 베풀어졌다는 말이다."

鄭玄曰 施 延也 言文王之德皆能如此 故受天福 延及後世

⑥ 其溺音與기닉음여

[집해] 정현이 말했다. "문왕의 덕이 없으면, 좋아하는 바는 악이 아니라는 말이다."

鄭玄曰 言無文王之德 則所好非樂

문후가 물었다.
"감히 묻겠는데 빠져드는 소리는 어디에서 나옵니까?"
자하가 대답했다.
"정나라 음악은 넘치는 것을 좋아하니 뜻이 음란하고① 송나라 음악은 여자를 그리워하니 뜻이 관능적이고② 위나라 음악은 술수에 달려가니 뜻이 복잡하고③ 제나라 음악은 치우쳐 오만하니 뜻이 교만해집니다. 네 나라의 음악은 모두 여색에 빠져 덕에 해롭습니다. 이 때문에 제사에는 사용하지 않습니다.④
《시경》에서 '악기의 음이 엄숙하게 조화되어 울리니 선조께서 들으시네.'라고 했습니다. 숙肅은 엄숙하게 공경하는 일이요, 옹雍은 고요하고 온화한 상태입니다. 대저 엄숙하게 공경한다면 무슨 일인들 못하겠습니까.⑤ 백성의 임금 된 사람은 자기가 좋아하고 싫어하는 것을 삼갈 따름입니다. 임금이 그것을 좋아하면 신하도 그대로 하며 윗사람이 그것을 행하면 백성도 그것을 따릅니다. 《시경》에서 '백성을 이끄는 것은 매우 쉽다네.'⑥라고 했는데 이것을 이르는 말입니다.

文侯曰 敢問溺音者何從出也 子夏答曰 鄭音好濫淫志① 宋音燕女溺志② 衛音趣數煩志③ 齊音驁辟驕志 四者皆淫於色而害於德 是以祭祀不用也④ 詩曰 肅雍和鳴 先祖是聽 夫肅 肅敬也 雍 雍和也 夫敬以和 何事不行⑤ 爲人君者 謹其所好惡而已矣 君好之則臣爲之 上行之則民從之 詩曰 誘民孔易⑥ 此之謂也

① 好濫淫志호람음지

집해 정현이 말했다. "남은 간사한 소리가 넘쳐나는 것이다."

鄭玄曰 濫 濫竊姦聲也

정의 자하는 네 나라 음악의 유래를 두루 기술해 문후에게 대답한 것이다.

子夏歷述四國之所由以答文侯也

② 燕女溺志연녀닉지

집해 왕숙이 말했다. "연은 기뻐하는 것이다."

王肅曰 燕 歡悅

③ 趣數煩志취수번지

집해 손염이 말했다. "취수趣數는 음이 빠르고 자주 변화하는 것이다." 정현이 말했다. "번煩은 '고생'이다."

孫炎曰 趣數 音促速而數變也 鄭玄曰 煩 勞也

④ 祭祀不用也제사불용야

집해 정현이 말했다. "네 나라에서 관능적인 음악이 나왔다고 말한 것이다."

鄭玄曰 言四國出此溺音

⑤ 何事不行하사불행

집해 정현이 말했다. "옛날의 음악은 공경하고 화락했다. 그러므로 일이 없으면 사용하지 않았으며, 관능적인 음악은 베풀 곳이 없었다."

鄭玄曰 古者樂敬且和 故無事而不用 溺音無所施

⑥ 誘民孔易유민공이

집해 정현이 말했다. "유誘는 나아감이다. 공孔은 살핌이다. 백성은 군주가 좋아하고 싫어하는 바에 따르니, 선善으로 나아가게 하는 데 어려움이 없다는 말이다."

鄭玄曰 誘 進也 孔 甚也 言民從君之所好惡 進之於善無難也

신주 《시경》 〈대아 판板〉의 시구이다.

그러한 뒤에 성인이 도鞉, 고鼓, 강椌, 갈楬, 훈壎, 지篪[①] 등의 악기를 만들었습니다. 이 여섯 종류의 악기는[②] 덕음의 음을 냅니다. 그러한 뒤에 종鍾, 경磬, 우竽, 슬瑟 등의 악기를 만들어 앞의 악기와 조화하고, 간干, 척戚, 모旄, 적狄 등을 들고 춤추게 했습니다. 이것이 선왕의 묘廟에 제사지낸 까닭이고, 술잔을 올리고 돌리는 까닭이며, 관료들의 등급에 귀천이 있는 까닭이니,[③] 각각 그 마땅함을 얻었습니다. 이것은 후세에 존비와 장유長幼의 순서가 있음을 보여주려는 까닭입니다.

然後聖人作爲鞉鼓椌楬壎篪[①] 此六者[②] 德音之音也 然後鍾磬竽瑟以和之 干戚旄狄以舞之 此所以祭先王之廟也 所以獻醻酳酢也 所以官序貴賤[③]各得其宜也 此所以示後世有尊卑長幼序也

① 鞉鼓椌楬壎篪도고강갈훈지

집해 정현이 말했다. "강갈椌楬은 축어柷敔를 이른다."

鄭玄曰 椌楬謂柷敔

색은 훈壎은 흙으로 만드는데 크기는 거위알 같고 모양은 저울추 같으며 불면 소리가 난다. 지篪는 대나무로 만드는데 6개의 구멍이 있다. 하나의 구멍은 위로 나 있는데 이름이 시翹이며 옆으로 부는데 지금의 횡적橫笛이 이것이다.《시경》〈소아 하인사何人斯〉 시에 "맏형은 훈壎을 불고 중형은 지篪를 분다."라고 한 것이 이것이다.

壎 以土爲之 大如鵝子 形似錘 吹之爲聲 篪 以竹爲之 六孔 一孔上出名翹 橫吹之 今之橫笛是也 詩云伯氏吹壎 仲氏吹篪是也

② 六者육자

집해 정현이 말했다. "여섯 가지가 근본이 되는데 그 소리는 질박하다."

鄭玄曰 六者爲本 以其聲質

③ 官序貴賤관서귀천

집해 정현이 말했다. "관서귀천은 높고 낮은 악기를 배열한 수에 차등이 있다는 말이다."

鄭玄曰 官序貴賤 謂尊卑樂器列數有差

종鍾소리는 우렁찬데, 우렁차면 호령을 세우고[1] 호령하면 기가 충만하며[2] 기가 충만하면 무력을 세웁니다. 그래서 군자는 종소리를 들으면 무신武臣을 생각합니다.

석石소리는 굳센데,[3] 굳세면 분별을 세우고[4] 분별하면 죽음에 이를 수 있습니다. 그래서 군자는 석경石磬소리를 들으면 봉해진 강역에서 죽은 신하를 생각합니다.

현악기소리는 애절한데, 애절하면 염치를 세우고[5] 염치로 뜻을 세웁니다. 그래서 군자는 금슬琴瑟의 소리를 들으면 절의節義를 지키는 신하를 생각합니다.

관악기소리는 널리 퍼지는데,[6] 퍼지면 집회를 세울 수 있고, 집회는 대중들을 모이게 합니다. 그래서 군자는 우생소관竽笙簫管(여러 관악기)의 소리를 들으면 대중을 모으는 신하를 생각합니다.

고비鼓鼙(북)의 소리는 시끄러운데,[7] 시끄러우면 움직이게 하고 운동은 무리를 나아가게 합니다. 그래서 군자는 북소리를 들으면 장수將帥가 된 신하를 생각합니다.
군자가 음악을 들을 때는 그 여러 소리만을 듣는 것이 아니라, 그쪽에 또한 마음이 합하는 바가 있는 것입니다."[8]

鍾聲鏗 鏗以立號[1] 號以立橫[2] 橫以立武 君子聽鍾聲則思武臣 石聲硜[3] 硜以立別[4] 別以致死 君子聽磬聲則思死封疆之臣 絲聲哀 哀以立廉[5] 廉以立志 君子聽琴瑟之聲則思志義之臣 竹聲濫[6] 濫以立會 會以聚衆 君子聽竽笙簫管之聲則思畜聚之臣 鼓鼙之聲讙[7] 讙以立動 動以進衆 君子聽鼓鼙之聲則思將帥之臣 君子之聽音 非聽其鏗鎗而已也 彼亦有所合之也[8]

① 鏗以立號갱이립호

집해 정현이 말했다. "호령은 군대를 경계시키는 것이다." 왕숙이 말했다. "종소리는 높기 때문에 그것으로 호령을 세운다."

鄭玄曰 號令 所以警衆也 王肅曰 鍾聲高 故以之立號也

② 橫횡

집해 정현이 말했다. "횡橫은 채우는 것이다. 기가 일어나 충만한 것을 이른다."

鄭玄曰 橫 充也 謂氣作充滿

③ 石聲硜석성경

집해 왕숙이 말했다. "소리가 과연 굳세다."

王肅曰 聲果勁

④ 立別입별

집해 정현이 말했다. "절의가 분명한 것을 이른다."

鄭玄曰 謂分明於節義

⑤ 廉염

집해 정현이 말했다. "염廉은 (품행이) 바르고 절개가 있는 것이다."

鄭玄曰 廉 廉隅

⑥ 濫남

집해 왕숙이 말했다. "남濫은 여러 음이 모인 것이다."

王肅曰 濫 會諸音

⑦ 讙환

집해 정현이 말했다. "시끄럽게 소리가 들리면 사람의 뜻이 움직여 일어난다."

鄭玄曰 聞讙囂則人意動作也

⑧ 有所合之也유소합지야

집해 정현이 말했다. "소리를 자신의 뜻에 합하는 것이다."

鄭玄曰 以聲合己志

제十一장

빈모가와 공자가 음악에 대해 문답하다

빈모가賓牟賈가 공자를 모시고 앉았는데[①] 공자가 그와 더불어 이야기하다가 음악 이야기에 이르렀다. 공자가 물었다.

"무악武樂은 비계備戒의 시간이 매우 긴데,[②] 그것은 무슨 까닭인가?"

빈모가가 대답했다.

"그 군중들의 마음을 얻지 못할까 근심하는 것입니다."[③]

(공자가 물었다.)

"읊으면서 탄식하고 성조를 길게 끄는 것은[④] 무슨 까닭인가?"

빈모가가 대답했다.

"정벌하는 시기에 미치지 못할까 걱정하는 것입니다."[⑤]

(공자가 물었다.)

"소매를 들어 휘저으며 발을 구르는 것이 그처럼 신속한데[⑥] 무슨 까닭인가?"

빈모가가 대답했다.

"때가 이르렀기 때문입니다."[⑦]

賓牟賈侍坐於孔子[①] 孔子與之言 及樂 曰 夫武之備戒之已久[②] 何也 答曰 病不得其衆也[③]

永歎之 淫液之[④] 何也 答曰 恐不逮事也[⑤] 發揚蹈厲之已蚤[⑥] 何也 答曰 及時事也[⑦]

① 賓牟賈侍坐於孔子 빈모가시좌어공자

정의 이는 제9장인데 이름이 '빈모가문賓牟賈問'이다. 아마 공자의 질문은 본래 빈모가에 의해 쓰인 듯하다. 그러므로 '빈모가문'이라고 일렀다.

此第九章 名賓牟賈問者 蓋孔子之問本爲牟賈而設 故云牟賈問也

신주 빈모가의 빈賓은 성이고 모가牟賈는 이름이다. 당시 노나라 악사인 듯하다.

② 夫武之備戒之已久 부무지비계지이구

집해 정현이 말했다. "무武는 주나라 춤을 말한다. 비계備戒는 북을 쳐서 군중을 경계시키는 것이다."

鄭玄曰 武謂周舞也 備戒 擊鼓警衆也

정의 이것은 공자가 빈모가에게 음악에 대해 질문한 일로, 질문은 다섯 가지가 있다. 이는 그 첫째이다. 비계는 장차 음악을 일으키려 하면서 먼저 북을 울리고 경계시켜, 악인樂人들로 하여금 각각 용모와 거동을 준비하게 하는 것이다. 처음에 음악을 연주하고자 할 때 이미 경계를 갖추게 해서 절주節奏가 있게 만든다. 그러므로 무악武樂을 추는 사람들에게 미리 오래 경계시켜 갖추게 한다는 말이다. 그것이 오래도록 더딘 까닭을 의심하여 물은 것이다.

此孔子問牟賈及樂之事 凡問有五 此其一也 備戒者 謂將欲作樂前鳴鼓警戒 使樂人各備容儀 言初欲奏樂時既已備戒 使有節奏 故令武儛者備戒已久 疑其遲久 故問之也

③ 病不得其衆也 병부득기중야

집해 정현이 말했다. "병病은 걱정하는 것과 같다. 대중들의 마음을 얻지 못할까를 근심하니, 그 어려움을 걱정한 것이다."
鄭玄曰 病猶憂也 以不得衆心爲憂 憂其難

정의 빈모가가 대답한 것이다. 또한 다섯 가지가 있어 두 번의 대답은 옳고 세 번의 대답은 잘못인데 지금 대답한 것은 옳은 것이다. 무왕이 주紂를 정벌할 때 군사의 마음을 얻지 못할까 근심했다. 그러므로 먼저 북을 울려 군사들을 경계시키고, 오래도록 있다가 출전했다는 말이다. 무용수들에게 오래 있다가 나가게 하여, 무왕이 군사의 마음을 얻지 못할까 근심한 것을 본떴기 때문이다.
牟賈答也 亦有五 而二答是 三答非 今答是也 言武王伐紂時憂不得衆心 故前鳴鼓戒衆 久之乃出戰也 故令舞者久久乃出 象武王憂不得衆心故也

④ 永歎之 淫液之영탄지 음액지

집해 정현이 말했다. "영탄과 음액은 노래가 더딘 것이다."
鄭玄曰 永歎 淫液 歌遲之也

정의 이것은 둘째 질문이다.
此第二問也

⑤ 恐不逮事也공불체사야

집해 정현이 말했다. "체逮는 이르는 것이다. 사事는 정벌하는 일이다."
鄭玄曰 逮 及也 事 伐事也

정의 이 대답 또한 옳다. 많은 군사가 무왕이 신속하게 정벌하기를 바라는데 정벌할 일의 시기가 다다르지 않을까 늘 두려워했다. 그러므로 영탄과 음액의 소리가 있다는 말이다.
此答亦是也 言衆士望武王欲伐速 恆恐不及伐事之機 故有永歎淫液之聲

⑥ 發揚蹈厲之已蚤발양도려지이조

집해 왕숙이 말했다. "여厲는 재빠른 것이다. 경계를 갖추는 것을 비록 오래 했으나 일으킬 때는 또 신속하게 했다."

王肅曰 厲 疾也 備戒雖久 至其發作又疾也

정의 셋째 질문이다. 발發은 '처음'이다. 양揚은 소매를 들어 올리는 것이다. 도蹈는 발을 구르며 땅을 밟는 것이다. 여厲는 안색이 발연勃然해서 싸우려는 낯빛과 같다. 악무를 추면서 무슨 뜻으로 처음 소매를 들어 올리고 또 발을 조아려 땅을 밟고 발연히 낯빛을 짓는 등, 어찌 홀연히 이와 같이 하는지 물은 것이다.

第三問也 發 初也 揚 擧袂也 蹈 頓足蹋地 厲 顔色勃然如戰色也 問樂舞何意發初揚袂 又蹈頓足蹋地 勃然作色 何忽如此(何)也

⑦ 及時事也급시사야

집해 정현이 말했다. "때가 이르러서 무武의 일이 마땅히 베풀어졌다." 왕숙이 말했다. "명령한 일이 각각 때에 맞게 하려고 한 것이다."

鄭玄曰 時至 武事當施也 王肅曰 欲令之事各及時

정의 이 대답은 잘못이다. 빈모가의 생각은 발양發揚과 도려蹈厲를 말하여 무왕 한 사람의 의욕이 당시의 일에 미치는 것을 상징했다. 그러므로 일찍이 이와 같이 한 것이다. 정현도 빈모가의 뜻을 따라서 주석했다.

此答非也 牟賈意言發揚蹈厲象武王一人意欲及時之事 故早爲此也 鄭亦隨賈意注之也

"무악에서 무릎을 꿇어, 오른쪽 무릎을 땅에 대고 왼쪽 다리를 세우는 것은[①] 무슨 까닭인가?"

빈모가가 대답했다.

"대무의 무악에서는 무릎을 꿇는 게 없습니다."[②]

(공자가 물었다.)

"소리가 음란한 것이 상나라를 탐하는데[③] 무슨 까닭인가?"

빈모가가 대답했다.

"그것은 대무의 음이 아닙니다."[④]

공자가 물었다.

"만약 대무의 음이 아니라면 무슨 음인가?"[⑤]

빈모가가 대답했다.

"담당 관원이 그 전해 내려오는 소리를 잃어버렸습니다.[⑥] 만약 담당 관원이 그 전해지는 것을 잃은 게 아니라면, 무왕의 뜻이 황란한 것입니다.[⑦]"

武坐致右憲左[①] 何也 答曰 非武坐也[②] 聲淫及商[③] 何也 答曰 非武音也[④] 子曰 若非武音 則何音也[⑤] 答曰 有司失其傳也[⑥] 如非有司失其傳 則武王之志荒矣[⑦]

① 武坐致右憲左무좌치우헌좌

집해 왕숙이 말했다. "오른쪽 무릎은 땅에 대고 왼쪽 무릎은 땅에서 떨어진다."

王肅曰 右膝至地 左膝去地也

정의 憲은 '헌軒'으로 발음한다. 넷째 질문이다. 좌坐는 무릎을 꿇는 것이다. 치는 닿는 것이다. 헌은 일으키는 것이다. 춤추는 사람이 어찌 갑자기 때를 두고 무릎을 꿇는지를 질문했다.

憲音軒 第四問也 坐 跪也 致 至也 軒 起也 問舞人何忽有時而跪也

② 非武坐也비무좌야

집해 정현이 말했다. "무武의 일은 무릎을 꿇는 일이 없다는 말이다."

鄭玄曰 言武之事無坐也

정의 이 대답은 또한 잘못이다. 빈모가의 말은 무용을 떨치는 전사는 꿇는 것에 응하지 않는다는 것이다.

此答亦非也 牟賈言武奮之士不應有坐也

③ 聲淫及商성음급상

집해 왕숙이 말했다. "소리가 매우 음란해서 상나라를 탐하는 것이다."

王肅曰 聲深淫貪商

정의 다섯째 질문이다.

第五問也

④ 非武音也비무음야

집해 왕숙이 말했다. "무왕이 이미 천하를 위해 잔악한 것을 제거하지 못했다는 것이지, 상나라를 탐하지 않았다는 말이다."

王肅曰 言武王不獲已爲天下除殘 非貪商也

정의 이 대답은 또 잘못이다.

此答又非也

⑤ 若非武音 則何音也약비무음 즉하음야

정의 공자는, 빈모가가 대무의 음이 탐하지 않았다고 답한 것을 평하여, 단지 빈모가가 실제 이해한 것을 모르고서 빈말로 빈모가가 잘못이라고 하면서, 도리어 물은 것이다.

孔子評其答武音不貪 但不知其實解理 空言其非 反問也

⑥ 有司失其傳也유사실기전야

집해 정현이 말했다. "유사는 음악을 맡은 자이다. 전傳은 설說과 같다."

鄭玄曰 有司典樂者 傳猶說也

정의 傳은 발음이 '전[直緣反]'이다. 빈모가의 대답은 무왕이 탐하는 것이 있는 것이 아니라, 담당 관원이 전한 것이 그르고 망령되었기 때문에 이러한 것이 있다는 말이다.

傳 直緣反 賈答言武王非有貪 是有司傳之謬妄 故有此矣

⑦ 武王之志荒矣무왕지지황의

집해 정현이 말했다. "황荒은 늙어서 꼬부라진 것이다. 음악을 맡은 자가 그 기록을 잃어서 당시 사람들이 망령된 말을 했다."

鄭玄曰 荒 老耄也 言典樂者失其說 時人妄說也

정의 빈모가는 또 이르기를 "가령 전한 자가 그르고 망령된 것이 아니라면, 곧 이는 무왕의 말년에 나이와 뜻이 늙어 꼬부라진 때이므로 상나라를 탐하는 소리가 있었던 것이다."라고 했다.

賈又云假令非傳者謬妄 則是武王末年 年志荒耄之時 故有貪商之聲也

신주 즉 빈모가 말의 결론은 상나라를 탐하는 소리가 있게 된 것은 음악을 맡은 관리가 원래 소리를 잃어서이지 무왕이 탐한 것이 아니라는 뜻이다.

공자가 말했다.

"그렇다. 내가 장홍萇弘에게 그것을 들었는데 또한 그대의 말과 같았으니, 그대가 옳다."① 빈모가가 일어나 자리에서 비켜서서 청했다.②

"대무大武의 무악에서 비계備戒의 시간이 매우 긴 까닭에 대해서는 이미 가르침을 들었습니다.③ 감히 여쭙건대 (춤이 시작되고도) 줄을 지어 또 오랫동안 있는④ 까닭은 무엇입니까?"

子曰 唯丘之聞諸萇弘 亦若吾子之言是也① 賓牟賈起 免席而請②曰 夫武之備戒之已久 則既聞命③矣 敢問遲之遲④而又久 何也

① 萇弘 亦若吾子之言是也장홍 역약오자지언시야

집해 정현이 말했다. "장홍萇弘은 주나라 대부이다."

鄭玄曰 萇弘 周大夫

색은 살펴보니《대대례》에서 "공자가 주나라에 가서 예를 노담老聃에게 묻고 음악을 장홍萇弘에게 배웠다."라고 한 것이 이것이다.

按 大戴禮云孔子適周 訪禮於老聃 學樂於萇弘是也

정의 萇은 '장[直良反]'으로 발음한다. 오자吾子는 빈모가이다. 나는 장홍이 말한 바를 들었는데 또한 빈모가가 지금 말하는 바와 같다는 말이다.

萇音直良反 吾子 牟賈也 言我聞萇弘所言 亦如賈今所言之也

신주 장홍(?~서기전 492)은 장홍長紅, 장굉張宏이라고도 하는데, 자字는 숙叔이다. 동주東周 때 촉 땅이었던 현재 사천성 자양資陽시 사람으로 정치가이자 학자였으며 음률과 음악이론에도 정통했다. 옛 촉 땅이었던 자중현資中縣 발륜향에 장홍사萇弘祠가 있고 장홍이 독서했다는 장홍독서대 유적이 남아 있다.

② 免席而請면석이청

정의 면免은 '피하다'와 같다. 앞에서 대답한 바는 다섯 가지 일인데, 네 가지는 질문을 하지 않고 지금 아마 앞에서 대답한 것이 옳고 그른지 몰랐으므로, 일어나서 의심나는 바를 질문했다.

免猶避也 前所答(四)〔五〕事 (五)〔四〕不被叩問 今疑不知前答之是非 故起所疑而問也

③ 聞命문명

집해 손염이 말했다. "문명聞命은 말이 옳은 것을 이른다."

孫炎曰 聞命謂言是

④ 遲之遲지지지

집해 정현이 말했다. "지지지遲之遲는 줄을 지어 오랫동안 서 있는 것을 이른다."

鄭玄曰 遲之遲謂久立於綴

공자가 말했다.

"편안히 앉으라.① 내 그대에게 말하겠다. 무릇 악은 성공을 상징하는② 것이다. 모두 방패를 쥐고 산처럼 서 있는 동작은③ 무왕 때의 일을 상징한다.④ 소매를 들고 발을 구르는 것은 태공(여상)의 뜻이다.⑤ 무란武亂에서 모두 무릎을 꿇는 동작은 주공周公과 소공召公의 다스림을 나타낸다.⑥

子曰 居①吾語汝 夫樂者 象成②者也 總干而山立③ 武王之事也④ 發揚蹈厲 太公之志也⑤ 武亂皆坐 周召之治也⑥

① 居거

집해 정현이 말했다. "거居는 편안히 앉는 것과 같다."

鄭玄曰 居猶安坐也

② 象成상성

집해 왕숙이 말했다. "상성象成은 공을 세운 것을 본떠 음악을 만든 것이다."

王肅曰 象成功而爲樂

③ 總干而山立총간이산립

집해 왕숙이 말했다. "방패를 모두 가지고 산처럼 서서 움직이지 않는 것이다."

王肅曰 總持干楯 山立不動

④ 武王之事也무왕지사야

정의 이 아래에서 상성象成의 일에 응해서 더디게 하는 까닭을 답하여, 무왕이 주를 정벌하는데 방패를 세워 쥐고 제후가 이르기를 기다린 것을 본뜬 것이므로 '무왕지사武王之事'라고 일렀다고 밝혔다.

此下明應象成之事也 答所以遲也 象武王伐紂 持楯立 以待諸侯至 故云武王之事也

⑤ 太公之志也태공지지야

집해 왕숙이 말했다. "뜻은 매가 날아오르는 데 두었다."

王肅曰 志在鷹揚也

정의 더디고 오래 기다린 것이 이미 끝나자, 빈모가가 앞에서 "발양도려發揚蹈厲"라고 대답하며 무왕이 당시의 일에 맞추고자 함을 상징한다고 했는데, 잘못이라고 답한 것이다. 이는 태공의 뜻일 뿐이라는 말이다. 태공은 무왕이 주를 정벌할 때 도왔는데, 뜻이 무왕의 신속한 성공을 바랐으므로 스스로 그의 위용을 떨쳐서 도왔다.

答遲久已竟 而牟賈前答發揚蹈厲以爲象武王欲及時事 非也 言此是太公志耳 太公相武王伐紂 志願武王之速得 自奮其威勇以助也

⑥ 周召之治也주소지치야

집해 왕숙이 말했다. "무란武亂은 무력으로 다스리는 것이다. 개좌皆坐는 백성에게는 일이 없어 편안한 것을 상징한다."

王肅曰 武亂 武之治也 皆坐 以象安民無事也

정의 빈모가가 앞에서 무인武人은 무릎을 꿇는 것이 아니라고 대답했고, 그래서 또 설명했다. 주를 정벌할 때 사졸들의 항오行伍가 어지러워지자, 주공과 소공 두 공公이 바르게 정리했기 때문이다. 그들로 하여금 공경하게 무릎을 꿇어 오른쪽을 땅에 대고 왼쪽을 세워 처분을 기다리게 했다. 그러므로 팔일무八佾舞에서 싸울 때의 어지러움을 분별하여 서로 바르게 권하며, 곧 함께 무릎을 꿇고 꿇은 다음 다시 일어나 행렬을 만들었으니, 주공과 소공의 일을 상징할 따름이고, 무무武舞에서 무릎을 꿇는 것은 아니다.

賈前答武坐 非也 因又爲之說 言當伐紂時 士卒行伍有亂者 周召二公以治正之 使其跪敬致右軒左 以待處分 故分八佾象鬪時之亂 挨相正之 則俱跪 跪乃更起 以作行列 象周召之事耳 非武舞有坐之也

또 대체로 대무大武는 시작하면 북쪽으로 나아가고① 둘째 연주는 상商을 멸망시킨 것을 나타내고② 셋째 연주는 남쪽으로 향하고③ 넷째 연주는 남쪽 나라를 강역으로 삼고④ 다섯째 연주는 섬陜을 나누어 주공은 왼쪽에서 소공은 오른쪽에서 보좌하는 것을 나타내고⑤ 여섯째 연주는 대열로 되돌아와서 천자를 높이는 것을 나타낸다.⑥

군대를 떨쳐 사방을 정벌하여 중국에서 위세를 과시했으니,⑦ 줄을 나누어 나아가는 것은⑧ 빨리 공을 세우려는 것이며,⑨ 대열을 이루어 오래 서 있는 것은 제후들의 도착을 기다리는 것을 나타낸다.⑩

且夫武 始而北出① 再成而滅商② 三成而南③ 四成而南國是疆④ 五成而分陜 周公左 召公右⑤ 六成復綴 以崇天子⑥ 夾振之而四伐 盛(振)威於中國也⑦ 分夾而進⑧ 事蚤濟也⑨ 久立於綴 以待諸侯之至也⑩

① 武始而北出무시이북출

집해 정현이 말했다. "첫 연주는 맹진孟津에서 군사를 관찰하는 시기를 본뜬 것이다."

鄭玄曰 始奏 象觀兵盟津時也

정의 다섯 가지의 일이 이미 끝났으나 더디고 오래 기다린 뜻을 두루 알지 못하므로 다시 그 상성象成의 일을 넓혀 설명한 것이다. 앞의 다섯 가지 일을 대답한 것이 잘못이므로, '또 대체로'라고 일렀다. "시작하면 북쪽으로 나아갔다."라는 것은 음악을 연주해 무왕이 맹진에서 군사를 관찰한 때를 상징한다. 무왕은 호鎬 땅에 거처해 남쪽에 있었고 주紂는 조가朝歌에 거처해서 황하 북쪽에 있었다. 그러므로 무자儛者는 남쪽에서 와서 방패를 쥐고 북쪽을 향함으로써 그것을 상징하여 높인 것이다.

說五事既竟 而遲久之意未周 故更廣其象成之事 非答前五事 故云且夫也 始而北出者 謂奏樂象武王觀兵孟津之時也 王居鎬在南 紂居朝歌在河北 故儛者南來 持楯向北 尚象之也

② 再成而滅商재성이멸상

집해 정현이 말했다. "성成은 '연주하다'와 같다. 재주再奏는 은나라에 승리한 때를 상징한다."

鄭玄曰 成猶奏也 再奏 象克殷時

정의 재성再成은 무자儛者가 다시 와서 연주하는 때를 이른다. 무자는 시작하기 전에 한 번 북쪽을 향하나 춤추지 않는데, 이는 무왕이 앞서 맹진에서 살폈으나 정벌하지 않고 돌아간 것을 상징한다. 다시 갈 때 북쪽을 향하니, 드디어 공격해 찌르는 것을 연주한다.

再成謂儛者再來奏時也 儛者初始前 一向北而不儛 象武王前觀孟津 不伐而反

也 至再往而向北 遂奏成擊刺

③ 三成而南삼성이남

집해 왕숙이 말했다. "주를 처형하고 나서 남쪽으로 향한 것이다."

王肅曰 誅紂已而南

정의 무자儛者의 셋째 연주인데 가서 남쪽으로 방향을 돌려 무왕이 주紂에게 승리하고, 남쪽으로 향해 호 땅으로 돌아간 때를 상징한다.

儛者第三奏 往而轉向南 象武王勝紂 向南還鎬之時也

④ 四成而南國是疆사성이남국시강

집해 왕숙이 말했다. "남쪽 나라를 소유하고 강역으로 삼은 것이다."

王肅曰 有南國以爲疆界

정의 무자儛者의 넷째 연주이며 주나라의 태평한 때에 남방의 형만이 나란히 와 복종해서 주나라의 강역이 된 것을 상징한다.

儛者第四奏 象周太平時 南方荊蠻竝來歸服 爲周之疆界

⑤ 五成而～召公右오성이～소공우

집해 왕숙이 말했다. "섬陜 땅의 동서를 나누어 다스렸다."

王肅曰 分陜東西而治

정의 무자儛者의 다섯째 연주에 이르러 동과 서로 중간을 나누고 좌우 두 부部로 만든다. 주나라가 태평해진 뒤에 주공과 소공이 직분을 나누어 좌우 두 백伯이 된 때를 상징한다.

儛者至第五奏 而東西中分之 爲左右二部 象周太平後 周公 召公分職爲左右二伯之時

⑥ 六成復綴以崇天子육성복철이숭천자

집해 정현이 말했다. "여섯째 연주는 군사가 돌아와 위엄을 떨친 것을 상징한다. 복철復綴은 자리에 돌아와서 그친 것이다." 왕숙이 말했다. "천자를 높이는 것을 상징한다."

鄭玄曰 六奏 象兵還振旅也 復綴 反位止也 王肅曰 以象尊崇天子

⑦ 夾振之而四伐 盛振威於中國也협진지이사벌 성진위어중국야

집해 왕숙이 말했다. "위엄과 무력을 떨친 것이다. 사벌四伐은 주紂같이 악한 자를 사방에서 정벌한 것이다. 한 번 치고 한 번 찌르는 것은 한 번의 정벌이 된다."

王肅曰 振威武也 四伐者 伐四方與紂同惡者 一擊一刺爲一伐也

정의 夾은 '갑[古合反]'으로 발음한다. 협진夾振은 무왕이 대장들과 함께 군대를 끼고 목탁을 쳐서 사졸들을 진동시킨 것이다. 무악武樂을 연주할 때 또한 두 사람이 목탁을 가지고 일정한 간격을 연주하는데 절도를 상징한다. 무릇 네 번 정벌하고 한 번 그치는데, 주를 정벌할 때에 사졸들이 모두 네 번 정벌하고 한 번 그친 것에 해당한다. 그러므로 《서경》 〈목서〉에서 "오늘의 일은 네 번, 다섯 번 정벌하는 잘못을 저지르지 말라."라고 한 것이 이것이다. 그러므로 무악武樂의 무자儛者가 또한 방패와 창으로써 정벌하는 것을 상징한다.

夾音古合反 夾振 謂武王與大將(軍)夾軍而奮鐸振動士卒也 言當奏武樂時 亦兩人執鐸夾之 爲節之象也 凡四伐到一止 當伐紂時 士卒皆四伐一止也 故牧誓云 今日之事不過四伐五伐 是也 故作武樂儛者 亦以干戈伐之象也

신주 탁鐸은 고대 악기로 큰 방울처럼 생겼는데 손잡이가 있고 방울이 있어서 방울을 울려서 소리를 내는 것이다. 만드는 재료는 일정치 않았다.

⑧ 進진

집해 서광이 말했다. “다른 판본에는 ‘지遲’로 되어 있다.”

徐廣曰 一作遲

⑨ 事蚤濟也사조제야

집해 왕숙이 말했다. “부部를 나누어 나란히 나아간 것은 일을 일찍 성취하고자 한 것이다.”

王肅曰 分部而竝進者 欲事早成

⑩ 以待諸侯之至也이대제후지지야

집해 정현이 말했다. “무왕이 주를 정벌하는데 제후들을 기다린 것을 상징한다.”

鄭玄曰 象武王伐紂待諸侯也

또 대저 그대는 홀로 아직 목야牧野의 이야기[①]를 듣지 못했는가? 무왕은 은나라를 이기고 은나라의 서울로 들어갔다.[②] 아직 수레에서 내리지도 못한 채로[③] 황제黃帝의 후손을 계薊[④]에 봉하고, 요임금의 후손을 축祝[⑤]에 봉했으며, 순임금의 후손을 진陳[⑥]에 봉했다. 수레에서 내려서는 하夏왕조의 후손을 기杞[⑦]에 봉하고, 은의 후손을 송宋에 봉했다. 은의 왕자 비간比干의 무덤에 흙을 더 쌓았으며,[⑧] 기자箕子의 감금을 풀어주고 상용商容을 문안하여 지위를 회복하게 했다.[⑨] 서민에게는 부역을 줄이고 일반 사士에게는 봉록을

배로 주었다.⑩

且夫女獨未聞牧野之語乎① 武王克殷反商② 未及下車③ 而封黃帝之後於薊④ 封帝堯之後於祝⑤ 封帝舜之後於陳⑥ 下車而封夏后氏之後於杞⑦ 封⑧殷之後於宋 封王子比干之墓 釋箕子之囚 使之行商容而復其位⑨ 庶民弛政 庶士倍祿⑩

① 牧野之語乎목야지어호

집해 정현이 말했다. "무악을 지은 뜻을 말하고자 했다."

鄭玄曰 欲語以作武樂之意

정의 지금 위주衛州에서 다스리는 급현汲縣이 곧 목야의 땅이다. 빈모가에게 무악이 더디고 오래 연주하는 뜻을 다시 설명하고자 한 것이며, 그 말은 곧 아래에서 옳게 베풀어졌다는 뜻이다.

今衛州所理汲縣 即牧野之地也 更欲語牟賈奏武樂遲久之意 其語即下所陳是也

② 反商반상

집해 정현이 말했다. "반反은 마땅히 급及이 되어야 한다. 주紂의 도읍지에 이른 것을 말한다."

鄭玄曰 反 當爲及 謂至紂都也

③ 未及下車미급하거

색은 급給은 《예기》의 문장에는 '급及'으로 되어 있으며 아마도 발음이 서로 비슷해 글자가 잘못되었을 뿐이다.

給 禮文作及 蓋聲相近而字誤耳

정의 거車는 '융거'이다. 군법에는 수레 하나에 3명이 타는데 보졸步卒은 72명이다. 〈목서〉에서 "융거삼백량"이라고 했으니, 곧 2만 2,500명이다.

車 戎車也 軍法 一車三人乘之 步卒七十二 牧誓云 戎車三百兩 則二萬二千五百人也

④ 薊계

신주 주석에는 아래 축祝과 묶어 '유주현幽州縣'이라고 한다. 하지만 이는 연나라가 이동한 것을 간과한 데서 나온 오류이다. 황제의 후손이 봉해진 곳은 이른바 남연南燕으로, 황하 남쪽의 위衛나라 서쪽이고 낙양에서 가까운 거리에 있다. 계薊는 이른바 소공 석의 후손이 봉해졌다는 북연北燕의 수도이고, 그것도 전국시대 중반 이후다. 즉 전국시대 중반에 연나라는 조나라의 배려로 조나라 동북 땅을 할양받아 조나라 동북으로 옮겨가고, 그 후 세력을 확장하여 계를 도읍지로 삼게 된다. 그 이전에 북연은 조나라 동남쪽, 제나라 가까운 곳에 있었다고 보아야 할 것이다.

⑤ 祝축

정의 〈지리지〉에서는 '평원군 축아현祝阿縣'이라고 일렀다. 薊는, 음은 '계計'이고 유주현이 이곳이다.

地理志云 平原郡祝阿縣也 薊音計 幽州縣是也

⑥ 陳진

정의 진주 완구현의 옛 진성陳城이 이곳이다.

陳州宛丘縣故陳城是也

⑦ 杞기

정의 변주 옹구현이고 옛 기국杞國이다.

汴州雍丘縣 故杞國

⑧ 封봉

집해 정현이 말했다. "흙을 쌓아 덮은 것이다. 비간比干의 무덤을 높인 것은 어진 이를 높인 것이다."

鄭玄曰 積土爲封 封比干之墓 崇賢也

⑨ 釋箕子～而復其位석기자～이복기위

집해 서광이 말했다. "《사기》〈주본기〉에서 '소공에게 명해 기자의 감금을 풀고 또 상용의 마을을 표창토록 했다.'라고 한다."

徐廣曰 周本紀云命召公釋箕子之囚 又曰表商容之閭

⑩ 弛政 庶士倍祿이정 서사배록

집해 정현이 말했다. "이정은 주紂 때의 가혹한 노역을 없앤 것이다. 배록은 주 때의 얄팍한 녹봉을 복구했다는 것이다."

鄭玄曰 弛政 去紂時苛役 倍祿 復其紂時薄者

황하黃河를 건너 서쪽으로 돌아와[①] 말을 화산華山의 남쪽에 풀어주고[②] 다시 타지 않았으며, 소를 도림桃林[③]의 들에 풀어주고 다시 부리지 않았으며,[④] 수레와 갑옷은 (피를 칠하는 예를) 마치고[⑤]

창고에 간직해 다시 사용하지 않았다. 방패와 창은 수레에 거꾸로 실어 호랑이가죽으로 싸맸으며,[⑥] 장수가 거느린 사士를 제후로 삼게 하고 '건고建櫜'[⑦]라고 불렀다.

濟河而西[①] 馬散[②]華山之陽而弗復乘 牛散桃林[③]之野而不復服[④] 車甲弢[⑤]而藏之府庫而弗復用 倒載干戈 苞之以虎皮[⑥] 將率之士 使爲諸侯 名之曰 建櫜[⑦]

① 濟河而西제하이서

정의 제濟는 건너는 것이다. 하河는 황하이다. 무왕이 주를 정벌하는 일을 마치고 회주 하양현 남쪽으로부터 황하를 건너 낙주에 이르렀고, 낙성으로부터 서쪽 호경鎬京으로 돌아왔다.

濟 渡也 河 黃河也 武王伐紂事畢 從懷州河陽縣南渡河至洛州 從洛城而西歸鎬京也

② 散산

집해 정현이 말했다. "산散은 '놓아주는 것'과 같다."

鄭玄曰 散猶放

③ 도림桃林

집해 서광이 말했다. "홍농현에 있으며 지금은 도구桃丘라고 한다."

徐廣曰 在弘農縣 今曰桃丘

④ 불부복不復服

[정의] 다시 사용하지 않을 것을 보여준 것이다. 복服은 또한 승乘이다. 도림桃林은 화산華山 곁에 있다. 이 두 곳은 나란히 소와 말을 방생한 땅이다. 처음 정벌할 때 이곳을 취해 나아갔다가 지금 일을 마치고 전에 있던 곳으로 돌아왔다. 그러므로《상서》〈무성〉의 서문에서는 "무왕이 은나라를 정벌한 후 정벌하러 간 짐승도 돌아왔다."라고 한 것이 이것이다.

示無復用 服亦乘也 桃林在華山之旁 此二處竝是牛馬放生地 初伐就此取之 今事竟歸之前處 故尙書武成篇序云 武王伐殷 往伐歸獸是也

⑤ 弢도

[집해] 서광이 말했다. "'도韜'로 발음한다."

徐廣曰 音韜

⑥ 苞之以虎皮포지이호피

[집해] 정현이 말했다. "방패와 창을 호랑이가죽으로 싸서 능히 무武로써 군사를 복종시킨 것을 밝혔다."

鄭玄曰 包干戈以虎皮 明能以武服兵也

⑦ 建櫜건고

[집해] 왕숙이 말했다. "능히 활과 화살을 활집에 넣고 사용하지 않은 것은 장수가 거느린 사士의 힘이었다. 그러므로 세워서 제후로 삼고 '건고建櫜(무기를 포대에 넣고 자물쇠를 채움)'라고 일렀다."

王肅曰 所以能櫜弓矢而不用者 將率之士力也 故建以爲諸侯 謂之建櫜也

[색은] 왕숙이 말했다. "장수가 활과 화살을 활집에 넣고 사용하지 않았

다. 그러므로 세워서 제후로 삼고 인하여 '건고'라고 일렀다."
王肅云 將帥能櫜弓矢而不用 故建以爲諸侯 因謂建櫜也

그러한 뒤에 천하 사람들은 무왕이 다시 군대를 사용하지 않을 것을 알았다. 무왕이 군대를 해산하고 도성 밖에 사궁射宮을 설치해① 좌사左射에서는 〈이수貍首〉라는 시를, 우사右射에서는 〈추우騶虞〉라는 시를 읊으며,② 관혁貫革③의 활쏘기는 폐지시켰다. 대신들은 비의裨衣와 면류관 차림으로 홀笏을 꽂고,④ 호분虎賁(친위 용사)은 칼을 풀었다.
명당明堂⑤에서 제사를 지내자 백성은 효孝를 알았으며, 조정에 알현토록 한 후에 제후는 신하 되는 까닭을 알았으며, 천자가 경적耕籍⑥에서 밭을 간 후에 제후는 공경하는 까닭을 알았으니, 이 다섯 가지는 천하의 큰 가르침이었다.
然後天下知武王之不復用兵也 散軍而郊射① 左射貍首 右射騶虞② 而貫革③之射息也 裨冕搢笏④ 而虎賁之士稅劍也 祀乎明堂⑤ 而民知孝 朝覲 然後諸侯知所以臣 耕藉⑥ 然後諸侯知所以敬 五者天下之大教也

① 郊射교사

집해 정현이 말했다. "교사郊射는 교외에 사궁射宮을 만든 것이다." 왕숙이 말했다. "교외에 학궁學宮이 있어서 예를 익힐 수 있었다."
鄭玄曰 郊射 爲射宮於郊也 王肅曰 郊有學宮 可以習禮也

② 左射 貍首 右射 騶虞좌사 이수 우사 추우

집해 정현이 말했다. "좌는 동학이고 우는 서학이다. 〈이수貍首〉와 〈추우騶虞〉는 노래하는 것을 마디로 삼았다."

鄭玄曰 左 東學 右 西學也 貍首 騶虞 所歌爲節也

신주 좌사左射는 동학에서 익히는 활쏘기이고 〈이수〉는 고대 시의 편명으로 활을 쏠 때 연주하는 곡이었다. 지금은 소실되어 전하지 않는다. 우사右射는 서학에서 익히는 활쏘기이고 〈추우〉는 《시경》 〈소남召南〉에 있는 한 편의 시이다.

③ 貫革관혁

집해 정현이 말했다. "관혁貫革은 활을 쏘아서 가죽으로 만든 갑옷을 꿰뚫는 것이다."

鄭玄曰 貫革 射穿甲革也

④ 裨冕搢笏비면진홀

집해 정현이 말했다. "비면裨冕은 비의裨衣를 입고 면류관을 쓴 것이다. 비의는 곤룡포의 종류이다. 진搢은 '꽂는 것'이다."

鄭玄曰 裨冕 衣裨衣而冠冕也 裨衣 袞之屬也 搢 插也

⑤ 명당明堂

집해 정현이 말했다. "문왕文王의 묘를 명당이라고 한다."

鄭玄曰 文王之廟爲明堂

⑥ 경적耕籍

집해 정현이 말했다. "경적耕藉은 적전籍田(천자가 친히 가는 밭)이다."
鄭玄曰 耕藉 藉田也

삼로三老와 오경五更①에게 태학에서 대접할 때 천자가 소매를 걷어 올리고 희생을 베며, 장醬을 집어 권하고 술잔을 집어 술을 따르며, 면류관을 쓰고 방패를 쥐어 춤을 추었으니,② 이것은 제후에게 공손함을 가르치기 위해서였다.
이와 같이 했으므로 주나라 도가 사방으로 퍼지고, 예와 악이 천하에 통하였으니, 곧 대무大武의 음악이 더디고 긴 것이③ 또한 마땅하지 않은가."
食三老五更①於太學 天子袒而割牲 執醬而饋 執爵而酳 冕而總干② 所以教諸侯之悌也 若此 則周道四達 禮樂交通 則夫武之遲久③ 不亦宜乎

① 三老五更삼로오경
집해 정현이 말했다. "노老와 경更은 번갈아 한 말일 뿐이며, 모두 노인들로, 삼덕三德과 오사五事를 다시 깨달은 사람들이다. 주나라는 태학을 동교東膠라고 한다."
鄭玄曰 老更 互言之耳 皆老人更知三德五事者也 周名太學曰東膠
신주 삼로三老는 주나라 때 천자가 나이가 많고 학덕이 높은 세 사람을 부형의 예로써 섬긴 것을 뜻하며, 오경五更은 천자가 나이가 많고 학덕이 있는 노인 다섯 사람을 공경한 것을 뜻한다.

② 冕而總干면이총간

집해 정현이 말했다. "면이총간冕而總干은 춤추는 자리에 있는 것이다."

鄭玄曰 冕而總干 在舞位

③ 武之遲久무지지구

집해 정현이 말했다. "무지구武遲久라고 말함은 예와 악을 무겁게 여긴 것이다."

鄭玄曰 言武遲久 爲重禮樂也

제十二장

노래는 덕을 펼치는 것

자공子貢이 악관 을乙을 만나서[①] 물었다.

"내 들으니, 노래를 부르는 데에는 각자의 마땅한 노래가 있다는데,[②] 나 같은 사람은 무슨 노래가 마땅하겠소?"

악관 을이 대답했다.

"저는 천한 악공樂工입니다.[③] 마땅한 것에 대한 물음에 어찌 만족스러운 답을 드리겠습니까. 청컨대 제가 들은 바를 말씀드리겠으니 당신께서 스스로 정하십시오.[④] 마음이 너그럽고 고요하며 부드럽고 바른 사람은 〈송頌〉을 노래하는 것이 마땅하고, 도량이 넓고 크면서 고요하고 무슨 일에 구애받지 않고 신의가 있는 사람은 〈대아大雅〉를 노래하는 것이 마땅하며, 공순하고 검소하며 예를 좋아하는 사람은 〈소아小雅〉를 노래하는 것이 마땅하고, 정직하고 청렴하며 겸허한 사람은 〈풍風〉을 노래하는 것이 마땅하며, 정직하고[⑤] 자애로운 사람은 상나라 노래를 부르는 것이 마땅하고, 따뜻하고 선량하나 결단력이 있는 사람은 제나라 노래를 부르는 것이 마땅합니다.

子貢見師乙而問焉[①] 曰 賜聞聲歌各有宜也[②] 如賜者宜何歌也 師乙曰 乙 賤工也[③] 何足以問所宜 請誦其所聞 而吾子自執[④]焉 寬而靜 柔而正者宜歌頌 廣大而靜 疏達而信者宜歌大雅 恭儉而好禮者宜歌小雅 正直清廉而謙者宜歌風 肆直[⑤]而慈愛者宜歌商 溫良而能斷者宜歌齊

① 子貢見師乙자공견사을

집해 정현이 말했다. "사師는 악관이다. 을은 이름이다."

鄭玄曰 師 樂官也 乙 名也

신주 자공子貢은 공자의 제자이다. 성은 단목端木이고 이름은 사賜이다. 이른바 '공문십철'의 한 사람이며 언어에 능했다.

② 各有宜也각유의야

집해 정현이 말했다. "기가 본성을 따른 것이다."

鄭玄曰 氣順性

③ 賤工也천공야

집해 정현이 말했다. "악인이 공工이라고 일컬은 것이다."

鄭玄曰 樂人稱工也

④ 執집

집해 정현이 말했다. "집執은 '자리를 정함'과 같다."

鄭玄曰 執猶處也

⑤ 肆사

집해 정현이 말했다. "사肆는 '올바름'이다."

鄭玄曰 肆 正也

대저 노래라는 것은 자신을 바르게 하여 덕을 펼치는 것입니다.[①] 자기를 움직여서 천지가 이에 호응하며, 네 계절이 조화를 이루고, 별들이 순리대로 운행되며, 만물이 잘 자라게 됩니다.[②] 옛 상나라 노래는 오제五帝가 남긴 소리인데 상나라 사람들이 그것에 뜻을 두었으므로 상商이라고 말합니다. 제나라 노래는 삼대(하, 은, 주)가 남긴 소리인데 제나라 사람들이 그것에 뜻을 두었으므로 제齊라고 말합니다.[③]

상나라 시가에 밝은 사람은 일에 임해서 결단하고,[④] 제나라 시가에 밝은 사람은 이로운 것을 보아도 양보합니다.[⑤] 일에 임해서 결단하면 용勇이라 하고, 이로움을 보고 양보하면 의義라고 합니다. 용이 있고 의가 있어도 노래가 아니라면 누가 능히 이것을 보존하겠습니까.

夫歌者 直己而陳德[①] 動己而天地應焉 四時和焉 星辰理焉 萬物育[②]焉 故商者 五帝之遺聲也 商人志之 故謂之商 齊者 三代之遺聲也 齊人志之 故謂之齊[③] 明乎商之詩者 臨事而屢斷[④] 明乎齊之詩者 見利而讓也[⑤] 臨事而屢斷 勇也 見利而讓 義也 有勇有義 非歌孰能保此

① 陳德진덕

집해 정현이 말했다. "각각 그의 덕에 따라 마땅함을 노래한 것이다."
鄭玄曰 各因其德歌所宜

② 育육

집해 정현이 말했다. "육育은 '자라는 것'이다."
鄭玄曰 育 生也

③ 五帝之遺聲也～故謂之齊오제지유성야～고위지제

신주 동이족 상商이 오제의 음악을 계승했다는 것은 오제가 모두 동이족이라는 뜻이다. 제나라가 하, 은, 주 삼대의 음악을 계승했다는 것 역시 삼대와 제나라가 모두 동이족이라는 뜻이다. 자하가 문후에게 "제나라 음악은 오만하고 편벽되어 생각을 교만하게 만듭니다.[齊音驁辟驕志]"라고 말한 것이나 공자가 제나라에서 여악女樂을 보내오자 노나라를 떠남으로써 제나라 음악을 낮게 본 사례들과는 다른 의미이다. 《사기》〈본기〉 신주에서 말한 것처럼 오제와 삼대는 모두 동이족 국가들이라는 사실이 여기서도 드러난다.

④ 屢斷누단

집해 정현이 말했다. "그 올바르고 곧은 것이다."
鄭玄曰 以其肆直

⑤ 見利而讓也견리이양야

집해 정현이 말했다. "그 따뜻하고 선량한 것으로써 능히 결단하는 것이다."

鄭玄曰 以其溫良而能斷也

그러므로 노래는 올라가면 치솟는 것과 같고, 내려가면 무거운 것과 같으며, 굽으면 꺾어지는 것 같고, 멈추면 마른나무 같으며, 살짝 굽히면 구矩(곱자)와 같고, 구부리면 구鉤(갈고리)와 같으니, 거듭 이어져 은은한 것이 마치 꿰어 놓은 구슬 같습니다.①

그러므로 노래는 말이 되어, 긴 말②인 것입니다. 기쁘기 때문에 말하지만, 말로 모자라기 때문에 길게 말하고, 길게 말해도 모자라기 때문에 감탄하고, 감탄해도 모자라기 때문에 자기도 모르게 손으로 춤추고 발을 구르는 것입니다.③"

이상은 자공이 악에 대해 물은 것이다.④

故歌者 上如抗 下如隊 曲如折 止如槀木 居中矩 句中鉤 累累乎殷如貫珠① 故歌之爲言也 長言②之也 說之 故言之 言之不足 故長言之 長言之不足 故嗟歎之 嗟歎之不足 故不知手之舞之足之蹈之③ 子貢問樂④

① 累累乎 殷如貫珠누루호 은여관주

집해 정현이 말했다. "노랫소리가 나타나면 사람의 마음을 움직여 살필 수 있는데, 이러한 일이 있다는 말이다."

鄭玄曰 言歌聲之著 動人心之審 而有此事

② 長言장언

[집해] 정현이 말했다. "장언長言은 그 소리를 늘리는 것이다."

鄭玄曰 長言 引其聲

③ 手之舞之足之蹈之수지무지족지도지

[집해] 정현이 말했다. "손은 춤추고 발은 굴러 기쁨에 이른다."

鄭玄曰 手舞足蹈 歡之至

④ 子貢問樂자공문악

[정의] 이것은 앞의 일을 맺은 것이고 모두 자공이 물은 일에 대답한 것이다. 《악기》는 공손니자公孫尼子가 차례를 지었다. 《악기》를 만들어 천지에 통하고 인정을 꿰며 정치를 변론했으므로, 자세하게 해석했다. 이전에 유향劉向의 《별록》 편차篇次는 정현의 목록과 동일하지만, 《악기》의 편차는 또 정현의 목록에 의지하지 않았다. 지금 이 글은 편차가 뒤집히고 저 선생褚先生이 올리고 내렸으므로, 지금 어지러워졌다. 지금 옛날의 편차를 좇아 단段을 따라 기록해, 후세에 대략 알도록 했다. 이후의 글은 저소손의 뜻에서 나왔을 뿐이다.

結此前事 悉是答子貢問之事 其樂記者 公孫尼子次撰也 爲樂記通天地 貫人情 辯政治 故細解之 以前劉向別錄篇次與鄭目錄同 而樂記篇次又不依鄭目 今此文篇次顚倒者 以褚先生升降 故今亂也 今逐舊次第隨段記之 使後略知也 以後文出褚意耳

[신주] 저褚 선생은 저소손褚少孫을 뜻한다. 전한 때의 역사학자로 지금의 하남성 우주禹州 땅인 영천潁川 사람이다. 《사기》에서 누락된 부분을 보충했다.

제十三장

종묘를 섬기고 백성을 변화시키는 음악

무릇 음이란 사람의 마음으로 말미암아 생긴다. 하늘이 사람과 함께 서로 통함이 있는데 마치 그림자가 형체를 따르고 메아리가 소리에 응하는 것과 같다. 그러므로 좋은 일을 하는 자는 하늘이 복으로써 보답하고 악한 일을 하는 자는 하늘이 재앙을 주는데, 그것은 자연스러운 것이다. 그러므로 순임금이 오현五弦의 비파를 타고 〈남풍南風〉 시[①]를 노래하자 천하가 다스려졌다. 주紂가 조가朝歌와 북비北鄙(북쪽 변두리)의 음[②]을 짓자 자신은 죽고 나라는 망했다. 순임금의 도는 어찌하여 넓고 주의 도는 어찌하여 좁은가?
대저 〈남풍〉 시란 태어나고 자라게 하는 음이다. 순임금이 이를 좋아하여 즐겼다. 그 음악은 천지와 뜻을 같이하고 만국의 환심을 얻었기 때문에 천하가 잘 다스려진 것이다. 대저 조가朝歌란 때를 얻지 못한 음악이다. '배北'는 패배敗北이고 '비鄙'는 더러운 것이다. 주가 즐겨 좋아했으나 만국과 마음을 달리한 것으로, 제후들이 복종하지 않고 백성이 가까이하지 않아 천하가 배반한 것이다. 이 때문에 자신은 죽고 나라는 망했다.

凡音由於人心 天之與人有以相通 如景之象形 響之應聲 故爲善者天報之以福 爲惡者天與之以殃 其自然者也 故舜彈五弦之琴 歌南風之詩[①]而天下治 紂爲朝歌北鄙之音[②] 身死國亡 舜之道何弘也 紂之道何隘也 夫南風之詩者生長之音也 舜樂好之 樂與天地同意 得萬國之驩心 故天下治也 夫朝歌者不時也 北者敗也 鄙者陋也 紂樂好之 與萬國殊心 諸侯不附 百姓不親 天下畔之 故身死國亡

① 南風之詩남풍지시

신주 《공자가어》에서 "우순虞舜이 오현금을 타며 노래했다."라고 했다. 순임금이 "남풍의 훈훈함으로 우리 백성들의 근심을 풀어주기를. 남풍이 제때에 불어 우리 백성들의 재산을 늘려주기를.[南風之薰兮 可以解吾民之慍兮 南風之時兮 可以阜吾民之財兮]"이라고 〈남풍가〉를 지어 불렀다고 한다.

② 北鄙之音북비지음

신주 조가朝歌를 비롯하여 은나라 주紂의 음악을 가리키는 것으로 후세에 망국의 소리라고 일컬었다. 아마도 은나라 주가 좋아했고, 폭군으로서 나라를 망하게 했다고 한 까닭에 ('북비지음'이라 하여) 비하한 것이다. 아울러 조가는 주가 거처한 은허殷墟를 가리키는 것으로, 후대에 지명이 되기도 한다.

위衛나라 영공靈公 때,[1] 영공이 진晉나라로 가다가 복수濮水[2]가의 객사에서 머물렀다. 한밤중에 비파 타는 소리를 듣고 좌우에게 물었으나 모두가 듣지 못했다고 했다. 이에 악관 연涓[3]을 불러서 말했다.

"내가 비파 타는 소리를 듣고 좌우에게 물으니 모두가 듣지 못했다고 했다. 그 모습이 귀신 같으니 나를 위해 듣고 베껴 보라."

악관 연涓이 "예."라고 대답하고 단정히 앉아서 비파를 당겨서 들어보고 베꼈다. 다음 날 말했다.

"신이 듣기는 했으나 익숙하지는 못합니다. 청컨대 밤새도록 머물러 있으면서 익히겠습니다."

영공이 좋다고 하여 다시 머물렀다. 다음 날 보고했다.

"익혔습니다."

而衛靈公之時[1] 將之晉 至於濮水[2]之上舍 夜半時聞鼓琴聲 問左右 皆對曰不聞 乃召師涓[3]曰 吾聞鼓琴音 問左右 皆不聞 其狀似鬼神 爲我聽而寫之 師涓曰 諾 因端坐援琴 聽而寫之 明日曰 臣得之矣 然未習也 請宿習之 靈公曰 可 因復宿 明日 報曰 習矣

① 衛靈公之時 위령공지시

정의 당시 위나라 도읍은 초구다. 초구의 옛 성은 송주 초구현 북쪽 30리에 있었는데 위나라 초구읍이다.

時衛都楚丘 楚〔丘〕故城在宋州楚丘縣北三十里 衛之楚丘邑也

② 濮水복수

정의 《괄지지》에서 말한다. "조주 이호현의 경계에 있으며 곧 악관 연延이 투신한 곳이다."

括地志云 在曹州離狐縣界 即師延投處也

신주 악관 연延은 은나라 음악가로, 주紂가 그가 지은 악곡에 취해서 주지육림에 빠지면서 나라를 빼앗기게 되었다. 결국 나라를 망하게 한 음악을 만든 연은 악기를 안고 복수濮水에 투신했는데, 그 뒤 이곳에서 그의 음악 소리가 들렸다고 한다.

③ 師涓사연

신주 악관 연涓은 춘추시대 위나라의 음악가로, 각 조대朝代의 악곡을 적었고 곡을 잘 만들었다.

즉시 떠나 진晉나라로 가서 평공平公을 만나보았다. 평공이 시혜대施惠臺[①]에서 술로 잔치를 열었다. 주흥이 무르익자 영공이 말했다.
"지금 오면서 새로운 음악소리를 들었는데 연주하기를 청하겠습니다."
평공이 좋다고 말하고 곧 악관 연涓을 악관 광廣 옆에 앉게 하고 비파를 당겨서 연주하게 했다. 연주가 끝나지 않았는데 악관 광이 악관 연이 비파 타는 것을 중지시키고 말했다.
"이것은 국가를 망하게 하는 소리이니 끝까지 연주하면 안 됩니다."
평공이 말했다.
"무슨 도道로써 그러하는 것인가?"

악관 광이 말했다.

"이 음악은 악관 연延이 만든 것입니다. 주紂와 함께 미미靡靡의 음악②을 만들었습니다. 무왕이 주를 정벌하자 악관 연延은 동쪽으로 달아나 스스로 복수濮水에 투신했습니다. 그러므로 이 소리를 들으신 곳은 반드시 복수가였을 것이며, 먼저 이 소리를 듣자 국가가 없어졌습니다."

即去之晉 見晉平公 平公置酒於施惠之臺① 酒酣 靈公曰 今者來 聞新聲 請奏之 平公曰 可 即令師涓坐師曠旁 援琴鼓之 未終 師曠撫而止之曰 此亡國之聲也 不可遂 平公曰 何道出 師曠曰 師延所作也 與紂爲靡靡之樂② 武王伐紂 師延東走 自投濮水之中 故聞此聲必於濮水之上 先聞此聲者國削

① 施惠之臺시혜지대

정의 다른 본에는 '경기慶祁의 집'으로 되어 있다. 《좌전》에서는 '사기虒祁의 궁宮'이라 했다. 두예는 "사기는 땅 이름으로 강주 서쪽 40리에 있고 분수에 닿아 있다."라고 했다.

一本 慶祁之堂 左傳云 虒祁之宮 杜預云 虒祁 地名也 在絳州西四十里 臨汾水也

② 靡靡之樂미미지악

신주 은나라 주紂가 만든 음악으로 《예기》에서 "북쪽 변두리의 음탕한 소리[北鄙靡靡之聲]"라고 했다. '북비미北鄙靡'라고도 한다.

평공이 말했다.

"과인이 좋아하는 것은 음악이니 원컨대 끝날 때까지 다 듣고 싶소."

악관 연涓이 비파를 타고 연주를 마쳤다. 평공이 말했다.

"음악이 이보다 더 슬픈 것은 없는가?"

악관 광曠이 대답했다.

"있습니다."

평공이 말했다.

"들을 수 있겠는가?"

악관 광이 말했다.

"군주께서는 덕과 의義가 얄팍해지니 들을 수 없습니다."

평공이 말했다.

"과인이 좋아하는 것은 음악이니 듣기를 원하오."

악관 광이 부득이 비파를 당겨 연주했다. 한 번 연주하자 검은 학[①] 28마리가 낭문廊門에 모였다. 다시 연주하자 목을 늘여 울고 날개를 펴 춤을 추었다.

平公曰 寡人所好者音也 願遂聞之 師涓鼓而終之 平公曰 音無此最悲乎 師曠曰 有 平公曰 可得聞乎 師曠曰 君德義薄 不可以聽之 平公曰 寡人所好者音也 願聞之 師曠不得已 援琴而鼓之 一奏之 有玄鶴[①]二八集乎廊門 再奏之 延頸而鳴 舒翼而舞

① 玄鶴 현학

신주 진晉나라 최표崔豹의 《고금주》 〈조수〉에 "학이 1,000년 지나면 푸른색이 되고 2,000년 지나면 검은색으로 바뀌는데, 이것이 이른바 현학玄

鶴이다."라고 했다. 특히 현학은 비파 연주에 관한 전설적인 이야기에 자주 등장하는 학이다. 이로 인해 비파를 '현학금玄鶴琴'이라 부르기도 한다.

평공이 크게 기뻐 일어나서 악관 광에게 오래 머물러 달라 하고 자리에 돌아와 물었다.
"음악이 이보다 더 슬픈 것은 없는가?"
악관 광이 대답했다.
"있습니다. 옛날 황제黃帝는 크게 귀신과 합했습니다. 지금 군주께서는 덕과 의가 얄팍해서 듣기에 부족하십니다. 들으시면 장차 무너질 것입니다."
평공이 말했다.
"과인은 늙었고 좋아하는 것은 음악이니 끝까지 듣기를 원하오."
악관 광이 부득이 비파를 당겨 연주했다. 한 번 연주하자 흰 구름이 서북쪽에서 일어났다. 다시 연주하자 큰바람이 이르고 비가 내렸으며 행랑채의 기왓장이 날고 좌우가 모두 달아났다. 평공이 두려워 낭옥廊屋 사이에 엎드렸다. 이에 진晉나라가 크게 가물고 3년 동안 적지赤地①가 되었다. 음악을 듣는 자 중 어떤 이는 길하고 어떤 이는 흉하다. 대저 음악은 함부로 연주하면 안 된다.
平公大喜 起而爲師曠壽 反坐 問曰 音無此最悲乎 師曠曰 有 昔者黃帝以大合鬼神 今君德義薄 不足以聽之 聽之將敗 平公曰 寡人老矣 所好者音也 願遂聞之 師曠不得已 援琴而鼓之 一奏之 有白雲從西北起 再奏之 大風至而雨隨之 飛廊瓦 左右皆奔走 平公恐懼 伏於廊屋之間 晉國大旱 赤地①三年 聽者或吉或凶 夫樂不可妄興也

① 赤地적지

신주 비가 내리지 않아 땅이 붉게 탄 모양이다.

태사공이 말한다.

상고시대에 현명한 제왕들이 음악을 일으킨 것은 즐거운 마음으로 스스로 즐기며 뜻을 상쾌하게 하고 욕심을 제멋대로 부리려는 것이 아니라, 장차 다스리기 위해서이다. 바른 교육은 모두 음악에서 시작되고 음악이 바르면 행동도 바르게 된다. 그러므로 음악은 혈맥을 뛰게 하고 정신을 유통시켜서 마음을 바르고 조화롭게 한다.

이런 까닭으로 궁음은 비장脾臟(지라)을 움직여 성聖을 화정和正하게 하고, 상음은 폐장肺臟을 움직여 의義를 화정하게 한다. 각음은 간장을 움직여 인仁을 화정하게 하고, 치음은 심장을 뛰게 하여 예禮를 화정하게 하며, 우음은 신장腎臟을 움직여 지智를 화정하게 한다.① 이 때문에 음악이란 안으로는 마음을 바르게 하는 것을 돕고 밖으로는 귀천을 달리하는 까닭에, 위로는 종묘를 섬기고 아래로는 백성을 변화시킨다.

太史公曰 夫上古明王擧樂者 非以娛心自樂 快意恣欲 將欲爲治也 正教者皆始於音 音正而行正 故音樂者 所以動盪血脈 通流精神而和正心也 故宮動脾而和正聖 商動肺而和正義 角動肝而和正仁 徵動心而和正禮 羽動腎而和正智① 故樂所以內輔正心而外異貴賤也 上以事宗廟 下以變化黎庶也

① 故宮動脾而和正聖～羽動腎而和正智고궁동비이화정성～우동신이화정지

신주 이른바 오행사상이 확대되어 인체의 장기 다섯을 그에 맞추어 합리화한 이론이다.

비파의 길이는 8자 1치가 정도正度이다. 현弦이 굵은 것은 궁宮이 되고 중앙에 있어서 군주이다. 상商은 오른쪽 곁에 펼쳐 있고 그 나머지는 크고 작은 것들이 서로 차례로 있어서 그 순서를 잃지 않으니, 군주와 신하의 지위가 바르게 된다. 이 때문에 궁음을 들으면 사람의 마음이 온화하게 펴져서 넓어진다. 상음을 들으면 사람이 반듯해져서 의를 좋아하게 된다. 각음을 들으면 사람을 측은하게 여겨서 남을 아끼게 된다. 치음을 들으면 사람이 선한 것을 즐거워해서 베풀기를 좋아하게 된다. 우음을 들으면 사람이 가지런해져서 예를 좋아하게 된다.

琴長八尺一寸 正度也 弦大者爲宮 而居中央 君也 商張右傍 其餘大小相次 不失其次序 則君臣之位正矣 故聞宮音 使人溫舒而廣大 聞商音使人方正而好義 聞角音 使人惻隱而愛人 聞徵音 使人樂善而好施 聞羽音 使人整齊而好禮

대저 예란 밖으로부터 들어오고 악이란 안으로부터 나온다. 그러므로 군자는 잠깐이라도 예에서 떠날 수 없다. 잠깐이라도 예에서 떠나면 난폭하고 거만한 행동을 몸 밖에서 하게 되니 잠깐이라도

악에서 떠날 수 없다. 잠깐이라도 악에서 떠나면 간사한 행동을 몸 안에서 하게 된다. 그러므로 음악이란 군자가 의를 기르는 것이다. 대저 옛날에는 천자와 제후들이 종과 경쇠의 소리를 듣고 일찍이 조정에서 떠나지 않았다. 경卿과 대부들은 금슬의 음악을 듣고 일찍이 앞(조정)에서 떠나지 않았고, 의를 행하고 기르는 까닭에 음란한 잘못을 막았다.

대저 음란한 잘못은 예가 없는 곳에서 발생한다. 그러므로 성왕聖王이 사람들로 하여금 귀로는 아雅와 송頌의 음악을 듣게 하고, 눈으로는 위엄 있는 의식의 예를 보게 하며, 발로는 공경하는 모습으로 가게 하고, 입으로는 인의의 도를 말하게 했다. 이 때문에 군자는 종일토록 말을 해도 삿되고 치우친 것들이 비집고 들어올 이유가 없다.

夫禮由外入 樂自內出 故君子不可須臾離禮 須臾離禮則暴慢之行窮外 不可須臾離樂 須臾離樂則姦邪之行窮內 故樂音者 君子之所養義也 夫古者 天子諸侯聽鍾磬未嘗離於庭 卿大夫聽琴瑟之音未嘗離於前 所以養行義而防淫佚也 夫淫佚生於無禮 故聖王使人耳聞雅頌之音 目視威儀之禮 足行恭敬之容 口言仁義之道 故君子終日言而邪辟無由入也

색은술찬 사마정이 펼쳐서 밝히다.

음악이 일어난 바는 욕심을 막는 데에 있다. 마음을 다스려 뜻을 펴면 자연히 손을 흔들고 발을 구르게 된다. 순임금이 소소簫韶[①]라 하여 축융의 도를 이었다. 음을 살펴 정치를 알게 했고 풍도를 살펴 습속을 바꾸었다. 단정함은 꿰어놓은 구슬 같고, 그 청아함은 옥을 두드리는 듯하다. 널리널리 가득 찼구나, 나머지 악곡도 모두 아름답구나!

樂之所興 在乎防欲 陶心暢志 舞手蹈足 舜曰簫韶① 融稱屬續 審音知政 觀風變俗 端如貫珠 清同叩玉 洋洋盈耳 咸英餘曲

① 簫韶소소

신주 소소簫韶는 순임금의 음악으로 아홉 곡으로 구성되어 있다. 음악 한 곡이 끝나는 것을 1성成이라고 하는데, 9성이 되면 음악이 완전히 끝난다. 《서경》 〈익직〉에 "소소 아홉 곡을 마치니 봉황이 와서 춤춘다.[簫韶九成 鳳凰來儀]"라는 구절이 있다. 순임금이 소산韶山에서 이 음악을 연주했는데, 이를 소악韶樂이라고 한다. 소소는 여기에서 생긴 이름이다.

인명

지명

기타

ㄱ

ㅂ

ㅅ

ㅈ

ㅊ

ㅌ

ㅍ

ㅎ

《신주 사마천 사기》 〈서〉를 만든 사람들

한가람역사문화연구소 사기연구실

이덕일(한가람역사문화연구소 소장, 문학박사)
김명옥(문학박사)
송기섭(문학박사)
이시율(고대사 및 역사고전 연구가)
정　암(지리학박사)
최원태(고대사 연구가)

한가람역사문화연구소는 1998년 창립된 이래 한국 사학계에 만연한 중화사대주의 사관과 일제식민 사관을 극복하고 한국의 주체적인 역사관을 세우려 노력하고 있는 학술연구소이다. 독립운동가들의 역사관 계승 작업을 꾸준히 진행하는 한편 《사기》 본문 및 '삼가주석'에 한국 고대사의 진실을 말해주는 수많은 기술이 있음을 알고 연구에 몰두했다. 지난 10여 년간 '《사기》 원전 및 삼가주석 강독(강사 이덕일)'을 진행하는 한편 사기연구실 소속 학자들과 《사기》에 담긴 한중고대사의 진실을 찾기 위한 연구 및 답사도 계속했다. 《신주 사마천 사기》는 원전 강독을 기초로 여러 연구자들이 그간 토론하고 연구한 결과의 집대성이라고 할 수 있다. 한가람역사문화연구소는 《신주 사마천 사기》 출간을 시작으로 역사를 바로세우기 위해 토대가 되는 문헌사료의 번역 및 주석 추가 작업을 꾸준히 이어갈 계획이다.

전문 감수

역서 박창보(국학박사)
천관서 박석재(전 한국천문연구원 원장)
평준서 허성관(전 광주과학기술원 총장)

한문 번역 교정

유정님 김효동 변원균

《사기》를 지은 사람들

본문_ 사마천

사마천은 자가 자장子長으로 하양(지금 섬서성 한성시) 출신이다. 한 무제 때 태사공을 역임하다가 이릉 사건에 연루되어 궁형을 당했다. 기전체 사서이자 중국 25사의 첫머리인 《사기》를 집필해 역사서 저술의 신기원을 이룩했다. 후세 사람들이 태사공 또는 사천이라고 높여 불렀다. 《사기》는 한족의 시각으로 바라본 최초의 중국 민족사라고 할 수 있는데 여기서 사마천은 동이족의 역사를 삭제하거나 한족의 역사로 바꾸기도 했다.

삼가주석_ 배인·사마정·장수절

《집해》 편찬자 배인은 자가 용구龍駒이며 남북조시대 남조 송(420~479)의 하동 문희(현 산서성 문희현) 출신이다. 진수의 《삼국지》에 주석을 단 배송지의 아들로 《사기집해》 80권을 편찬했다.

《색은》 편찬자 사마정은 자가 자정子正으로 당나라 하내(지금 하남성 심양) 출신인데 굉문관 학사를 역임했다. 사마천이 삼황을 삭제한 것을 문제로 여겨서 〈삼황본기〉를 추가했으며 위소, 두예, 초주 등 여러 주석자의 주석을 폭넓게 모으고 자신의 견해를 덧붙여 《사기색은》 30권을 편찬했다.

《정의》 편찬자 장수절은 당나라의 저명한 학자로, 개원 24년(736) 《사기정의》 서문에 "30여 년 동안 학문을 섭렵했다"고 썼을 정도로 《사기》 연구에 몰두했다. 그가 편찬한 《사기정의》에는 특히 당나라 위왕 이태 등이 편찬한 《괄지지》를 폭넓게 인용한 것을 비롯해서 역사지리에 관한 내용이 풍부하다.